Wirtschaftsinformatik kompakt

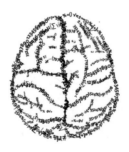

Java leicht gemacht

Eine verständliche Einführung
in die Programmiersprache

von
Prof. Dr. Marcus Deininger,
Prof. Georg Faust
und
Prof. Dr. Thomas Kessel

Oldenbourg Verlag München

Bibliografische Information der Deutschen Nationalbibliothek

Die Deutsche Nationalbibliothek verzeichnet diese Publikation in der Deutschen
Nationalbibliografie; detaillierte bibliografische Daten sind im Internet über
<http://dnb.d-nb.de> abrufbar.

© 2009 Oldenbourg Wissenschaftsverlag GmbH
Rosenheimer Straße 145, D-81671 München
Telefon: (089) 45051-0
oldenbourg.de

Lektorat: Wirtschafts- und Sozialwissenschaften, wiso@oldenbourg.de
Herstellung: Anna Grosser
Coverentwurf: Kochan & Partner, München
Cover-Illustration: Hyde & Hyde, München
Gedruckt auf säure- und chlorfreiem Papier
Gesamtherstellung: Grafik + Druck, München

ISBN 978-3-486-58364-9

Vorwort

Java ist mittlerweile zur dominierenden Programmiersprache für kommerzielle Anwendungen geworden. Dieses Buch bietet dem Anfänger einen leichten Einstieg in die Programmierung mit Java.

Das vorliegende Lehrbuch richtet sich in erster Linie an Leser ohne Vorkenntnisse einer Programmiersprache und setzt nur elementare Grundkenntnisse bei der Bedienung eines Computers voraus. Es ist für Studierende an Hochschulen, Auszubildende in IT-Berufen und Schüler von Informatikkursen gedacht und sowohl für das Selbststudium als auch zur Begleitung einer Vorlesung geeignet. Der Lehrstoff dieses Buches kann – je nach Lehrplan – den Umfang einer ein- bis zweisemestrigen Lehrveranstaltung abdecken.

Im ersten Teil werden die grundlegenden Konzepte und Sprachelemente von Java beschrieben. Der zweite Teil führt anhand eines ausführlichen Beispiels in die Konzepte der objektorientierten Programmierung ein. Im letzten Teil wird dem Leser eine Auswahl der wichtigsten Klassen aus der Java-Klassenbibliothek vorgestellt. Zahlreiche Aufgaben mit Lösungen am Ende eines jeden Kapitels helfen bei der praktischen Umsetzung und Vertiefung des Gelernten. Weiterführende Materialien sind über die Webseiten des Oldenbourg Wissenschaftsverlags erhältlich.

Ein besonderer Dank gilt unseren Familien, die uns während der Entstehung des Buches den Rücken frei gehalten haben und des Öfteren auf unsere familiäre Präsenz verzichten mussten. An dieser Stelle sei deshalb ganz besonders unseren Kindern Sebastian, Benjamin, Jonas und Jonathan, sowie unseren Ehefrauen Birgit, Conni und Hélène für Ihre nie endend wollende Geduld und ihr Verständnis gedankt.

Weiterhin möchten wir Herrn Dr. Jürgen Schechler vom Oldenbourg Wissenschaftsverlag für die angenehme und unkomplizierte Zusammenarbeit danken.

Für konstruktive Hinweise, Rückmeldungen und Verbesserungsvorschläge Ihrerseits sind wir dankbar.

Stuttgart, im August 2009

Marcus Deininger [marcus.deininger@hft-stuttgart.de]
Georg Faust [faust@dhbw-stuttgart.de]
Thomas Kessel [kessel@dhbw-stuttgart.de]

Inhalt

1 Einleitung

In diesem Kapitel sollen die Grundlagen für das Arbeiten mit der Programmiersprache Java[1] vermittelt und diskutiert werden:

- Was benötigt man, um Java-Programme zu entwickeln?
- Welche Schritte sind notwendig, um ein Programm auf einem Rechner zur Ausführung zu bringen?
- Weshalb läuft ein Java-Programm sowohl auf einem Windows-PC als auch auf einem Linux-Rechner oder einem anderen Rechnertyp?
- Wie sieht die Struktur eines Java-Programms aus?

Lernziele:
Nach dem Durcharbeiten dieses Kapitels

- kennen Sie den grundsätzlichen Aufbau eines Java-Programms
- wissen Sie, was die Aussage „write once - run anywhere" bedeutet.

1.1 Die Entwicklungsumgebung

Für die Entwicklung von Java-Programmen benötigt man das Java Software Development Kit (SDK) der Firma SUN[2], welches einen Compiler, die Java-Klassenbibliotheken und die Laufzeitumgebung enthält. Zusätzlich wird ein Editor (z.B. Windows Notepad, emacs, vi, Windows System-Editor) benötigt.

- Editoren gestatten die Eingabe von Quellcode.
- Compiler wandeln den Quellcode in Anweisungen um, welche anschließend im Rechner ausgeführt werden können.
- Klassenbibliotheken enthalten vorgefertigte Programmteile, um beispielsweise das Ergebnis eines Programmlaufs als Text oder in einem Fenster grafisch anzuzeigen, um auf Datenbanken zuzugreifen oder Daten über das Internet übertragen zu können.
- Die Laufzeitumgebung ermöglicht es, das Programm auf dem Rechner auszuführen.

---

[1] Java, SUN, Windows sind eingetragene Handelszeichen der entsprechenden Hersteller.

[2] www.sun.com

Um die Code-Beispiele in diesem Buch nachvollziehen und die Übungsaufgaben lösen zu können, wird die SDK-Version 1.6 oder höher benötigt. Die Quellcode-Dateien aus diesem Buch können von unserer Website[3] heruntergeladen und ausgeführt werden.

Entwicklungsumgebungen (Integrated Development Environment – IDE) machen die Programmentwicklung einfacher, indem sie weitere Funktionen zur Verfügung stellen (z.B. spezielle Editoren, Debugger, Programme zur Versionskontrolle usw.). Einfache IDEs sind für den Programmieranfänger gut geeignet. Beim Bearbeiten größerer Projekte im Team ist eine „professionelle" IDE unverzichtbar. Weit verbreitet sind Eclipse und Netbeans[4].

Installation und Bedienung von Entwicklungsumgebungen sind nicht Bestandteil dieses Buches. Es wird auf die Download-Seiten und die Tutorien der entsprechenden Hersteller verwiesen. Auf unserer Website finden Sie die entsprechenden Internetlinks.

Für die Übungen ist eine einfache Entwicklungsumgebung ausreichend. Die Autoren plädieren trotzdem dafür, gleich mit einer „richtigen" Entwicklungsumgebung zu beginnen.

1.2   Vom Quellcode zur Programmausführung

Die Abbildung 1-1 veranschaulicht die Stufen der Programmentwicklung:

---

[3]   www.oldenbourg-wissenschaftsverlag.de

[4]   www.eclipse.org, www.netbeans.org

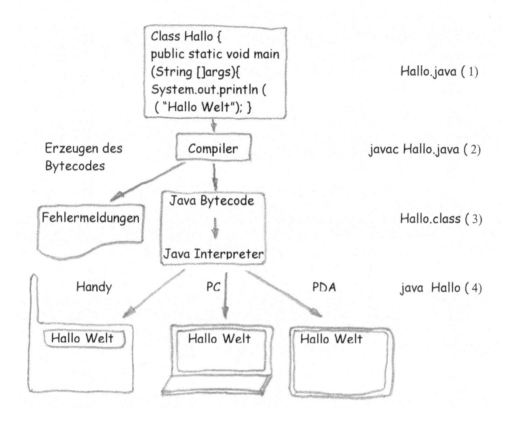

Abbildung 1-1 Stufen der Programmentwicklung

Ablauf der Programmentwicklung:

1. Verwenden Sie einen Editor oder eine IDE, um den Quellcode einzugeben. Speichern Sie den Quellcode ab (*Hallo.java*)[5].
2. Der Quellcode wird vom Java-Compiler (javac) des SDK in einen speziellen Maschinen-code (Java Bytecode) gewandelt – sofern Sie keine Fehler gemacht haben, welche die Sprachnorm von Java verletzen. Fehler werden vom Compiler gemeldet.
3. Ist das Programm fehlerfrei, schreibt der Compiler den Java-Bytecode in das Verzeichnis (*Hallo.class*).
4. Der Java-Bytecode kann auf jedes Java-fähige Gerät übertragen und dort ausgeführt wer-den (java).

---

[5] In einer IDE wird die Dateierweiterung automatisch auf .java gesetzt.

> Die Entwicklung von Programmen erfolgt schrittweise:
>
> →Quellcode schreiben →Quellcode compilieren →Programm ausführen
>
> Entwicklungsumgebungen (IDEs) erleichtern und beschleunigen den Prozess der Programmentwicklung und unterstützen den Entwickler darin, qualitativ hochwertigen Programmcode zu erstellen.

1.3   Java Virtual Machine (JVM)

In diesem Kapitel soll der Frage nachgegangen werden, weshalb ein und dasselbe Java-Programm auf den unterschiedlichsten Rechnern (PC, Mac,…) mit jeweils anderen Betriebssystemen (Windows, Linux,…) ausgeführt werden kann, ohne den Quellcode erneut für die gewählte Zielplattform compilieren zu müssen. Da unterschiedliche Prozessoren mit jeweils eigenen Befehlssätzen arbeiten, ist es bei den herkömmlichen Programmiersprachen (C, Cobol, C++,…) notwendig, den Quellcode in genau die Anweisungen zu übersetzen, die der Zielrechner, auf dem der Code ausgeführt werden soll, versteht. Soll der Programmcode auf einer anderen Plattform (anderer Prozessor, anderes Betriebssystem) ausgeführt werden, so muss er für diese Plattform erneut compiliert werden. Diese Eigenschaft der herkömmlichen Sprachen ist jedoch dann sehr nachteilig, wenn ein Programm im Internet verschiedenen Benutzern mit unterschiedlichen Rechnern zur Verfügung gestellt werden soll.

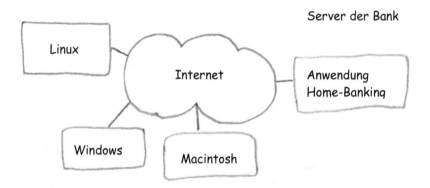

Abbildung 1-2 Programme aus dem Internet

Soll im oben gezeigten Beispiel das Programm für das Home-Banking auf einen Client geladen werden, so muss bei einer herkömmlich programmierten Anwendung (beispielsweise einem C-Programm) der Maschinencode für jeden Client (Linux, Macintosh, Windows) in der für den jeweiligen Rechner geeigneten Form auf dem Server bereitgestellt werden. Der im Allgemeinen mit wenig IT-Kenntnissen belastete Benutzer muss beim Download des Programms entscheiden, welchen Maschinencode er für seinen Rechner benötigt. Dies ist jedoch nicht so, wenn als Programmiersprache Java verwendet wird. Deren Entwickler haben entschieden, den Compiler so zu bauen, dass er Maschinencode für einen allgemeinen Rechner erzeugt. Dieser Rechner wird Java Virtual Machine (JVM) genannt. Jeder reale Rechner, auf dem der Java-Maschinencode (Java-Bytecode) ausgeführt werden soll, benötigt zusätzliche Software, welche unter anderem einen Interpreter enthält, der den Java-Bytecode in entsprechende Anweisungen für den realen Rechner umwandelt. Die Java Virtual Machine ist der Teil der Java-Laufzeitumgebung (JRE, Java Runtime Environment), der für die Ausführung des Java-Bytecodes verantwortlich ist. Der andere Teil der Java-Laufzeitumgebung sind die Java-Klassenbibliotheken (Application Programming Interface, API). Diese stellen vielfältige Funktionen zur Verfügung, welche vom Entwickler einfach in dessen Anwendung eingebunden werden können (grafische Oberflächen, Zugriff zu Datenbanken, mathematische Funktionen usw.).

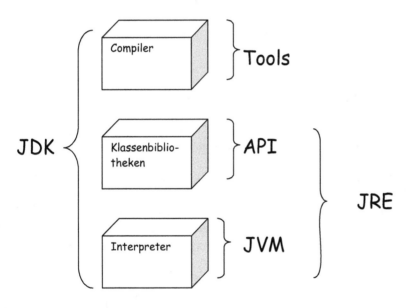

Abbildung 1-3 Bestandteile der Java SE Plattform

Die JVM dient dabei als Schnittstelle zur Hardware und zum Betriebssystem und ist für die meisten Plattformen verfügbar. Sie ist als Bestandteil der JRE in vielen Endgeräten (Handys, PDAs) und in allen gängigen Internet-Browsern bereits eingebaut.

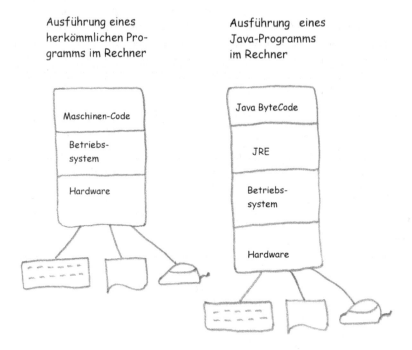

Abbildung 1-4 Schichten in einem Rechner

Die Abbildung 1-4 zeigt, dass zur Ausführung von Java-Programmen eine zusätzliche Schicht für die JRE notwendig ist. Das Umsetzen des Bytecodes in den Maschinencode für den realen Rechner verlängert die Laufzeit der Anwendung. Dies ist der Preis, der für Java-Anwendungen bezahlt werden muss. Der Nutzen, den man dafür bekommt, liegt in der Portabilität der Anwendung. Java Maschinencode läuft unmodifiziert auf allen Geräten, für die eine JRE vorhanden ist. Diese Eigenschaft nennt man „write once, run anywhere".

> Die Laufzeitumgebung wird benötigt, um Java-Programme auszuführen. Sie beinhaltet einen Interpreter und die Java-Klassenbibliothek.

1.4   Das erste Programm

Traditionell beginnt man das Erlernen einer neuen Programmiersprache mit dem Versuch, „Hallo Welt" am Bildschirm auszugeben. An dieser simplen Anwendung kann man viel über die Anatomie einer Programmiersprache erfahren:

```
/*                                              // (1)
* Hallo.java gibt
* "Hallo Welt" am Bildschirm aus
* Autor: Faust
* Version 1.1
* Datum: 1.8.2009
* Änderungshistorie:
* 2.8.2009 Klassennamen geändert
*/
public class Hallo {                            // (2)

    public static void main(String[] args) {    // (3)

        System.out.println("Hallo Welt");   // (4)

    }
}
```

Code 1-1 Hallo.java[6]

(1) Jedes Programm sollte mit einem Kommentar beginnen, der beschreibt:

- was tut das Programm (Funktionalität)
- wer hat das Programm erstellt bzw. geändert (Änderungshistorie)

Kommentare beginnen mit „//" (Zeilenkommentar) oder sind zwischen /** und */ einge-schlossen (Blockkommentar). Sie sind nur für den Leser bestimmt, nicht jedoch für den Compiler. Diese Zeilen tauchen im Bytecode nicht mehr auf.

Hinweis: Die Art der Kommentierung kann im Verlauf des Buches variieren.

(2) Jedes Java-Programm ist eine Klasse. Die Klassendefinition gibt dem Programm seinen Namen: die Quelldatei heißt „Hallo.java", das compilierte Programm bekommt vom Compiler den Namen „Hallo.class".

(3) Eine Klasse enthält üblicherweise Methoden[7] (hier ist es die *main()-Methode*) mit Java-Anweisungen.

(4) Eine Anweisung sagt dem Rechner, was er tun soll, z.B. Daten einlesen, Daten ausgeben, Werte berechnen usw. In unserem Fall wird die Methode *println("Hallo Welt")* ausgeführt,

---

[6] In diesem Buch sind die Codebeispiele durchnummeriert und mit einer Bezeichnung versehen. Wegen der besseren Lesbarkeit jedoch sind kleine, unvollständige Codestücke (engl. Snippets) nicht nummeriert.

[7] Methoden sind das Pendant zu den Prozeduren anderer Programmiersprachen (z.B. C).

welche die Zeichenkette „Hallo Welt" am Bildschirm ausgibt. Zu beachten ist, dass jede Anweisung mit einem Semikolon abgeschlossen werden muss.

Die Anweisungen der Klassen und Methoden werden in geschweifte Klammern gesetzt. Diese signalisieren dem Compiler deren Anfang und Ende.

Das Programm enthält zwei „Mysterien", welche mit dem derzeitigen Wissen noch nicht vollständig geklärt werden können:

- *public static void main(String[] args)* ist eine spezielle Methode, welche von der JVM beim Programmstart gesucht und ausgeführt wird. Ein Programm auszuführen bedeutet für die JVM: lade die genannte Klasse und führe den in der Methode *main()* geschriebenen Programmcode aus. Beende das Programm bei der schließenden Klammer der Methode *main()*.
- *System.out.println()* ist die in Java-Applikationen gebräuchliche Art, Daten auf dem Bildschirm (Standardausgabe) anzuzeigen.

1.5   Programmkonventionen

Die Lesbarkeit (und damit auch die Qualität) eines Programms hängt maßgeblich von seiner Struktur (Formatierung), der Namensgebung für Attribute und Methoden und einer angemessenen Dokumentation des Quellcodes ab. Der Entwickler[8] sollte folgende Regeln für einen guten Programmierstil beachten[9]:

Formatierungsregeln:

1. Eine Klasse sollte folgenden Aufbau haben:
   - Variablennamen
   - Methoden/Operationen
2. Eine Zeile sollte maximal 80 Zeichen lang sein (bessere Lesbarkeit beim Ausdruck).
3. Einrückungen innerhalb des Quelltextes verbessern die Übersichtlichkeit und machen den Text besser lesbar.

Namenskonventionen:

In der Praxis hat sich durchgesetzt, Variablennamen mit einem Kleinbuchstaben beginnen zu lassen. Klassennamen dagegen sollten mit einem Großbuchstaben beginnen. Die Namen von Konstanten sollen ausschließlich Großbuchstaben enthalten. Für zusammengesetzte Varablennamen wird eine gemischte Schreibweise empfohlen, beginnend mit einem Kleinbuchstaben.

---

[8] Lediglich aus Gründen der Lesbarkeit wird auf eine explizite Darstellung der weiblichen Form ergänzend zur männlichen verzichtet.

[9] Siehe dazu auch die Programmkonventionen von SUN: java.sun.com/docs/codeconv/

Beispiele:		Klassenname: MeineJavaKlasse
			Methodenname: eineMethode
			Variablenname: zwischenSumme
			Konstante: PI

Dokumentation:

Eine Klasse sollte im Vorspann die folgenden Angaben beinhalten:

- Klassenname und Versionsnummer
- Funktionalität: was tut die Klasse
- Autor: wer hat die Klasse verfasst
- Änderungshistorie: welche Änderungen wurden an der Klasse vorgenommen

Wichtige Teile des Quellcodes sind durch geeignete Kommentare zu ergänzen, z. B. durch Angaben zum verwendeten Algorithmus und zur Bedeutung von Parametern.

Zeilenkommentare (beginnen mit „//") gehen bis zum Zeilenende. Blockkommentare (beginnen mit „/*" und enden mit „*/") sind für mehrzeilige Kommentierung gedacht. Javadoc-Kommentare (beginnen mit „/**" und enden mit „*/") werden verwendet, um mit dem im SDK enthaltenen Tool javadoc automatisch eine Programmdokumentation erzeugen zu lassen.

Es gibt mittlerweile Programme, welche den Quelltext einer entsprechenden Prüfung unterziehen und Verstöße gegen Programmkonventionen melden.

Hinweis: In den Programmbeispielen dieses Buches sind die Kommentare aus Gründen der besseren Übersichtlichkeit und aufgrund von Platzproblemen sehr spärlich gesetzt. Die Programmbeispiele auf unserer Website sind dagegen ausführlich kommentiert.

Regelungen für die Formatierung, Namenskonventionen und eine angemessene Dokumentation der Programme verbessern wesentlich deren Qualität und Lesbarkeit.

1.6   Fazit

- Für das Erstellen des Quellcodes benötigt man einen Editor.
- Der Compiler (javac) generiert aus dem Quellcode den Java-Bytecode.
- Jeder Rechner, auf dem der Bytecode ausgeführt werden soll, benötigt die Java-Runtime (JRE). Diese enthält einen Interpreter (java), welcher den Bytecode in rechnerspezifischen Maschinencode umwandelt und diesen zur Ausführung dem Betriebssystem übergibt.

- Ein ausführbares Java-Programm besteht aus der Klassendefinition und mindestens der *main()-Methode*. Diese enthält Anweisungen wie z.B. zur Ausgabe von Textzeilen auf dem Bildschirm.
- Die Qualität eines Programms lässt sich durch eine gute Strukturierung des Quellcodes, durch das Einhalten von Namenskonventionen und eine angemessene Kommentierung entscheidend verbessern.

1.7   Übungen

1. Was benötigen Sie, um eine Java-Anwendung zu entwickeln?
2. Welche Aufgaben hat ein Compiler?
3. Erläutern Sie den Unterschied zwischen Java- Bytecode und dem Maschinencode anderer Programmiersprachen.
4. Welche Aufgaben hat die JVM?
5. Erläutern Sie den Begriff JRE, API und JDK.
6. „Write once – run anywhere": diskutieren Sie Vor- und Nachteile dieser Eigenschaft von Java.
7. Wozu benutzt man Kommentare bei der Programmierung? Welche Art von Kommentaren gibt es in einem Java-Programm?
8. Wie werden Kommentare vom Compiler verarbeitet?
9. Implementieren Sie die im Kap. 1.4 dargestellte Klasse „Hallo".
   - Tippen Sie den Quellcode ab (verwenden Sie einen Editor bzw. eine IDE ihrer Wahl).
   - Speichern Sie den Quellcode als „Hallo.java" ab.
   - Compilieren Sie das Programm. Sofern keine Compile-Fehler aufgetreten sind, können Sie das Programm jetzt starten.

1.8   Lösungen

1. Zur Entwicklung von Java-Anwendungen benötigt man einen Editor und das Java-SDK oder eine IDE.
2. Ein Compiler wandelt den Quellcode in Maschinencode um. Er überprüft den Quellcode auf Fehler. Diese werden angezeigt.
3. Der Java-Compiler erzeugt Bytecode. Dieser Code ist plattformunabhängig und kann auf jedem Rechner ausgeführt werden, für den es eine JVM gibt. Der Maschinencode anderer Programmiersprachen (z. B. C) ist nicht portabel und kann nur auf dem Rechner ausgeführt werden, für den er compiliert worden ist.
4. Die JVM hat zwei Aufgaben:
   - Sie wandelt mit Hilfe des Interpreters den Bytecode in Maschinencode für den Zielrechner um und übergibt diesen zur Ausführung dem Betriebssystem des Rechners.
   - Sie überwacht die Programmausführung und meldet bei einem Laufzeitfehler die Fehlerursache und den Fehlerort.

5. Die JRE ist die Java-Laufzeitumgebung, welche zum Ausführen von Java Programmen notwendig ist. Sie besteht aus der JVM und den Klassenbibliotheken. Die API (Application Programming Interface) beinhaltet die Java-Klassenbibliotheken, welche von SUN zur Verfügung gestellt werden. Das Software Development Kit (SDK) enthält zusätzliche Software, welche für die Entwicklung von Java-Programmen notwendig sind (z.B. einen Compiler).

6. „Write once – run anywhere": Java Bytecode kann auf allen Zielrechnern ausgeführt werden, für die es eine JRE gibt – Java-Programme sind portabel. Der Nachteil liegt in dem erhöhten Laufzeitbedarf (durch die zusätzlich notwendige Interpretation der Anweisungen).

7. Kommentare helfen dem Leser eines Programms, dieses besser zu verstehen. Sie benennen u.a. den Autor, die Änderungshistorie, Ein- und Ausgaben eines Programms und beschreiben dessen Funktionalität.

8. Kommentare werden vom Compiler ignoriert und erscheinen nicht mehr im Maschinen-Code.

9. Siehe Kap.1.4.

2 Daten

Jedes Programm benötigt Daten, welche gelesen, verarbeitet, angezeigt oder gespeichert werden müssen. Es gibt Programmiersprachen (z.B. Basic, PHP), in denen Daten verwendet werden können, ohne dem Rechner vorher mitzuteilen, um welchen Datentyp (Zahl, Zeichen, Zeichenkette usw.) es sich handelt. Diese Sprachen haben jedoch den gravierenden Nachteil, dass erst zur Laufzeit des Programms fehlerhafte Operationen bei der Verarbeitung der Daten erkannt werden. Wird beispielsweise während des Programmlaufs eine Zahl zu einem Zeichenkettenwert addiert, so führt dies zu einem Programmabbruch. Der Benutzer des Programms muss sich in diesem Fall überlegen, was er verkehrt gemacht hat. Typisierte Sprachen (wie Java) dagegen verlangen vom Programmierer, dass alle im Programm verwendeten Daten definiert werden. Will man beispielsweise mit Daten rechnen, so müssen diese zuvor als Zahlen vereinbart werden. Der Compiler kann jetzt schon beim Übersetzen des Programms prüfen, ob die entsprechenden Operationen auf diese Daten typgerecht sind. Im Fehlerfall wird dies vom Compiler reklamiert.

Lernziele:
In diesem Kapitel werden Sie lernen:

- welche Datentypen Java für die Programmierung bereithält,
- wie diese Datentypen deklariert und initialisiert werden können und
- welche Operationen auf diesen Datentypen ausgeführt werden können.

2.1 Primitive Datentypen und Referenztypen

Java ist eine typisierte Programmiersprache: alle Daten müssen einem Typ angehören. Unterschieden werden primitive Datentypen und Referenztypen. Erstere sind beispielsweise der Datentyp *int*, welcher eine Ganzzahl repräsentiert, und der Datentyp *float*, der für eine Gleitkommazahl steht. Während primitive Datentypen fest vorgegeben sind und lediglich einen Wert speichern können, haben Referenztypen sowohl einen Wert als auch Methoden, welche auf den Wert angewandt werden können. Als Beispiel sei hier der Referenztyp *String* genannt, welcher Zeichenketten repräsentiert (z.B. die Zeichenkette „Java ist eine typisierte Programmiersprache"). Der String-Datentyp besitzt Methoden, um deren Wert zu untersuchen (z.B. die Methode *length()*, welche die Anzahl der Zeichen in der Kette ermittelt) oder auch zu manipulieren (z.B. *toUppercase()* wandelt alle Kleinbuchstaben in der Kette in Großbuchstaben um)[10]. Im Kapitel Zeichenketten (Strings) werden weitere Methoden dieses Datentyps besprochen. Die Abbildung 2-1 fasst die in Java möglichen Datentypen zusammen:

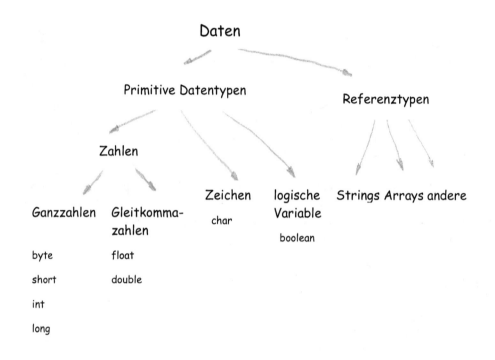

Abbildung 2-1 Datentypen

Die Tabelle 2-1 zeigt eine Übersicht über die in Java verwendeten primitiven Datentypen, den jeweils notwendigen Speicherplatz und den Wertebereich, den ein Datentyp besitzt.

---

[10] Im Kapitel über die objektorientierte Programmierung werden Sie lernen, dass zu den Referenztypen auch Klassen gehören, die vom Entwickler selbst entworfen und programmiert werden können.

Datentyp	Speicherbedarf (Bit)	Wertebereich	Beispiel (siehe dazu Kap.2.2)
byte	8	-128 ... +127	byte b=7;
short	16	-32768 ... +32767	short s = 12345;
int	32	-2^{31} ... $+2^{31}$ -1	int i = 82540;
long	64	-2^{63} ... $+2^{63}$ -1	long l=123456789;
float	32	$-3.4*10^{38}$ ... $+3.4*10^{38}$	float f = 14.67f;[11]
double	64	$-1.7*10^{308}$ ... $+1.7*10^{308}$	double d= 123.456;
char	16	alle UNICODE- Zeichen	char c = 'a';
boolean	8	true, false	boolean b = true;

Tabelle 2-1 Java-Datentypen

> Primitive Datentypen enthalten Rechenwerte, Zeichen oder Wahrheitswerte.

2.2   Definition und Initialisierung

Datenwerte werden in Java als Konstanten oder in Variablen gespeichert. Variablen können im Ablauf eines Programms unterschiedliche Werte annehmen. Variablen und Konstanten müssen in Java immer definiert werden. Sie bekommen dabei einen Namen zugewiesen. Außerdem wird Speicherplatz reserviert, welcher einen entsprechenden Wert aufnehmen kann. Nach der Definition kann der Variablen ein Wert zugewiesen werden:

```
int x;      // Deklaration: die Variable hat den Namen "x" und
            // kann eine Ganzzahl aufnehmen. Sie hat noch kei-
            // nen Wert.
x=10;       // Wertzuweisung
```

Der Einfachheit halber lassen sich beide Anweisungen zusammenfassen:

```
int x = 10;      // Deklaration und Zuweisung eines Anfangs-
                 // wertes (Initialisierung).
```

Es wird empfohlen, bei der Namensvergabe auf „sprechende" Bezeichner zu achten. In einer Bankanwendung sollte eine Variable, welche den Kontostand repräsentiert, auch diesen Namen bekommen:

---

[11] Die Initialisierung von *float*-Werten ist nur mit dem Suffix ‚f' möglich.

```
double kontostand;           // enthält den aktuellen Konto-
                             // stand
```

```
int lieferantenNummer;       // gemischte Schreibweise[12]
```

Konstanten werden nur einmal definiert und dann nicht mehr geändert. Damit die Laufzeitumgebung von Java verhindern kann, dass Konstante unbeabsichtigt während des Programmlaufs verändert werden können, werden diese mit dem Schlüsselwort *final* gekennzeichnet (z.B. Zahl Pi mit Wert 3.1415):

```
final double PI = 3.1415;    // Namen von Konstanten groß
                             // schreiben
```

Mit Zahlen (Ganzzahlen, Gleitkommazahlen - siehe Abbildung 2-1) kann man rechnen.

Ganzzahlige Datentypen

Java stellt vier ganzzahlige Datentypen zur Verfügung, und zwar *byte, short, int* und *long*, mit jeweils 1, 2, 4 und 8 Bytes Länge. Alle ganzzahligen Typen sind vorzeichenbehaftet.

```
int x =10;   // Dezimalwert
```

Gleitkommatypen

Java kennt die beiden Gleitkommatypen *float* (einfache Genauigkeit) und *double* (doppelte Genauigkeit). Die Länge beträgt 4 Bytes für *float* und 8 Bytes für *double*. Fliesskommawerte werden immer in Dezimalnotation aufgeschrieben.

```
float x =10.123f;        // Gleitkommawert
```

Das angehängte ‚f' zeigt an, dass es sich um einen *float*-Wert handelt. ‚d' wird verwendet, um ein *double*-Wert anzuzeigen. Bei fehlendem Suffix wird immer ein *double*-Wert angenommen.

Zeichen

Zeichen werden mit dem UNICODE (16 Bit) dargestellt. Zeichen sind Buchstaben, Steuerzeichen (z.B. Ctrl-C) Ziffern und Sonderzeichen (§,$,%,...)[13]. Der Typ *char* ist in Java 2 Bytes groß. Zeichen werden grundsätzlich in einfache Hochkommata gesetzt.

```
char x ='a';        // UNICODE-Zeichen
```

---

[12] Für zusammengesetzte Variablennamen wird eine gemischte Schreibweise empfohlen, beginnend mit einem Kleinbuchstaben.

[13] Durch die 16 Bit- Darstellung können 2^{16} verschiedene Zeichen dargestellt werden. Dies ermöglicht es, nicht nur die Zeichen unseres Alphabets zu verwenden, sondern beispielsweise auch chinesische, japanische, kyrillische und arabische Schriftzeichen in Java-Programmen darzustellen. Alle im UNICODE definierten Zeichen findet man im Internet (http://unicode.org/).

Logische Variable

Logische Variable (auch boolesche Variable genannt), werden häufig zur Steuerung des Programmflusses verwendet. Sie können die Werte *true* und *false* annehmen.

Referenztypen

Referenztypen sind neben den primitiven Datentypen die zweite wichtige Gruppe von Datentypen in Java. Zu den Referenztypen gehören Objekte, Strings, Arrays und weitere Klassen. Weiterhin gibt es die vordefinierte Konstante *null*, die eine leere Referenz bezeichnet.

```
String s = "abc";          // Deklaration und Initialisie-
                           // rung einer Zeichenkette
String s=null;             // leere Referenz
```

> Referenztypen sind Klassen, welche außer den Werten auch noch Methoden enthalten.

2.3   Operationen auf einfache Datentypen

Auf Zahlen lassen sich arithmetische Operationen durchführen:

```
int a = 10; int b = 3; int c;
c = a+b;     // c=13
c = a-b;     // c=7
c = a*b;     // c=30
c = a/b;     // c=3; Ergebnis ist vom Typ int, da bei beiden
             // Zahlen ein int verwendet wird. Soll ein Gleit-
             // kommawert ermittelt werden, so ist durch einen
             // float- bzw. double-Wert zu teilen
c = a%b;     // Modulo (Divisionsrest): c=1
a++; a--;    // entspricht a=a+1 bzw. a=a-1
```

Die *arithmetischen Operatoren* erwarten numerische Operanden und liefern einen numerischen Rückgabewert. Haben die Operanden unterschiedliche Typen, beispielsweise *int* und *float*, so entspricht der Ergebnistyp des Teilausdrucks dem umfassenderen Datentyp der beiden Operanden.

Für Vergleiche gibt es relationale Operatoren. Diese dienen dazu, Ausdrücke miteinander zu vergleichen und in Abhängigkeit davon einen logischen Rückgabewert zu produzieren.

```
int a = 10; int b=3;
System.out.println(a<b) // false
```

Mögliche Operatoren sind: <, >, >=, <=, ==, !=

Das doppelte Gleichheitszeichen prüft auf Gleichheit (wogegen ein einfaches Gleichheitszeichen eine Zuweisung bedeutet). Der letzte Operator „!=" prüft auf Ungleichheit. Er ergibt *true*, wenn beide Operanden unterschiedliche Werte haben.

```
int a = 10; int b=3;
System.out.println(a>b)          // true
System.out.println(a>=b)         // true
System.out.println(a<=b)         // false
System.out.println(a>=b)         // true
System.out.println(a==b)         // false
System.out.println(a!=b)         // true
```

Boolesche Werte lassen sich mit logischen Operatoren verknüpfen:

```
boolean a = true; boolean b = false; boolean c;
c = !a;      // Negation: c wird false
c = a&&b;    // UND-Verknüpfung: c wird false
c = a||b;    // ODER-Verknüpfung: c wird true
```

Typumwandlungen (Typverkleinerungen bzw. Typvergrößerungen) mit dem *Type-Cast-Operator* gestatten es, explizite Typumwandlungen in Java vorzunehmen. Umwandlungen von Rechenwerten in den „nächstgrößeren" Typ (*byte* → *short* → *int* → *long* → *float* → *double*) sind kein Problem und werden vom Compiler erledigt:

```
int y;
double x =  y;     // implizite Umwandlung
```

Auch bei der Auswertung numerischer Ausdrücke wird bei nicht identischen Typen automatisch eine Konvertierung vorgenommen:

```
int y; float x;    // x und y werden vor der Berechnung in
double z = x + y; // double- Werte konvertiert
```

Ein Sonderfall stellt die Konvertierung von *char* nach *int* dar. Da *char*-Werte intern als *int* abgespeichert werden, ist beispielsweise auch folgende Operation zulässig:

```
char c ='a';                     // ausgegeben wird das Zeichen
c = c + 3;                       // 'd', da dieses im UNICODE 3
System.out.println(c);           // Zeichen hinter dem 'a' liegt
```

Jede Konvertierung von einem „größeren" in einen „kleineren" Typ bedarf der besonderen Aufmerksamkeit des Programmierers und muss dem Compiler mittels des Cast-Operators bekannt gegeben werden:

```
double x = 1234.567;
int y = (int) x; // Casting
```

Mit dem Cast-Operator wird der Programmierer gezwungen, die Folgen der Typmwandlung zu überdenken, da hierbei die Präzision (in unserem Fall durch das Abschneiden der Nachkommastellen) verloren gehen kann.

Andere Konvertierungen als die explizit oben genannten zwischen primitiven Datentypen sind nicht erlaubt. Insbesondere gibt es also keine legale Konvertierung von und nach *boolean*. Auch Konvertierungen zwischen primitiven Typen und Referenztypen sind unzulässig.

Durch Casting kann ein gegebener Typ in einen anderen Typ umgewandelt werden. Die Folgen der Umwandlung müssen gut durchdacht werden und liegen in der Verantwortung des Programmierers.

2.4 Hinweise zur Ausgabe

Applikationen sind eigenständige Programme, welche eine *main()*-Methode enthalten. Diese ist der Startpunkt des Programms. Der Programmrahmen für eine Applikation sieht folgendermaßen aus:

```
public class Aufgabe {
   // Mit der Methode main startet die Anwendung
   // Die Methode enthält alle Variablen und die Programmlogik
   // Die Ausgabe der Ergebnisse erfolgt auf der Systemkonsole
   public static void main(String args[]){

      // Definition der Variablen
      ...
      // Programmlogik
      ...

   }
}
```

Ausgabe mit *print()* bzw. *println()*:

- *System.out.print(String s)* fügt die Zeichenkette s an die vorige Ausgabe an (kein Zeilenvorschub).
- *System.out.println(String s)* gibt die Zeichenkette s aus und generiert anschließend einen Zeilenvorschub (newLine).
- Mit den obigen Methoden können nicht nur Zeichenketten, sondern alle primitiven Datentypen ausgegeben werden, Diese werden vor der Ausgabe in einen String gewandelt.
- Mit beiden Methoden können auch Ausdrücke in der Form (x + y + z) ausgegeben werden. Zu beachten ist jedoch, dass das ‚+' – Zeichen bei Rechenwerten eine Addition veranlasst, bei Zeichenketten jedoch eine Stringverkettung:

```
System.out.println(3+7);              // Ausgabe: 10
System.out.println(3+7+"abc");        // Ausgabe: 10abc
System.out.println(("abc" + " " + "xyz");// Ausgabe: abc xyz
```

Mit Steuerzeichen kann die Ausgabe in ein gewünschtes Format gebracht werden:
- '\n' newLine (line feed)
- '\r' return (carriage return)
- '\t' Tabulatorsprung (horizontal tabulator)

Beispiel:

```
System.out.println(("abc"+'\t'+"xyz"+'\n'+3);
führt zu der Ausgabe:   abc    xyz
                        3
```

2.5   Fazit

- Java ist eine typisierte Programmiersprache, d.h. alle Daten müssen vor ihrer Verwendung deklariert werden.
- Zu den primitiven Datentypen gehören Zahlen (Ganzzahlen, Gleitkommazahlen), Zeichen und logische Variable.
- Referenztypen besitzen außer einem Wert auch noch Methoden, welche auf den Wert angewandt werden können. Dazu gehören auch Klassen (aus der Klassenbibliothek oder selbst erstellte). Eine häufig verwendete Klasse aus der Java-Klassenbibliothek ist die String-Klasse.
- Auf Zahlen (*byte, short, int, long, float, double*) lassen sich Rechenoperationen anwenden. Zeichen sind im UNICODE dargestellt. Auf logische und numerische Variablen können relationale Opertoren angewendet werden.
- Während bei der Zuweisung von Daten von einem „kleineren" Datentyp in einen „größeren" (umfassenderen) Datentyp kein Problem zu erwarten ist, können im umgekehrten Fall „Verluste" (Nachkommastellen gehen verloren) auftreten. Der Cast-Operator signalisiert dem Compiler, dass die Konvertierung (Typverkleinerung) vom Programmierer explizit gewollt ist.

2.6   Übungen

1. Schreiben Sie eine Applikation, in welcher Sie alle primitiven Datentypen definieren und mit Werten initialisieren. Probieren Sie die o.g. Operationen (rechnen, vergleichen) aus und geben Sie die Ergebnisse der jeweiligen Operation mit *System.out.println()* aus.
2. Wodurch unterscheiden sich primitive Datentypen von Referenztypen?
3. Wie werden in Java Zeichen codiert?
4. Wozu wird der Datentyp *boolean* verwendet?

5. Was versteht man unter „Casting". Ist Casting unbedingt notwendig?
6. Führen Sie folgende Konvertierungen durch:
   - *int* nach d*ouble*
   - *double* nach *int*
7. Definieren Sie eine *byte*-Variable und initialisieren Sie diese mit dem größtmöglichen Wert aus dem entsprechenden Wertebereich. Zählen Sie eins dazu und geben Sie das Ergebnis mit *System.out.println()* aus. Was ist passiert? Was schließen Sie daraus?
8. Definieren Sie in einem Programm folgende Konstanten: π (pi), e (Basis der natürlichen Logarithmen).
9. Ein Sparkonto hat am Anfang einen Kontostand von 500.00 €. Der Zinssatz beträgt 7%. Errechnen Sie den Kontostand nach Ablauf von 2 Jahren.
10. Definieren Sie eine *double*-Variable mit dem Wert 123.456789. Der Wert ist kaufmännisch auf 2 Dezimalstellen zu runden. Das Runden erfolgt nach folgendem Algorithmus:
    - Man multipliziere den zu rundenden Wert mit 100 und addiere 0.5 dazu.
    - Vom Ergebnis sind die Kommastellen abzuschneiden (casten nach *int*).
    - Das Ergebnis von Schritt 2 ist durch 100.0 zu dividieren.

2.7   Lösungen

1.
```java
public class PrimitiveDaten {
    /**
     * Applikation initialisiert Variable
     */
    public static void main(String args[]) {
        byte b = 10;
        short s = 100;
        int i = 10000;
        long l = 100000;
        float f = 7.31f;
        double d = 123.456;
        char c = 'a';
        boolean bo = true;
        System.out.println("byte:" + b + " short:"
                + s + " int:" + i + " long:"+ l);
        System.out.println("float:" + f + " double:"
                + d + " char:" + c);
        int summe = i + s;
        int mod = i % 3;
        boolean x = !bo;
        System.out.println("summe:" + summe + " mod:"
                + mod + " x:" + x);
    }
```

```
}
                          System.out.println("summe:" + summe + " mod:"
                                      + mod + " x:" + x);
              }
}
```

2.

Primitive Datentypen besitzen ausschließlich einen Wert, Referenztypen haben zusätzlich noch Methoden, um den zugehörigen Wert zu untersuchen bzw. zu manipulieren. Sie sind Klassen, welche vom Programmierer erweitert werden können.

3.

Alle Zeichen werden in Java mit dem UNICODE dargestellt.

4.

Der Datentyp *boolean* wird häufig verwendet, um den Programmfluss zu steuern. Beispiel: „wenn Temperatur >20 Grad, dann T-Shirt anziehen, ansonsten Pullover".

5.

Casting gestattet es, einen gegebenen Datentyp in einen „kleineren" Datentyp umzuwandeln (z.B einen *double*-Wert in einen *int*-Wert). Dabei können Nachkommastellen verloren gehen. Explizite Cast-Operationen zwingen den Programmierer dazu, sein Vorgehen nochmals zu überdenken und die Folgen der Operation abzuschätzen.

6.

```
public class Casting {
      public static void main(String args[]) {
              int i = 5;
              double d;
              d = i / 2.0;
              System.out.println("d:" + d);
              i = (int) d;
              System.out.println("i:" + i);
      }
}
```

7.

```
public class Overflow {
      public static void main(String args[]) {
              byte b = 127;
              System.out.println("b:" + b);
              b++;
              System.out.println("b+1:" + b);
      }
}
```

Overflow: nach Überschreiten des Maximalwertes (+127) springt der Inhalt der Variablen zurück auf den Minimalwert (-128) des entsprechenden Datentyps.

8.
```java
public class Konstanten {
      public static void main(String args[]) {
            final double PI = 3.1415;
            final double E = 2.71828;
      }
}
```

9.
```java
public class Zinsberechnung {
      public static void main(String args[]) {
            final double zinssatz = 7.0;
            double anfangskapital = 500.00;
            double kapital;
            double zinsen;
            // Kapital nach dem 1. Jahr:
            zinsen = (anfangskapital * zinssatz) / 100;
            System.out.println(zinsen);
            kapital = anfangskapital + zinsen;
            // kapital nach dem 2. Jahr:
            zinsen = (kapital * zinssatz) / 100;
            System.out.println(zinsen);
            kapital = kapital + zinsen;
            System.out.println("Kontostand nach 2 Jahren:"
                                            + kapital);
      }
}
```

10.
```java
public class Runden {
      /**
       * kaufmännisches Runden eines double-Wertes
       */
      public static void main(String args[]) {
            double x = 123.456789;
            double y;
            // runden auf 2 Dezimalstellen:
            int temp = (int) (x * 100 + 0.5);
            y = temp / 100.0;
            System.out.println("x: "+x+"gerundet: "+y);
      }
}
```

3 Kontrollstrukturen

Ein Rechner hat die Aufgabe, aus einer Eingabedatenmenge eine Ausgabendatenmenge zu ermitteln. Die Transformation der Eingabedaten in die Ausgabedaten erfolgt durch einen Algorithmus. Dieser bestimmt, welche Operationen auf den Eingabedaten ausgeführt werden, damit das gewünschte Ergebnis entsteht. Die Operationen werden dem Rechner in Form von Anweisungen der entsprechenden Programmiersprache mitgeteilt. Die sequentielle Ausführung der Programmanweisungen kann durch Kontrollbefehle abgeändert werden. Kontrollstrukturen unterteilen sich in Sequenz, Verzweigung und Schleifen.

Lernziele:
In diesem Kapitel werden Sie lernen,

- welche Kontrollstrukturen Java zur Verfügung stellt und wie diese verwendet werden.

3.1 Sequenz

Bei einer Sequenz wird ein Verarbeitungsschritt nach dem anderen ausgeführt.

Allgemeine Form:

```
{
  Anweisung1;
  Anweisung2;
  ...
}
```

Häufig wird eine Sequenz durch zwei geschweifte Klammern eingeschlossen, um deutlich zu machen, dass die Anweisungen innerhalb dieses Blocks logisch zusammengehören. Ein solcher Block kann auch Anweisungen zur Deklaration von lokalen Variablen haben. Diese sind dann nur innerhalb des Blocks gültig und sichtbar.

```
{
  int x = 10; int y = 3;      // Variable müssen vor ihrer
  int z = x+y;                // Verwendung vereinbart werden
  System.out.println("x+y: " +z);
}
```

3.2   Verzweigung

1. Selektion

Bei einer Verzweigung (Selektion) wird nur ein Programmzweig von zwei möglichen durchlaufen:

Allgemeine Form:

```
if (Bedingung)
  Anweisung1;
else
  Anweisung2;
```

Bei der Verzweigung wird zuerst die *if*-Bedingung geprüft. Ergibt die Prüfung *true*, so wird der nachfolgende Programmcode ausgeführt. Andernfalls wird der Programmcode in der *else*-Anweisung durchlaufen. Der Ausdruck in der *if*-Anweisung kann beliebig komplex sein. Die Berechnung des Ausdrucks muss entweder *true* oder *false* ergeben. Mehrere Anweisungen im *if*- oder *else*-Zweig müssen in geschweiften Klammern eingeschlossen werden.

```
int a = 10; int b = 12;
if(a<b)
  System.out.println("a < b");
else
  System.out.println("a => b");
```

Hinweis: die *else*-Anweisung ist optional, d h. sie kann auch weggelassen werden. Dies führt jedoch bei geschachtelten *if*-Anweisungen beim Leser eventuell zu Mehrdeutigkeiten, welche in der Literatur unter dem Begriff „dangling else" beschrieben werden:

```
if (a>b)
  if(c==0)
    y=x;
  else
    y=z;      // gehört zum innersten if
```

Der *else*-Zweig gehört bei geschachtelten *if*-Anweisungen immer zum innersten (letzten) *if*. Um eine andere Logik zu erreichen, müssen die entsprechenden Codeblöcke mit geschweiften Klammern versehen werden:

```
if (a>b) {
  if(c==0)
    y=x;
}
else  // gehört zum äußeren if
  y=z;
```

> Bei der Verzweigung wird von zwei möglichen Programmpfaden immer nur einer durch-
> laufen.

2. Fallunterscheidung

Bei der Mehrfachverzweigung (Fallunterscheidung) gibt es mehrere Programmzweige, von
denen einer durchlaufen wird.

Allgemeine Form:

```
switch (Bedingung)
{
  case constant:
    Anweisung;
  ...
  default:
}
```

Die obige *switch*-Anweisung ist eine Mehrfachverzweigung. Zunächst wird der Ausdruck in
der runden Klammer ausgewertet. Dieser muss vom Typ *byte*, *short*, *int* oder *char* sein. In
Abhängigkeit vom Ergebnis wird dann die entsprechende *case*-Anweisung ausgeführt.

```
// Mehrfachauswahl
  int x;  // x muss vom Typ byte, short, int oder char sein
  x=2;
  switch(x) {
    case 1: System.out.println("x=1"); break;
    case 2: System.out.println("x=2"); break;
    case 3: System.out.println("x=3"); break;
    default: System.out.println("x hat den Wert " +x);
  }
```

Als letztes Statement im *switch*-Block kann auch eine *default*-Anweisung stehen. Diese wird
dann ausgeführt, wenn in den vorigen *case*-Anweisungen kein passender Wert für x gefunden wird.

Hinweis: die *break*-Anweisungen sind notwendig, damit die nachfolgenden *case*-Zweige nicht
durchlaufen werden. Es wird zum Ende des *switch*-Blockes verzweigt. Vergessene *break*-
Anweisungen führen in der Regel zu schwer auffindbaren Programmfehlern:

```
  int x=2;
  switch(x) {
    case 1: System.out.println("x=1");
    case 2: System.out.println("x=2");
    case 3: System.out.println("x=3");
```

```
   default: System.out.println("x hat den Wert " +x);
}
```

Die Ausgabe des Programms ist:

```
x=2
x=3
x hat den Wert 2
```

Bei der Mehrfachverzweigung wird von mehreren möglichen Programmpfaden nur einer durchlaufen.

3.3   Schleifen

Bei Schleifen (Iterationen) wird der Schleifenrumpf so oft durchlaufen, bis die Abbruchbedingung die Schleifendurchläufe beendet. Java besitzt drei Schleifenkonstrukte: *while*, *do-while* und *for*.

1. while-Schleife

Allgemeine Form:

```
while (Bedingung)
  Anweisung;
```

Zuerst wird der Ausdruck in der runden Klammer ausgewertet. Ergibt die Auswertung *true*, so wird die Anweisung ausgeführt. Andernfalls wird das Programm nach der Schleife fortgesetzt. Sollen mehrere Anweisungen in der Schleife ausgeführt werden, so müssen diese in geschweiften Klammern eingeschlossen werden.

```
// while-Schleife
  int x = 1; int y = 3; int z = 0 ;
  while(x<y) {
    z++ ;
    x++ ;
    System.out.println("x:  "+x+" y:  "+y+ " z: "+z);
}
```

Der Schleifenrumpf wird solange ausgeführt, wie die Schleifenbedingung (x<y) wahr ist. Die Schleifenbedingung kann ein beliebig komplexer Ausdruck sein, dessen Berechnung *true* oder *false* ergeben muss. Die Schleifenbedingung wird vorab geprüft (abweisenden Schleife, kopfgesteuerte Schleife).

2. do-while-Schleife

Allgemeine Form:

```
do
  Anweisung;
while (Bedingung);
```

Die Schleife wird mindestens einmal ausgeführt, da zuerst die Anweisung ausgeführt und erst dann der Testausdruck in der runden Klammer überprüft wird.

```
// do-While-Schleife
  int x = 1; int y = 3; int z = 0 ;
  do {
    z++;
    x++ ;
    System.out.println(" x:  "+x+"  y:  "+y+ " z: "+z);
  } while(x<y);
  System.out.println("Schleifenzähler: "+z);
```

Der Schleifenrumpf wird auf jeden Fall einmal ausgeführt. Die Laufbedingung wird am Ende des Schleifendurchlaufs geprüft (annehmende Schleife, fußgesteuerte Schleife). Ansonsten gilt das Gleiche wie im Fall der *while*-Schleife: die Schleife wird beendet, wenn die Schleifenbedingung *false* ergibt.

3. for-Schleife

Allgemeine Form:

```
for (init; test; update)
  Anweisung;
```

Der Kopf der *for*-Schleife besteht aus drei Ausdrücken: Initialisierung, Laufbedingung und Inkrementierungsteil. Die Initialisierungsanweisung wird einmal vor dem Start der Schleife aufgerufen. Sie kann auch Variablendeklarationen enthalten (z.B. einen Schleifenzähler). Sichtbarkeit und Lebensdauer der Variablen erstrecken sich auf den Block, der die Schleifenanweisungen enthält. Die Schleifenanweisung wird nur ausgeführt, wenn die Auswertung der Laufbedingung *true* ergibt. Der Inkrementierungsteil dient dazu, den Schleifenzähler zu verändern. Er wird nach jedem Durchlauf der Schleife errechnet, bevor die Laufbedingung erneut ausgewertet wird.

```
// for-Schleife
  int z = 0 ;
    for(int i=0;i<10;i++) {
    z++;
    System.out.println("Schleifenzähler:  "+i);
  }
```

Die *for*-Schleife verwendet eine Laufvariable (im obigen Beispiel i), welche einen Anfangswert erhält (hier den Anfangswert 0) und nach jedem Schleifendurchlauf erhöht wird (i++).

Die Schleife wird solange ausgeführt, bis der Schleifenzähler die Abbruchbedingung erreicht hat (i=10). Im obigen Beispiel wird der Schleifenzähler innerhalb der *for*-Anweisung deklariert. Damit ist er auch lediglich innerhalb der öffnenden und schließenden geschweiften Klammer der *for*-Anweisung bekannt und kann außerhalb des *for*-Konstrukts nicht mehr verwendet werden.

4. Endlos-Schleifen

Wird der Schleifenausdruck von vornherein auf *true* gesetzt, erhält man eine Endlosschleife. Diese muss im Schleifenrumpf eine Abbruchbedingung enthalten. Andernfalls kann das Programm nur noch über das Betriebssystem (mit Ctrl-C oder über den Task-Manager (>Prozess beenden)) abgebrochen werden[14]:

```
// Endlos-Schleife
  int z = 0 ;
  while(true) {
     z=++;
     if(z>9) break; // verlassen der Schleife
     System.out.println "z:   "+z);
  }
```

Auch die *for*-Schleife kann als Endlos- Schleife codiert werden:

```
int z=0;
for(;;)
   { z=z+1 ;
     if(z>9) break; // verlassen der Schleife
     System.out.println "z:   "+z);
   }
```

Hinweis: Im Initialisierungs- und Inkrementierungsteil der *for*-Schleife (der Ausdruck in der runden Klammer) können mehrere Zuweisungen stehen, die durch Kommata getrennt werden müssen. Aus Gründen der Lesbarkeit ist allerdings von solchen Konstrukten abzuraten.

Der Schleifenrumpf einer *for*-, *while*- und *do-while*-Schleife kann mit einer *break* bzw. *continue* Anweisung verlassen werden. Eine *break*-Anweisung bewirkt, dass die Schleife an dieser Stelle verlassen wird und der Programmablauf mit der Anweisung hinter dem Schleifenrumpf fortgeführt wird. Taucht dagegen eine *continue*-Anweisung auf, springt das Programm an das Ende des Schleifenrumpfs und beginnt mit der nächsten Iteration.

Befinden sich *break* bzw. *continue* innerhalb einer mehrfach geschachtelten Schleife, so wird damit immer die Verarbeitungsreihenfolge der innersten Schleife manipuliert. Ungeachtet dieser Möglichkeiten sollten *break* und *continue* sparsam verwendet werden.

---

[14]   Je nach IDE kann man den Prozess auch direkt stoppen.

Bei Schleifen wird der Anweisungsblock (Schleifenrumpf) solange durchlaufen, bis bei Vorliegen der Abbruchbedingung die Iteration beendet wird.

3.4   Fazit

- Dem Programmierer stehen zur Gestaltung der Ablauflogik eines Programms folgende Kontrollstrukturen zur Verfügung: Sequenz, Verzweigung, Mehrfachauswahl und Schleifen.
- Bei der Sequenz werden die Anweisungen in der Reihenfolge ihres Auftretens ausgeführt.
- Bei der Verzweigung wird abhängig von einer zu prüfenden Bedingung einer von zwei möglichen Zweigen durchlaufen. Die Bedingung ist ein Ausdruck, der ein Ergebnis vom Typ *boolean* liefern muss.
- Die Mehrfachverzweigung prüft den Wert eines Ausdrucks vom Typ *int*, *short*, *byte* oder *char* und führt abhängig von der Prüfung einen Zweig von mehreren möglichen aus.
- Java kennt folgende Schleifenkonstrukte:
    - *while-Schleife*: die Laufbedingung wird vorab geprüft.
    - *do while-Schleife*: der Schleifenrumpf wird mindestens einmal durchlaufen, die Laufbedingung wird am Ende jeden Durchlaufs geprüft.
    - *for-Schleife*: diese verwendet eine Laufvariable, um die Anzahl der Schleifendurchläufe zu zählen.
- Alle Schleifen können mit der *break*-Anweisung beendet werden. Eine *continue*-Anweisung verzweigt zum Anfang des Schleifenrumpfs und beginnt mit der nächsten Iteration.

3.5   Übungen

Aufgaben zum sequentiellen Programmablauf
1. Geben Sie hintereinander mehrere beliebige Zeichenketten auf dem Bildschirm aus.
    - Was passiert, falls die Methode *println()* durch *print()* ersetzt wird?
    - Mischen Sie die Ausgabe von Zeichenketten und Variablen (insbesondere von Zahlen).
    - Wie werden Ausgaben miteinander verbunden?
2. Definieren Sie zwei *int*-Variablen a und b und weisen Sie den Variablen Werte zu. Geben Sie das Ergebnis folgender Rechenoperationen auf dem Bildschirm aus:
    a+b, a-b, a*b; a/b; a%b
3. Schreiben Sie ein Programm, welches eine Anzahl von Sekunden definiert. Die Sekunden sind in Minuten, Stunden und Tage umzurechnen.

4. Berechnen Sie den Abstand zweier Punkte im kartesischen Koordinatensystem. (Hinweis: die Quadratwurzel einer Zahl lässt sich mit der Methode *Math.sqrt(x)* berechnen. Diese gibt einen *double*-Wert zurück).

Aufgaben zur Fallunterscheidung

5. Definieren und initialisieren Sie einen beliebigen *int*-Wert. Untersuchen Sie, ob der Wert ohne Rest durch 2 teilbar ist (Modulo-Funktion verwenden, siehe Kap. 2.3). Abhängig vom Ergebnis ist „gerade" bzw. „ungerade" auf dem Bildschirm auszugeben.
6. Prüfen Sie, ob bei folgenden Seitenlängen ein rechtwinkliges Dreieck vorliegt: a=7cm, b=5cm, c=8cm.

Aufgaben zur Mehrfachauswahl

7. Definieren Sie eine *int*-Variable. Initialisieren Sie diese Variable mit einem Wert zwischen 1 und 3 und geben Sie abhängig vom Wert eine entsprechende Meldung auf dem Bildschirm aus.
8. Initialisieren Sie eine *char*-Variable mit den Werten 's' (schön), 'b' (bedeckt) oder 'r' (regnerisch). Geben Sie abhängig vom Wert der Variablen einen jeweils passenden Kommentar auf dem Bildschirm aus.

Aufgaben zu Schleifen

9. Schreiben Sie eine Applikation, welche 10 mal „Hallo Welt" ausgibt. Verwenden Sie dazu die drei unterschiedlichen Schleifenkonstrukte *for*, *while* und *do-while*.
10. Errechnen Sie die Summe aller Zahlen von 1 bis 100 (Schleife verwenden, nicht die entsprechende Formel).
11. Berechnen Sie die Fakultät einer Zahl.
    Hinweis: die Fakultät einer Zahl errechnet sich folgendermaßen:
    n!=1*2*3* ...*(n-1)*n
12. Berechnen Sie die Anzahl von Ziffern einer *int*-Variablen.
13. Berechnen Sie die Quersumme einer (*int*-) Zahl. (Hinweis: Die Quersumme ist die Summe aller Ziffern einer Zahl).

3.6   Lösungen

1.
```java
public class ZeichenkettenAusgabe {
    /**
     * Applikation gibt hintereinander mehrere beliebige
     * Zeichenketten auf dem Bildschirm aus.
     */
    public static void main(String[] args) {

        System.out.println("Hallo DHBW Stuttgart");
        System.out.println("Guten Tag");
```

```
           System.out.println("erfolgreiche Ausgabe");

           // zusätzliche Ausgabe von Rechenwerten
           System.out.println("Ergebnis: " + 13);


      }
}
```

Die Methode *println()* führt am Ende der Ausgabe einen Zeilenvorschub, d.h. einen Sprung in die nächste Zeile, durch. Die Methode *print()* hingegen führt keinen Zeilenvorschub durch, so dass mehrere Ausgaben hintereinander in der gleichen Zeile ausgegeben werden. Ausgaben werden miteinander verbunden, indem sie entweder mittels *print()* hintereinander ausgegeben werden oder innerhalb von *println()* mit dem "+"-Operator konkateniert, d h. verbunden, werden.

2.
```java
public class Rechenoperationen {
     public static void main(String[] args) {
          int a = 10;
          int b = 7;
          System.out.println("a+b: " + (a + b));
          System.out.println("a-b: " + (a - b));
          System.out.println("a*b: " + a * b);
          System.out.println("a/b: " + a / b);
          System.out.println("a%b: " + a % b);
     }
}
```

3.
```java
public class Zeitumrechnung {
     /**
      * Das Programm definiert einen int-Wert
      * (Sekunden) und rechnet den Wert in
      * Tage, Stunden, Minuten und Sekunden um
      */
     public static void main(String[] args) {
          int sekunden =259200;
          int minuten =sekunden/60;
          int restSekunden=sekunden%60;
          int stunden=minuten/60;
          int restMinuten=minuten%60;
          int tage=stunden/24;
          int restStunden=stunden%24;
          System.out.println(tage+":"+restStunden+":"+
                    restMinuten+":"+restSekunden);
```

```
                    // Probe
                    int sec=restSekunden+60*restMinuten+
                    3600*restStunden+24*3600*tage;
                    System.out.println("Probe: "+sec);


            }
    }
```

4.
```
public class AbstandZweierPunkte {
        /**
        * Berechnen Sie den Abstand zweier Punkte im
        * kartesischen Koordinatensystem.
        * (Hinweis: die Quadratwurzel
        * einer Zahl lässt sich mit der Methode
        * Math.sqrt(x) berechnen. Die Methode gibt
        * einen double-Wert zurück
```
$$* \quad \sqrt{(x_2 - x_1)^2 + (y_2 - y_1)^2}$$
```
        */
        public static void main(String[] args) {
                int x1=3;int y1=5; int x2=10; int y2=7;
                int deltaX=x2-x1; int deltaY=y2-y1;
                double abstand=
                Math.sqrt(deltaX*deltaX+deltaY*deltaY);
                System.out.println(abstand);
        }
}
```
5.
```
public class Divisionsrest {
        /**
        * Applikation initialisiert int-Variable, berechnet den
        * Divisionsrest(Teilung durch 2)und untersucht diesen
        * auf geradzahlig/ungeradzahlig
        */
        public static void main(String[] args) {
                int i = 19;
                int divrest = i % 2;
                if (divrest == 0)
                        System.out.println(i + " geradzahlig");
                else   System.out.println(i + " ungeradzahlig");
        }
}
```

6.
```java
public class RechtwinkligesDreieck {
    /**
     * prüfen, ob ein rechtwinkliges
     * Dreieck vorliegt
     * a² + b² = c²
     */
    public static void main(String[] args) {
        int a=7; int b=5; int c=8;

        if (a*a+b*b==c*c) System.out.println("rechtwinklig");
            else System.out.println("nicht rechtwinklig");
    }
}
```

7.
```java
public class SwitchTest {
    /**
     * Switch-Test
     *
     */
    public static void main(String[] args) {
        int i = 2;
        switch (i) {
        case 1:
            System.out.println("case 1: " + i); break;
        case 2:
            System.out.println("case 2: " + i); break;
        case 3:
            System.out.println("case 3: " + i);
        }
    }
}
```

8.
```java
public class SwitchTest2 {
    /**
     * Switch-Test2
     *
     */
    public static void main(String[] args) {
        char c='r';
        switch (c) {
        case 's':
```

```
                System.out.println("Die Sonne scheint");
                break;
            case 'b':
                System.out.println("Es ist bedeckt");
                break;
            case 'r':
                System.out.println("Es regnet");
            }
        }
}
```

9.
```
public class SchleifenTest {
    /**
     * Schleifen testen
     */
    public static void main(String[] args) {
        int i;
        // for-Schleife gibt 10 mal „Hallo Welt" aus
        for (i = 0; i < 10; i++) {
            System.out.println("Hallo Welt");
        }
        System.out.println();
        // while-Schleife gibt 10 mal „Hallo Welt" aus
        i = 0;
        while (i < 10) {
            System.out.println("Hallo Welt");
            i++;
        }
        System.out.println();
        // doWhile-Schleife gibt 10 mal „Hallo Welt" aus
        i = 0;
        do {
            System.out.println("Hallo Welt");
            i++;
        } while (i < 10);
    }
}
```

10.
```
public class SummeEinsBisHundert {
    /**
     * Summe aller int-Werte von 1 bis 100
     */
    public static void main(String[] args) {
```

```
                // berechnet die Summe der Zahlen von 1 bis 100
                long summe = 0;
                for (int i = 0; i <= 100; i++)
                        summe += i;
                System.out.println(summe);
        }
}
```

11.
```
public class Fakultät {
        /**
         * berechnet die Fakultät einer Zahl
         */
        public static void main(String[] args) {
                // berechnet die Fakultät einer Zahl
                int fakultaets_zahl = 5;        // berechne 5!
                long fak_ergebnis = 1;          // Ergebnisvariable
                for (int i = 1; i <= fakultaets_zahl; i++) {
                        fak_ergebnis *= i;
                }
                // Ausgabe des Ergebnisses
                System.out.println("Ergebnis: " + fak_ergebnis);
        }
}
```

12.
```
public class ZiffernZählen {
        /**
         *  Berechnet die Anzahl der Ziffern einer Ganzzahl
         */
        public static void main(String[] args) {
                int x=1345;
                int n = 1;
                while (x > 9) {
                        x = x / 10;
                        n++;
                }
                System.out.println("Ziffernanzahl :" + n);
        }
}
```

13.
```
public class Quersumme {
        /**
         * berechnet die Quersumme einer int-Variablen
```

```java
     */
    public static void main(String[] args) {
          int x=12345;
          int quer = 0;
          while (x > 0) {
                quer = quer + x % 10;
                x = x / 10;
          }
          System.out.println("Quersumme :" + quer);
    }
}
```

4 Applets

In diesem Kapitel werden Applets behandelt. Ihre Grundstruktur wird anhand eines ersten Programmbeispiels („Hallo Welt") erläutert.

Lernziele:
Nach dem Durcharbeiten dieses Kapitels kennen Sie

- die unterschiedlichen Zielsetzungen und Strukturmerkmale von Applets im Vergleich zu Applikationen,
- die Anweisungen zum Zeichnen eines Applet-Windows,
- die wichtigsten Grafikprimitive, die von der Java-Klassenbibliothek zur Verfügung gestellt werden.

4.1 Applets und Applikationen

Will man eine Java-Anwendung entwickeln, muss man sich zuallererst Gedanken darüber machen, wo der Bytecode gespeichert und wo er ausgeführt werden soll. Grundsätzlich gibt es dafür zwei Möglichkeiten:

1. Die Java- Anwendung wird als Applikation entwickelt. Der Bytecode liegt in diesem Fall auf dem lokalen Rechner und wird auch auf diesem ausgeführt: (siehe Abbildung 4-1)

Der Bytecode liegt auf dem lokalen Rechner

Hallo Welt

Der Rechner benötigt zur Ausführung des Programms die JRE

Abbildung 4-1 Applikation

2. Die Java-Anwendung wird als Applet entwickelt: der Bytecode liegt hierbei entweder auf dem lokalen Rechner oder wird bei Bedarf von einem Webserver über das Internet bzw. Intranet auf den lokalen Rechner übertragen. In beiden Fällen wird das Programm auf dem lokalen Rechner ausgeführt. Zur Ausführung benötigt man einen (Internet-) Browser: (siehe Abbildung 4-2)

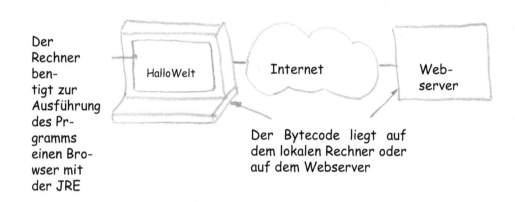

Der Rechner bentigt zur Ausführung des Prgramms einen Browser mit der JRE

HalloWelt

Internet

Webserver

Der Bytecode liegt auf dem lokalen Rechner oder auf dem Webserver

Abbildung 4-2 Applet

4.2   Das „Hallo Welt"-Applet

Anstatt in einer Applikation die Ausgabe „Hallo Welt" zu schreiben (mit der Systemmethode *System.out.println()*) kann man diese auch auf dem Bildschirm „malen". Dazu benötigt man ein Applet, welches „von Hause aus" Grafikfähigkeiten besitzt. Der Vollständigkeit halber sei hier erwähnt, dass auch eine Applikation „malen" kann, was aber nicht ganz so einfach wie bei einem Applet realisiert werden kann. Hier ist der Programmcode für das „Hallo-Welt"-Applet:

```
// HalloWelt-Applet malt die Zeichenkette "Hallo Welt"
import java.applet.Applet;                                    (1)
import java.awt.Graphics;
public class HalloWelt extends Applet {                       (2)
  public void paint(Graphics g) {                             (3)
    g.drawString("Hallo Welt",90,100);                        (4)
  }
}
```

Code 4-1HalloWelt-Applet

(1) Ein Applet verwendet wie auch eine Applikation Klassen und Methoden aus der von SUN zur Verfügung gestellten Klassenbibliothek, um seine Arbeit verrichten zu können[15]. Die im „HalloWelt"-Applet verwendeten *import*-Anweisungen *java.applet.** und *java.awt.** werden benötigt, um die Applet-Klasse sowie die AWT-Klassen dem Compiler bekanntzugeben. Diese Klassen dienen dazu, ein Applet-Window (Fenster mit Rahmen und Titelleiste) sowie ein Graphics-Objekt zu erzeugen, welches mit *draw*-Methoden bemalt werden kann.

(2) Die Klassensignatur[16] gibt der Klasse den Namen „HalloWelt". Die *extends*-Anweisung bedeutet, dass *HalloWelt* von der Klasse *Applet* bestimmte Eigenschaften erbt. Diese müssen dann nicht mehr vom Programmierer mühsam implementiert werden. Die Vererbung ist eine der herausragenden Eigenschaften von Java und wird in den nachfolgenden Kapiteln behandelt.

(3) Ein Applet wird vom Browser gestartet. Aus diesem Grunde besitzt das Applet keine *main()-Methode*. Der Browser ruft nach dem Start die *paint()*-Methode des Applets auf und übergibt ihr ein Graphics-Objekt (*Graphics g*), welches in der *paint()*-Methode bemalt werden kann. Das *Graphics*-Objekt wird vom Browser angezeigt.

(4) Die Methode *drawString("Hallo Welt",90,100)* malt die Zeichenkette „Hallo Welt" in das Applet-Window. Die beiden Zahlenwerte (90,100) geben an, an welcher Stelle (x- und y-Koordinate) gemalt werden soll. Der Nullpunkt des Koordinatensystems befindet sich in der linken oberen Ecke des Fensters. Die Koordinatenwerte werden in Pixeln angegeben.

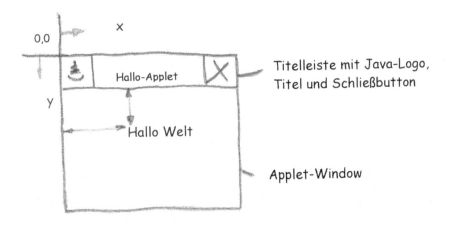

Abbildung 4-3 Das Applet-Window

---

[15] Das Paket „java.awt" enthält die Klassen für die Grafikprogrammierung, das Paket „java.applet" enthält die Applet-Basisklasse

[16] Eine Signatur beschreibt in der Programmierung den eindeutigen „Stempel" für eine Klasse oder Methode und wird durch eine Deklaration festgelegt. Durch sie wird die Klasse bzw. Methode eindeutig identifizierbar.

Applets sind Java-Programme, welche eine grafische Ausgabe erzeugen. Der Applet-Code wird üblicherweise von einem Webserver geladen und im Browser des Benutzers ausgeführt.

4.3   HTML

Wie im Kapitel 4.1 beschrieben, wird ein Applet üblicherweise von einem Webserver herun-tergeladen und im Browser des lokalen Rechners ausgeführt. Die Speicherung des Bytecodes auf dem Webserver hat für den Entwickler den Vorteil, dass Installation und Wartung des Programms zentral an einer Stelle (im Dateisystem des Webservers) stattfinden. Auf der Client-Seite (das ist der Rechner des Anwenders) wird lediglich ein Browser benötigt, um das Applet auszuführen. Die Kommunikation zwischen Webserver und Browser findet über ein standardisiertes Protokoll statt (HTTP-Hypertext Transfer Protocol). Die Standardsprache eines Browsers ist HTML (Hypertext Markup Language), eine Sprache, welche dem Brow-ser sagt, was er darzustellen hat (Überschrift, Textzeile, Image, Applet, Tabelle etc.) und wie er etwas darzustellen hat (Schriftart und Schriftgrösse, Farbe, Breite und Höhe des Applet-Fensters usw.). Applets werden natürlich nicht auf dem Webserver entwickelt, sondern auf dem lokalen Rechners des (Applet-) Programmierers. Zur Entwicklung eines Applets genügt das SDK, welches zusätzlich einen Minibrowser (Appletviewer) enthält, um den Programm-code komfortabel testen zu können. Sowohl der Appletviewer als auch die üblichen Stan-dardbrowser benötigen ein – minimales – HTML-Gerüst, damit sie ein Applet laden und ausführen können (Hinweis: viele IDEs generieren den HTML-Code automatisch im Hinter-grund, so dass der Programmierer damit nichts mehr zu tun hat.).

```
<html>
<head><title>HalloWelt-Applet</title></head>
<body>
<applet code="HalloWelt.class" width="400" height="300">
</applet>
</body>
</html>
```

Eine HTML-Seite muss mit <html> beginnen und mit </html> enden. Sie besteht grundsätz-lich aus dem Kopfteil (header, beginnend mit <head>) und dem Rumpf (body, alle Anwei-sungen zwischen <body> und </body>). Der Text nach dem öffnenden Title-Tag[17] wird in der Titelleiste des Webbrowsers angezeigt. Alle Anweisungen im Rumpf werden als eigent-licher Inhalt im Fenster des Browsers angezeigt (z.B. Text, Grafiken, Links und Applets). Das Applet-Tag lädt das benannte Applet und legt die Größe des Fensters fest (über die Pa-rameter *width* und *height*).

---

[17]   Das englische Wort „Tag" steht für ein Etikett oder eine Auszeichnung und wird in HTML verwendet, um dem Browser zu signalisieren, welche Art von Information folgt.

Wie oben schon erwähnt, lässt sich ein Applet in einem Standardbrowser starten (diese enthalten als Plugin üblicherweise schon die JRE) oder man verwendet den „Appletviewer", welcher Bestandteil des SDK ist. Der Appletviewer ist jedoch kein vollwertiger Browser, sondern er extrahiert lediglich das *applet*-Tag in der HTML-Datei, um das Applet zu starten.

HTML ist eine Auszeichnungssprache. HTML-Tags sind Anweisungen an den Browser, wie die Inhalte am Bildschirm des Benutzers dargestellt werden sollen (Überschrift, Tabelle, Grafik etc.). Durch das Applet-Tag wird der Programmcode des Applets vom Webserver geladen und im Browser ausgeführt.

4.4   Die Methoden init() und paint()

Applets sind Programme, welche in einem Browser/Appletviewer ausgeführt werden. Zusätzlich zu der schon erwähnten Methode *paint()* können in der *init()*-Methode die Programmvariablen mit Anfangswerten versorgt werden sowie die Fenstergröße und die Hintergrundfarbe festgelegt werden. Die *paint()*-Methode enthält die Programmlogik und die *draw*-Befehle zum „Malen" der Ergebnisse. Der Programmrahmen für Applets sieht wie folgt aus:

```
import java.awt.*;
import java.applet.*;
public class Aufgabe extends Applet{
  // Variable vereinbaren
  ...

  // Methode init wird verwendet, um die Variablen
  // mit Werten zu initialisieren, die Fenstergrösse
  // und die Hintergrundfarbe festzulegen
  public void init(){
    ...
  }

  // Methode paint enthält die Programmlogik und
  // malt die Ergebnisse ins Applet-Window
  public void paint(Graphics g) {
    ...

  }
}
```

Applets verwenden *draw*-Methoden, um Objekte (Zeichenketten, Grafikprimitive wie Rechtecke, Linien, Kreise usw.) im Applet-Window darzustellen:

`drawString("Guten Tag",x,y)`	malt die Zeichenkette „Guten Tag" an die durch x und y bestimmte Stelle
`drawLine(x1,y1,x2,y2)`	malt eine Linie zwischen den durch x1, y1 und x2, y2 bestimmten Koordinaten
`drawRect(x,y,width,height)`	malt ein Rechteck. x und y adressieren die linke obere Ecke des Rechtecks
`drawOval(x,y,width,height)`	malt eine Ellipse. Sind *width* und *height* gleich groß, entsteht ein Kreis. x und y adressieren die linke obere Ecke eines gedachten Rechtecks, in welches die größtmögliche Ellipse eingezeichnet wird
`drawArc(x,y,width,height, startAngle,arcAngle)`	malt einen Kreisbogen. Die ersten 4 Parameter entsprechen denen von *drawOval*, mit *startAngle* wird der Anfang des Bogens spezifiziert (0 entspricht der 3 Uhr Position), *arcAngle* spezifiziert die Länge des Bogens.

Tabelle 4-1 draw-Methoden

Entsprechende *fill*-Methoden (*fillRect()*, *fillOval()*) füllen die geometrische Figur mit der Malfarbe (Foreground-Color) aus. Diese ist standardmäßig auf schwarz gesetzt, lässt sich aber durch Methoden der Graphics-Klasse ändern:

```
g.setColor(Color.red); // ändert Farbe auf rot
```

Um Bereiche zu löschen, wird die Methode *clearRect(x,y,width,height)* vewendet, welche das vorgegebene Rechteck mit der Hintergrundfarbe (Background-Color) ausfüllt (Die Hintergrundfarbe ist eine Eigenschaft des Applet-Windows und kann mit der Anweisung *setBackground(Color.blue)* zum Beispiel auf Blau geändert werden).

Beispiel:

```
public void paint(Graphics g){
setBackground(Color.blue)     // Hintergrundfarbe blau
g.setColor(Color.red);        // Malfarbe rot
g.drawRect(100,100,20,20);    // malt rotes Rechteck
g.setColor(Color.yellow);     // Malfarbe gelb
g.drawOval(150,100,50,50);    // malt gelben Kreis
}
```

Die Größe des Applet-Windows lässt sich mit der Methode *setSize(width,height)* einstellen. Die Methode *setSize()* überschreibt die entsprechenden Angaben aus der HTML-Datei.

4.5   Fazit

- Applets werden in der Regel von einem Webserver geladen und im Browser des Client-Rechners ausgeführt. Zur Programmausführung benötigt der Browser die Java Runtime, die in allen gängigen Browsern als Plugin zur Verfügung steht. Zum Testen von Applets auf dem eigenen Rechner kann der im SDK vorhandene Appletviewer verwendet werden.
- Zum Laden und Ausführen eines Applets benötigt ein Browser eine HTML-Datei. Im Applet-Tag der Datei wird die auszuführende Applet-Klasse sowie die Gösse des Applet-Windows angegeben.
- In der Methode *init()* werden Variablen initialisiert. Wird hier die Größe des Applet-Windows ebenfalls spezifiziert, überschreibt dies die Angaben in der HTML-Datei. Die *paint()*-Methode dient dazu, die Ausgaben des Programms grafisch im Applet-Window anzuzeigen. Dazu stehen sog. Grafikprimitive zur Verfügung: *drawString()*, *drawLine()*, *drawOval()*, *drawArc()*, *drawRect()*, *drawPolygon()*. Entsprechende *fill()*-Methoden bieten die Möglichkeit, die Malobjekte mit Farbe auszufüllen. Für jedes im Applet-Window darzustellende Objekt müssen x- und y-Koordinaten angegeben werden. Zu beachten ist, dass der Nullpunkt des zugrunde liegenden Koordinatensystems in der linken oberen Ecke des Applet-Windows liegt.

4.6   Übungen

1.
   - Schreiben Sie den Quellcode für das „HalloWelt-Applet" und speichern Sie ihn ab (HalloWelt.java). Compilieren Sie das Applet.
   - Schreiben Sie die html-Datei und speichern Sie diese im gleichen Verzeichnis wie die Quelldatei unter dem Namen „HalloWelt.html".
   - Starten Sie den Browser und führen Sie die html- Datei aus. Alternativ dazu können Sie auch den im SDK mitgelieferten „Appletviewer" im Kommandozeileninterpreter starten: appletviewer HalloWelt html.
   - Wenn Sie eine IDE verwenden, brauchen Sie sich um die Erstellung der html-Datei nicht zu kümmern; diese wird von der IDE selbsttätig generiert. Sie müssen lediglich noch den richtigen Button finden, der das Applet startet.
2. Schreiben Sie ein Applet, welches drei Zeilen untereinander ausgibt:
   Hallo Welt,
   heute ist ein schöner Tag,
   um Java zu lernen.

   Hinweis: Bei einem Applet positionieren Sie die jeweils nächste Zeile, indem Sie in der *drawString()*-Methode die y-Koordinate erhöhen.

3. Welche Methoden werden in einer Applikation benötigt, um eine Zeichenkette auf dem Bildschirm auszugeben, welche in einem Applet?
4. Welche Parameter besitzen die Ausgabemethoden *print()* bzw. *drawString()*?

5. Beschreiben Sie die Grundstruktur einer Applikation und unterscheiden Sie diese von einem Applet.
6. Aus welchen Bestandteilen besteht ein Applet-Window?
7. Malen Sie eine Linie, ein gelbes Rechteck und einen roten Kreis auf einer horizontalen Linie durch die Mitte des Applet-Windows.
8. Malen Sie ein Winter-, Frühlings- oder Sommer-Applet:

Abbildung 4-4 Applet-Übung

9. Definieren und initialisieren Sie einen beliebigen *int*-Wert. Untersuchen Sie, ob der Wert ohne Rest durch 2 teilbar ist. Abhängig vom Ergebnis ist ein grüner bzw. roter Kreis zu malen.
10. Initialisieren Sie eine *char*-Variable mit den Werten 's' (schön), 'b' (bedeckt) oder 'r' (regnerisch). Malen Sie abhängig vom Wert der Variablen c einen jeweils passenden Smiley.
11. Malen Sie 10 rote Kreise auf einer horizontalen Linie durch die Mitte des Applet-Windows.
12. Malen Sie 10 konzentrische Kreise in der Mitte des Applet-Windows.

4.7   Lösungen

1.
Siehe Kap 4.2: HalloWelt-Applet.

2.
```
//  Applet schreibt 3 Zeilen
import java.applet.*;
import java.awt.*;

public class DreiZeilenApplet extends Applet {
    int x; int y;
    public void init(){
        setSize(300,300);
        x=50; y=100;
    }
```

```
        public void paint(Graphics g){
                g.drawString("Hallo Welt",x,y);
                g.drawString("heute ist ein schöner Tag,",x,y+20);
                g.drawString("um Java zu lernen",x,y+40);
        }
}
```

3. Um Zeichenketten auf dem Bildschirm auszugeben, benötigt man die Methoden *print()* bzw. *println()*. In einem Applet-Window werden Zeichenketten „gemalt". Dies geschieht mit der Methode *drawString()*.

4. Der *print()*-Methode muss eine Zeichenkette übergeben werden, die *drawString()*-Methode benötigt zusätzlich die Angaben der x- und y-Koordinaten, welche die Position des ersten Zeichens der Zeichenkette im Applet-Window festlegen.

5. Eine Applikation besteht aus der Klassensignatur und mindestens der *main()*-Methode, welche den Startpunkt der Verarbeitung angibt. Ein Applet hat außer der Klassensignatur noch eine *paint()*-Methode, in der mittels *draw()*-Anweisungen verschiedene Grafikprimitive im Applet-Window erstellt werden können.

6. Ein Applet-Window besteht aus einem Rahmen mit einer Titelleiste. Die Titelleiste enthält das Java-Logo, den Applet-Namen und das Schließkreuz.

7.
```
import java.applet.*;
import java.awt.*;
public class FigurenApplet extends Applet {
        /**
         * Applet malt Linie, Rechteck und Kreis
         */
        int x;
        int y;
        public void init() {
                setSize(300, 300);
                x = 50;
                y = 150;
        }
        public void paint(Graphics g) {
                g.drawLine(x, y, x + 40, y);             // Linie
                g.setColor(Color.yellow);
                g.drawRect(x + 50, y - 10, 20, 20); // Rechteck
                g.setColor(Color.red);
                g.drawOval(x + 100, y - 15, 30, 30); // Oval
        }
}
```

8.
```java
import java.applet.*;
import java.awt.*;
public class SchneemannApplet extends Applet {
    /**
     * Applet malt einen Schneemann
     */
    public void init(){
        setSize(500,500);
    }
    public void paint(Graphics g) {
    setBackground(Color.lightGray);
    g.drawString("Schneemann-Applet",20,20);
    g.setColor(Color.white);
    g.fillOval(175,100,150,150);  // Kopf
    g.fillOval(125,200,250,250);  // Bauch

//      jetzt fehlen noch Augen, Knöpfe und Karottennase
    g.setColor(Color.black);
    g.fillOval(200,140,30,30);      // linkes Auge
    g.fillOval(270,140,30,30);      // rechtes Auge
    g.setColor(Color.red);
    g.fillOval(235,170,30,30);      // Nase

//      jetzt kommt noch ein Hut dazu
    g.setColor(Color.black);
    g.fillRect(200,70,100,50);
    g.drawLine(175,120,325,120);

//      und nun noch die Schneelandschaft
    g.setColor(Color.white);
    g.fillRect(0,420,500,500);

//      hier kommt die Bildunterschrift
    g.setColor(Color.green);
    Font font = new Font("Arial",Font.PLAIN,36);
    g.setFont(font);
    g.drawString("Frohe Weihnachten",80,480);
    }
}


9.
public class GeradzahligApplet extends Applet {
    /**
```

```
     * Applet initialisiert int-Variable, berechnet den
     * Divisionsrest (Teilung durch 2)und untersucht diesen
     * auf geradzahlig/ungeradzahlig
     */
    int i;
    public void init() {
        setSize(200, 200);
        i = 19;
    }
    public void paint(Graphics g) {
        int divrest = i % 2;
        if (divrest == 0) {
            g.setColor(Color.green);
            g.fillOval(100, 100, 30, 30);
        } else {
            g.setColor(Color.red);
            g.fillOval(100, 100, 30, 30);
        }
    }
}
```

10.
```
import java.awt.*;
import java.applet.Applet;
public class Smiley extends Applet {
    /**
     * malt unterschiedliche Smilies abhängig vom Wert
     * einer Variablen
     */
    int x; int y; char c;
    public void init() {
        setSize(200, 200);
        x = 100;
        y = 100;
    }
    public void paint(Graphics g) {
        c = 'b';
        switch (c) {
        case 's':
            g.setColor(Color.yellow);
            //      Gesicht
            g.fillOval(x - 30, y - 30, 60, 60);
            g.setColor(Color.black);
            //      Mund
            g.drawArc(x - 14, y - 14, 28, 28, 225, 100);
```

```
                    //      Augen
                    g.fillRect (x - 12, y - 10, 6, 7);
                    g.fillRect (x + 6, y - 10, 6, 7);
                    break;
             case 'b':
                    g.setColor (Color.red);
                    g.fillOval (x - 30, y - 30, 60, 60);
                    g.setColor (Color.black);
                    g.fillRect (x - 12, y - 10, 6, 7);
                    g.fillRect (x + 6, y - 10, 6, 7);
                    g.drawLine (x - 14, y + 14, x + 14, y + 14);
                    break;
             case 'r':
                    g.setColor (Color.blue);
                    g.fillOval (x - 30, y - 30, 60, 60);
                    g.setColor (Color.black);
                    g.fillRect (x - 12, y - 10, 6, 7);
                    g.fillRect (x + 6, y - 10, 6, 7);
                    g.drawArc (x - 14, y + 14, 28, 28, 45, 100);
             }
       }
}


11.
import java.awt.*;
import java.applet.Applet;
public class ZehnKreiseApplet extends Applet {
      // malt 10 rote Kreise durch die Mitte des Applets
      int x = 20;
      int y = 200;
      public void init() {
            setSize(400, 400);
      }
      public void paint (Graphics g) {

            for (int i = 0; i < 10; i++) {
                  g.setColor (Color.red);
                  g.fillOval (x - 15, y - 15, 30, 30);
                  x = x + 40;
            }

      }
}
```

12.

```java
import java.awt.*;
import java.applet.Applet;
public class KonzentrischeKreiseApplet extends Applet {
    // malt 10 konzentrische Kreise
    int x0 = 200;
    int y0 = 200;
    int radius = 10;

    public void init() {
        setSize(400, 400);
    }
    public void paint(Graphics g) {
        for (int i = 0; i < 10; i++) {
            g.drawOval(x0-radius/2,y0-radius/2,radius,radius);
            radius = radius + 10;
        }
    }
}
```

5 Die Verwendung der Java-Klassenbibliothek

Das Programmieren von Java-Anwendungen wird durch eine umfangreiche Klassenbibliothek sehr stark vereinfacht. Diese ist Bestandteil des Java Software Development Kit (SDK). Sie enthält mittlerweile mehrere tausend Klassen und ein Vielfaches von Methoden.

Lernziele:
Nach dem Durcharbeiten dieses Kapitels

- wissen Sie, wie die Java-Klassenbibliothek (API-Application Programming Interface) organisiert ist
- kennen einige nützliche Klassen und deren Methoden, welche man in fast jedem Java-Programm benötigt
- wissen Sie, wie man die Java-Dokumentation benutzt.

Hinweis: Die Java-Klassenbibliothek gehört zu den mächtigsten Hilfsmitteln, die dem Entwickler für seine Tätigkeit zur Verfügung stehen. Obwohl die Dokumentation der Klassenbibliothek auch online zur Verfügung steht (java.sun.com/reference/api/), ist es zweckmäßig, diese auf den eigenen Rechner herunter zu laden.

5.1 Die Java Klassenbibliothek

Programmieren in Java bedeutet, sowohl eigene Klassen schreiben als auch vorhandene Java-Klassen, welche von verschiedenen Herstellern in Form von Bibliotheken angeboten werden, zu verwenden. Eine Dokumentation aller Klassen, die bereits im Rahmen der Standardinstallation mitgeliefert werden (die sog. Java-API), findet man auf der Homepage von Java (http:// java.sun.com).

Die Java-Klassenbibliothek wurde seit der ersten Java-Version 1995 ständig erweitert und enthält mittlerweile Tausende von Klassen und eine Vielzahl von Methoden. In den Übungen der vorigen Kapitel wurden schon häufig Klassen und Methoden aus der Klassenbibliothek verwendet (z.B. die Methode *println()* der Klasse *System*, Methoden der *String*-Klasse (*length()*, *substring()*) und Methoden der *Applet*-Klasse (*paint()*) und der *Graphics*-Klasse (*drawString()*).

Jede Klasse in der Klassenbibliothek gehört zu einem Paket (engl. package). Die von SUN zur Verfügung gestellten Klassen sind in mehreren Paketen organisiert. Ein einzelnes Paket enthält alle Klassen, welche für die Implementierung einer bestimmten Funktionalität erforderlich sind. Soll eine Anwendung beispielsweise eine grafische Benutzeroberfläche zur Verfügung stellen, so muss dazu das Paket *java.awt* (Abstract Window Toolkit) herangezogen werden. Die Anbindung einer Datenbank erfolgt mit Klassen des Pakets *java.sql*, die Kommunikation einer Anwendung mit einem Server im Internet benötigt die Klassen des Pakets *java.net*. Jede Klasse hat einen vollständigen Namen, der eine Kombination aus dem Paketnamen und dem Klassennamen ist. Um Klassen aus der Bibliothek in dem eigenen Programm zu verwenden, muss man folgendermaßen vorgehen:

- Die Klassen im Paket *java.lang* sind automatisch verfügbar. Befindet sich die gesuchte Klasse in diesem Paket, so muss man lediglich den Klassennamen schreiben (die schon oben erwähnte Klasse *String* gehört zu dieser Kategorie).
- Befindet sich die zu verwendende Klasse in einem der anderen Pakete, so muss der vollständige Name der Klasse angegeben werden (Paketname+Klassenname). Man kann dies tun, indem man entweder an jeder Stelle im Programm, wo die Klasse verwendet wird, den vollständigen Namen referenziert (*java.awt.Graphics)*, oder auch mit einer *import*-Anweisung am Anfang des Quellcodes (*import java.awt.Gaphics*). Im zweiten Fall kann die Klasse *Graphics* im Programm verwendet werden, ohne dass der Programmierer jedes Mal den Paket-Namen zusätzlich spezifizieren muss. Alternativ dazu kann man in der *import*-Anweisung auch eine Wildcard (*) spezifizieren und damit alle Klassen des genannten Paketes dem Compiler bekannt machen (*import java.awt.**).

Die Dokumentation aller in der Klassenbibliothek bereitgestellten Klassen, Interfaces und Methoden findet man unter der URL „java.sun.com/reference/api".

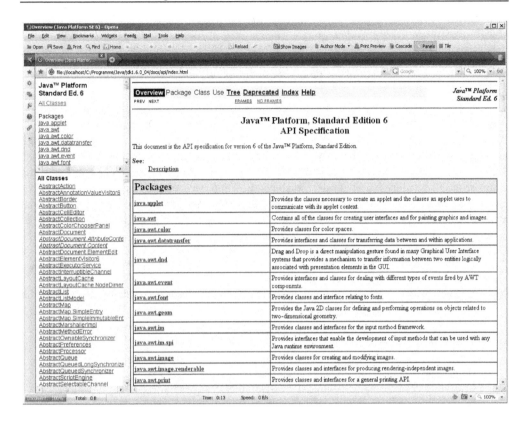

Abbildung 5-1 Screenshot der Java-Klassendokumentation

Die Dokumentation (siehe Abb.1) wird automatisch aus den Klassen generiert und im HTML-Format dargestellt. Auch eigene Klassen können mit Hilfe des Werkzeugs *javadoc* auf diese Weise dokumentiert werden.

Die Java Klassenbibliothek ist ein mächtiges Hilfsmittel, welches den Programmierer bei der Erstellung seiner Programme unterstützt. Die Dokumentation der zur Verfügung gestellten Klassen und Methoden findet man bei *java.sun.com/reference/api*.

5.2 Hinweise zur Benutzung

Sucht man in der Klassenbibliothek nach einer Methode, welche eine bestimmte Funktionalität bereitstellt (beispielsweise die Berechnung und Rückgabe einer Zufallszahl), so findet man unter anderem Methoden, welche den sog. *static*-Modifier besitzen. Dies sind Klassenmethoden, welche verwendet werden können, indem beim Aufruf der Methode der Klassenname mit angegeben wird (Methoden ohne *static* können nur verwendet werden, wenn die

Klasse, der die Methode angehört, zuvor instanziiert worden ist – dies wird in einem der nachfolgenden Kapitel behandelt).

Folgende Klassen und Methoden sind zur Bearbeitung der folgenden Übungen relevant:

Die Klasse String

In den ersten Übungen sollen Daten von der Tastatur in das Programm eingelesen werden. Diese Daten liegen immer als Zeichenketten (vg. Kap 2: Daten) vor. Zeichenketten (engl. Strings) sind Objekte, welche eine Vielzahl von Eigenschaften enthalten (beispielsweise lassen sich Zeichenketten in einzelne Teile zerlegen, die Anzahl der Zeichen in der Kette kann ermittelt werden, innerhalb der Zeichenkette kann nach einem bestimmten Muster gesucht werden usw.). Die *String*-Klasse, welche diese Operationen anbietet, wird in einem der nachfolgenden Kapitel ausführlich behandelt. Zur Lösung der nachfolgenden Aufgaben ist es jedoch notwendig, drei Grundoperationen zu kennen:

- Ein String kann erzeugt werden, indem man einer *String*-Variablen einen Wert zuweist:
  ```
  String s1="abc"; String s2="xyz";
  ```
- Zwei Stringwerte können miteinander verglichen werden Dazu können jedoch nicht die Ihnen bekannten Vergleichsoperatoren (z.B. <,>,==) verwendet werden (diese sind nur für die primitiven Datentypen erlaubt), sondern es muss die Methode *equals()* der *String*-Klasse verwendet werden:
  ```
  if(s1.equals(s2)) // true, wenn s1 und s2 gleich sind
  ```
- Strings können miteinander verkettet werden. Es entsteht dadurch ein neuer String:
  ```
  String s1="abc"; String s2="xyz";
  String s3=s1+s2;   // enthält "abcxyz"
  ```

Die Klasse Console[18]

Die Methode *readLine()* der Klasse *Console* im Paket *java.io* gestattet es, eine Zeichenkette von der Tastatur einzulesen (ein Console-Objekt bekommt man über die Methode *console()* der Klasse *System* im Paket *java.lang*):

```
Console cons=System.console();// macht Tastatur verfügbar
String s=cons.readLine;// liest eine Zeile von der Tastatur
```

Die Klasse JOptionPane

JOptionPane ist eine Klasse, die der einfachen Erzeugung von Standarddialogen dient. Der Aufruf der statischen Methode *showInputDialog()* wird dazu verwendet, um Benutzerdaten mit Hilfe einer graphischen Oberfläche in das Programm einzulesen:

```
String eingabe = JOptionPane.showInputDialog (null,"Eingabe",
JOptionPane.PLAIN_MESSAGE);
```

---

[18] In manchen IDEs können bei der Benutzung der Klasse *Console* Probleme auftreten. In diesem Fall sollte die Lösung mit *JOptionPane* verwendet werden.

Die Klassen Integer und Double

Von der Tastatur können nur Stringwerte eingelesen werden. Diese müssen in Zahlen gewandelt werden, um damit rechnen zu können. Die Typumwandlung geschieht mit Hilfe
einer geeigneten Methode der *Integer*- bzw. *Double*-Klasse:

```
int x=Integer.parseInt(String s);    //String -> int
double y=Double.parseDouble(String s);//String -> double
```

Die Klasse Math

Math im Paket *java.lang* bietet Methoden an, mit denen viele Funktionen aus der Analysis
implementiert werden können. Das Paket *java.lang* muss nicht explizit importiert werden, da
dies automatisch vom Compiler erledigt wird:

```
double d= Math.sqrt(x); // gibt Wurzel aus x zurück.
```

Die Klasse System

Die Klasse *System* im Paket *java.lang* bietet Methoden an, mit denen viele Systemfunktionen
implementiert werden können:

```
System.exit(0);    // beendet das laufende Programm
```

Zur Messung der Laufzeit einer einzelnen Anweisungen, eines Codeblockes oder eines ganzen Programms kann die Methode *nanoTime()* verwendet werden:

```
// ermitteln der Systemzeit (Anzahl der Nanosekunden
// seit dem 1.1.1970
long startTime = System.nanoTime();
// ... Programmcode, der gemessen werden soll ...
long estimatedTime = System.nanoTime() - startTime;
```

5.3   Fazit

Dem Java-Programmierer steht mit der Java-Klassenbibliothek ein mächtiges Instrument zur
Verfügung, um schnell und effizient Anwendungen entwickeln zu können. Bevor man als
Entwickler darangeht, eigenen Code zu schreiben, sollte man in der Klassenbibliothek nachschauen, ob es nicht schon eine Lösung für das Problem gibt. Programmcode aus der Klassenbibliothek hat zudem den Vorteil, meist effizienter zu laufen und besser getestet zu sein
als selbst geschriebener Code.

Hinweis: Durch den gezielten Einsatz einer Internet-Suchmaschine, das Studium bekannter
Lehrbücher oder die Suche in Online-Java-Foren findet man i.d.R. die passende Klasse für
sein Problem. Voraussetzung ist natürlich die entsprechende Formulierung des Problems.

5.4   Übungen

1. Laden Sie die API von der entsprechenden Download-Seite von SUN herunter und suchen Sie in den oben genannten Klassen nach *static*-Methoden. Lesen Sie in der Dokumentation nach, welche Funktionalität die Klassen besitzen.

Applikationen

2. Schreiben Sie ein Programm, welches unter Verwendung der Klasse Math im Paket *java.lang* folgende Aufgaben löst:
   - ermitteln Sie die Quadratwurzel von 107,
   - ermitteln Sie eine Zufallszahl,
   - ermitteln Sie das Maximum zweier Zahlen.

3. Schreiben Sie ein Programm, welches einen Stringwert von der Tastatur liest und am Bildschirm ausgibt (*System.out*).

4. Schreiben Sie ein Programm, welches solange Stringwerte von der Tastatur liest, bis der Benutzer durch Eingabe von „Quit" die Leseschleife beendet.

5. Schreiben Sie ein Programm, welches zwei Stringwerte von der Tastatur liest (Größe, Gewicht). Errechnen Sie aus den beiden Werten den Body-Mass-Index (BMI). Dieser errechnet sich nach der Formel $\dfrac{Gewicht}{Größe^2}$ .Abhängig vom Ergebnis der Berechnung ist eine Meldung auszugeben:
   - BMI < 20: zu dünn
   - BMI > 25: zu dick
   - sonst: Gewicht OK

6. Es sind von der Tastatur 3 Zahlenwerte einzulesen. Die Zahlen sind der Größe nach auf dem Bildschirm (*System.out*) auszugeben.

7. Über die Tastatur ist ein Datum einzugeben (3 Werte für Tag, Monat, Jahr). Aus der Eingabe ist das „Fabrikdatum" zu berechnen (das ist die Anzahl der Tage seit dem ersten Januar des jeweiligen Jahres).

8. Es sind von der Tastatur Zahlenwerte einzulesen (Endebedingung: Eingabe einer 0). Das Programm prüft, ob jeweils eine Primzahl vorliegt.

9. Errechnen Sie alle Primzahlen zwischen 2 und 1000 und geben Sie diese auf dem Bildschirm aus.

Applets

10. Malen Sie den Graphen der Funktion: y=x.

11. Malen Sie die Graphen folgender Funktionen: y=x*x, y=log(x), y=sqrt(x), y=sin(x), y=cos(x).

12. Blinklicht: Erstellen Sie ein Applet mit folgender Funktionalität:
Die *paint()*- Methode malt ein Blinklicht (gelber Kreis in schwarzem Quadrat).
Das Blinklicht soll im Sekundentakt blinken.
Hinweis zur Lösung: der Programmablauf kann mit folgender Anweisung unterbrochen werden:

```
try {Thread.sleep(millisec);} catch(Exception e){}
// millisec gibt die  Unterbrechungsdauer
// in Millisekunden an.
```

Über eine *boolean*-Variable kann gesteuert werden, ob das Blinklicht gelb
(*g.setColor(Color.yellow)*) oder schwarz (*g.setColor(Color.black)*) gemalt wird.

13. Ampelsteuerung: erstellen Sie ein Applet, welches eine Verkehrsampel mit den Phasen rot-gelb-grün simuliert.

14. Erstellen Sie ein Applet, welches einen Kreis malt, der sich ständig zwischen der linken und rechten Begrenzung des Applet-Windows hin- und herbewegt.

5.5   Lösungen

1.
Siehe Textteil Kap.5

2.
```
/** Testen von Methoden der Klasse Math
 *
 */
public class MathTest {
    public static void main(String[]args){
        double d=Math.sqrt(107.0);
        System.out.println("Quadratwurzel von 107: "+d);
        d=Math.random();
        System.out.println("Eine Zufallszahl: "+d);
        d=Math.max(42.4,56.8);
        System.out.println("Maximalwert: "+d);
    }
}
```

3.
```
/** liest Stringwert von der Tastatur gibt
 * ihn wieder aus (System.out)
```

```
*/
import java.io.*; // IO-Klassen
public class TastaturEingabe {
    public static void main(String args[]) {
        Console cons = System.console();
        String s;
        s = cons.readLine();
        System.out.println("eingegeben wurde: " + s);
    }
}


/**
* Eingabe mit JOptionPane
*/
import javax.swing.*;
public class EingabeMitJOptionPane {
    public static void main(String[] args) {
        String eingabe =
        JOptionPane.showInputDialog(null,"Eingabe:",
            "",JOptionPane.PLAIN_MESSAGE);
        System.out.println(eingabe);
    }
}


4.
/** Einlesen von Stringwerte von der Tastatur
 *  Ausgabe auf System.out); Ende mit "Quit"
 */
import java.io.*; // IO-Klassen
public class Leseschleife {
    public static void main(String args[]) {
        Console cons = System.console();
        String s;
        s = cons.readLine();
        while (!s.equals("Quit")) {
            System.out.println("eingegeben wurde: "+ s);
            s = cons.readLine();
        }
    }
}

/**
 * Eingabe mit JOptionPane
 */
```

```java
import javax.swing.*;
public class LeseschleifeMitJOptionPane {
    public static void main(String[] args) {
        String s =
        JOptionPane.showInputDialog(null,"Eingabe:",
            "",JOptionPane.PLAIN_MESSAGE);
        while (!s.equals("Quit")) {
            System.out.println("eingegeben wurde: "+ s);
            s =
            JOptionPane.showInputDialog(null,"Eingabe:",
                "",JOptionPane.PLAIN_MESSAGE);
            System.out.println(s);
        }
    }
}
```

5.
```java
/**    Applikation, welche den BodyMassIndex berechnet:
 •     Eingabe: Gewicht(kg), Grösse(m)
 •     Ausgabe: BMI
 •     Berechnungsformel: bmi=gewicht/(groesse*groesse)
 */
import java.io.*;
public class BodyMassIndex {
    public static void main(String args[]) {
        Console cons = System.console();
        System.out.println("Groesse eingeben");
        String s1 = cons.readLine();
        System.out.println("Gewicht eingeben");
        String s2 = cons.readLine();

        double groesse = Double.parseDouble(s1);
        double gewicht = Double.parseDouble(s2);

        double bmi = gewicht / (groesse * groesse);
        if (bmi <= 20)
            System.out.println(" zu dünn " + bmi);
        if (bmi > 20 && bmi < 25)
            System.out.println("Gewicht OK: " + bmi);
        else if (bmi >= 25)
            System.out.println("zu dick: " + bmi);
    }
}
```

6.
```java
/** Es sind von der Tastatur 3 Zahlenwerte einzulesen.
 * Die Zahlen sind der Größe nach auf System.out
 * auszugeben.
 */
import java.io.*;
public class GrössterWert {
    public static void main(String args[]) {
        // Variable
        Console cons = System.console();
        String ein;
        int z1 = 0;int z2 = 0;int z3 = 0;int zahl;
        // Leseschleife
        System.out.println("Bitte 3 Zahlen eingeben:");
        for (int i = 0; i < 3; i++) {
            ein = cons.readLine();
            zahl = Integer.parseInt(ein);
            if (zahl > z1) {
                z3 = z2;
                z2 = z1;
                z1 = zahl;
            } else {
                if (zahl > z2) {
                    z3 = z2;
                    z2 = zahl;
                } else {
                    if (zahl > z3) {
                        z3 = zahl;
                    } else { // mache nichts
                    }
                }
            }
        } // for
        System.out.println("groesste:" + z1);
        System.out.println("zweitgroesste:" + z2);
        System.out.println("drittgroesste:" + z3);
    } // main
} // class
```

7.
```
/**
Schreiben Sie eine Applikation, welche aus dem Tagesdatum in
der Form "tt mm jj" das Fabrikdatum berechnet (dieses
gibt die Anzahl der Tage seit dem 1 Januar an).
Eingabe: Tagesdatum (Tag, Monat,Jahr über Leseschleife
```

```
einlesen)
Ausgabe: Fabrikdatum
Hinweis: das Tagesdatum kann auch dem Rechner entnommen
werden (z.B. Klasse "Date" im Paket java.util verwenden).
Denken Sie bei der Berechnung auch an Schaltjahre.
*/
import java.io.*;
public class Fabrikdatum {
      public static void main(String args[]) {
            // Daten über Tastatur einlesen
            Console cons = System.console();
            String ein;
            System.out.println("Bitte Tag eingeben:");
            ein = cons.readLine();
            int tt = Integer.parseInt(ein);
            System.out.println("Bitte Monat eingeben:");
            ein = cons.readLine();
            int mm = Integer.parseInt(ein);
            System.out.println("Bitte Jahr eingeben:");
            ein = cons.readLine();
            int jj = Integer.parseInt(ein);
            int ttt = 0; // Fabrikdatum
            for (int monat = 1; monat < mm; monat++) {
                  switch (monat) {
                  // Monate mit 31 Tagen
                  case 1:
                  case 3:
                  case 5:
                  case 7:
                  case 8:
                  case 10:
                  case 12:
                        ttt = ttt + 31;
                        break;
                  // Februar (mit 28 oder 29 Tagen)
                  case 2:
                        ttt = ttt + 28;
                        // Schaltjahr berücksichtigen
                        if (((jj % 4) == 0)&&((jj % 100)!=0))
                              ttt++;
                        break;
                  // Monate mit 30 Tagen
                  default:
                        ttt = ttt + 30;
                  }
```

```
        }
        // Tage des aktuellen Monats dazuzählen
        ttt = ttt + tt;
        // Ergebnis ausgeben
        System.out.println("Heute ist der " +
                    ttt + " Tag des Jahres " + jj);
    }
}
```

8.
```
//Testet auf Primzahl
import java.io.*;
public class PrimzahlTest {
    public static void main(String args[]) {
        Console cons = System.console();
        boolean flag;
        int x;
        String ein;
        // Zahl vom Terminal eingelesen
        System.out.println("Bitte Zahl eingeben:");
        ein = cons.readLine();
        x = Integer.parseInt(ein);
        while (x != 0) {
            // Zahl prüfen
            flag = true;
            for (int i = 2; i <= x / 2; i++) {
                if (x % i == 0) {
                    flag = false;
                    break;
                }
            }
            // Ausgabe am Bildschirm
            if (flag == true) {
                System.out.println
                    (x + " ist eine Primzahl");
            } else {
                System.out.println
                    (x + " ist keine Primzahl");
            }
            // Zahl vom Terminal nachlesen
            System.out.println("Bitte Zahl eingeben, ");
            System.out.println("0 zum beenden:");

            ein = cons.readLine();
            x = Integer.parseInt(ein);
```

```
                } // while
        } // main
} // class
```

9.
```
//Primzahlen von 2 bis 1000
public class Primzahlen {
    public static void main(String args[]) {
        boolean flag = false;
        for (int x = 2; x <= 1000; x++) {
            // Zahl prüfen
            flag = true;
            for (int i = 2; i <= x / 2; i++) {
                if (x % i == 0) {
                    flag = false;
                    break;
                }
            }
            // Ausgabe am Bildschirm
            if (flag == true) {
                System.out.println(x+" ist Primzahl");
            }
            else {}
        } // for
    } // main
} // class
```

10.
```
/**
 * Applet, welches grafisch die
 * Funktion y=x darstellt
 */
import java.awt.*;
import java.applet.Applet;
public class Funktionen1 extends Applet {
    int x;int y;int x0;int y0;
    public void init() {
        x0 = 10;y0 = 310;
        setSize(400, 400);
    }
    public void paint(Graphics g) {
        // Achsen
        g.drawLine(x0, y0, x0 + 300, y0);
        g.drawLine(x0, y0, x0, y0 - 300);
```

```
        // Graph
        for (x = 1; x < 300; x++) {
            y = x;
            g.fillOval(x0 + x, y0 - y, 2, 2);
            try{Thread.sleep(10);}catch (Exception e){}
        }
    }
}

11.
/*
 * Applet, welches folgende Funktionen graphisch    darstellt:
 * y=x*x, y=log(x), y=wurzel(x);y=sin(x); y=cos(x)
 * Hinweis zur Lösung: die Funktionen können über statische
 * Methoden der Klasse "Math" realisiert werden
 * Wegen der „schöneren" Darstellung im Applet-Window wird der
 * Kurvenverlauf modifiziert:
 * y=x*x/100; y=sqrt(x)*10; y=log(x)*10;
 */
import java.awt.*;
import java.applet.Applet;
public class Funktionen2 extends Applet {
    int x;int y;int x0;int y0;
    public void init() {
        x0 = 10;y0 = 310;
        setSize(400, 450);
    }
    public void paint(Graphics g) {
        // Achsen
        g.drawLine(x0, y0, x0 + 300, y0);
        g.drawLine(x0, y0, x0, y0 - 300);
        // x*x
        g.setColor(Color.red);
        for (x = 1; x < 300; x++) {
            y = (x * x) / 100;
            g.fillOval(x0 + x, y0 - y, 2, 2);
            try {Thread.sleep(10);}catch(Exception e){}
        }

        // sqrt(x)
        g.setColor(Color.green);
        for (x = 1; x < 300; x++) {
            double z = Math.sqrt(x);
            y = (int)(z * 10); // casten nach int
            g.fillOval(x0 + x, y0 - y, 2, 2);
```

```
                try{Thread.sleep(10);}catch(Exception e){ }
        }

        // log(x)
        g.setColor(Color.yellow);
        for (x = 1; x < 300; x++) {
                double z = Math.log(x) * 10;
                y = (int) z; // casten nach int
                g.fillOval(x0 + x, y0 - y, 2, 2);
                try{Thread.sleep(10);}catch(Exception e){}
        }

        // sin(x)
        g.setColor(Color.blue);
        for (double z = 0.01; z < 14;) {
                double s = Math.sin(z); // Bogenmass!!!,
                                        // nicht Gradmass
                // umrechnen auf Koordinatensystem
                x = (int) (z * 20);
                y = (int) (s * 100); // casten nach int
                g.fillOval(x0 + x, y0 - y, 2, 2);
                z = z + 0.01;
                try{Thread.sleep(5);}catch(Exception e){}
        }

        // cos(x)
        g.setColor(Color.pink);
        for (double z = 0.01; z < 14;) {
                double s = Math.cos(z); // Bogen-mass!!!,
                                        // nicht Gradmass
                // umrechnen auf Koordinatensystem
                x = (int) (z * 20);
                y = (int) (s * 100); // casten nach int
                g.fillOval(x0 + x, y0 - y, 2, 2);
                z = z + 0.01;
                try {Thread.sleep(5);}catch(Exception e){ }
        }
    }
}
```

12.
```
/**   Applet mit folgender Funktionalität:
 *    in der init()- Methode wird die Größe des Applet-Windows
 *    auf 500 * 500 Pixel gesetzt
 *    die paint- Methode malt ein Blinklicht (gelber Kreis in
```

```
*     schwarzem Quadrat).
*     das Blinklicht soll im Sekundentakt blinken.
* Hinweis zur Lösung: der Programmablauf kann mit folgender
* Anweisung unterbrochen werden:
* try {Thread.sleep(millisec);} (millisec gibt die Unter-
* brechungsdauer in Millisekunden an).
* Über eine boolean-Variable kann gesteuert werden, ob das
* Blinklicht gelb (g.setColor(Color.yellow)) oder schwarz
* (g.setColor(Color.black)) gemalt wird.
* Das Programm muss über den Taskmanager beendet werden !
*/
import java.awt.*;      // Graphics
import java.applet.*;   // Applet
public class Blinklicht extends Applet {
    // Variable
    int x;int y; // Koordinaten für Zeichenobjekte
    boolean b;
    public void init() {
        setSize(500, 500);
        x = 100;y = 100;b = true;
    }
    public void paint(Graphics g) {
        g.fillRect(x, y, 100, 100);
        for (;;) {
            if (b == true) {
                g.setColor(Color.yellow);
                g.fillOval(x, y, 100, 100);
                try {
                    Thread.sleep(1000);
                } // 1sec schlafen
                catch (Exception e) {}
            } else {
                g.setColor(Color.black);
                g.fillOval(x, y, 100, 100);
                try {
                    Thread.sleep(1000);
                } // 1 sec schlafen
                catch (Exception e) {}
            }
            b = !b;
        }
    }
}
```

13.

```java
//Ampel : Steuerung einer Verkehrsampel
//Das Programm muss über den Taskmanager beendet werden !
import java.awt.*; // Graphics
import java.applet.*; // Applet
public class Verkehrsampel extends Applet {
    // Variable
    int x;int y; // Koordinaten für Zeichenobjekte
    int s;
    public void init() {
        setSize(500, 500);
        x = 100;y = 100;s = 1;
    }
    public void paint(Graphics g) {
        g.fillRect(x, y, 50, 150);
        while (true) {
            switch (s) {
            case 1:
                g.setColor(Color.black);
                g.fillRect(x, y, 50, 150);
                g.setColor(Color.red);
                g.fillOval(x, y, 50, 50);
                try {
                    Thread.sleep(2000);
                } // 2sec schlafen
                catch (Exception e) {}
                break;
            case 2:
                g.setColor(Color.black);
                g.fillRect(x, y, 50, 150);
                g.setColor(Color.yellow);
                g.fillOval(x, y + 50, 50, 50);
                try {
                    Thread.sleep(500);
                } // 0.5sec schlafen
                catch (Exception e) {}
                break;
            case 3:
                g.setColor(Color.black);
                g.fillRect(x, y, 50, 150);
                g.setColor(Color.green);
                g.fillOval(x, y + 100, 50, 50);
                try {
                    Thread.sleep(1000);
                } // 1sec schlafen
```

```
                    catch (Exception e) {}
                    break;
            }
            s = s + 1;
            if (s == 4)
                    s = 1;
            else {
            }
        } // while
    } // paint
} // class
```

14.
```
import java.applet.*;
import java.awt.*;
public class BewegterBall extends Applet{
    /**
     * Ballbewegung: Programm mit Ctrl-c beenden
     */
    int x=0;int y=250; boolean r=true; int radius=10;
    public void init(){
            // Applet- Window
            setSize(500,500);
    }
    public void paint(Graphics g){
            g.setColor(Color.red);
            for(;;){
            g.clearRect(0,0,500,500);
            if(x>490)r=false;
            if(x<10)r=true;
            if(r){   // ball nach rechts
                    x++;   // neu positionieren
                    g.fillOval
                            (x-radius,y-radius,2*radius,2*radius);
            }
            else{   // ball nach links bewegen
                    x--;
                    g.fillOval
                            (x-radius,y-radius,2*radius,2*radius);
            }
            try{Thread.sleep(10);} catch(Exception e){}
            }
    }

}
```

6 Arrays

Arrays (auch Felder genannt) werden immer dann verwendet, wenn eine Sammlung gleichartiger Elemente zu verarbeiten ist. Mittels dieses komplexen Datentyps lassen sich sehr einfache und elegante Algorithmen zum Beispiel für folgende Problemstellungen realisieren:

- Finde ein bestimmtes Element in einer Datenmenge.
- Sortiere eine Datenmenge nach einem bestimmten Ordnungsbegriff (Schlüssel).

Lernziele:
Nach dem Durcharbeiten dieses Kapitels wissen Sie,

- wie in Java Arrays verwendet werden,
- wie man die Elemente eines Arrays mit Hilfe eines Index direkt und sequentiell verarbeiten (lesen, schreiben, verändern) kann.

6.1 Eindimensionale Arrays

Arrays enthalten mehrere Elemente des gleichen Typs, welche hintereinander liegen. Die Elemente eines Arrays lassen sich über einen Index adressieren.

Abbildung 6-1 zeigt das Beispiel eines Arrays mit *int*-Werten:

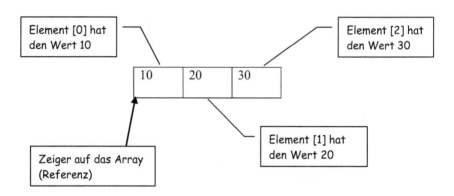

Abbildung 6-1 Array

Zu beachten ist, dass der Indexwert ‚0' das erste Element adressiert, der Indexwert ‚1' das zweite Element usw.

Arrays besitzen im Gegensatz zu den bisher behandelten primitiven Datentypen (*int, float, char...*) weitere Eigenschaften:

- Sie haben einen Namen, welcher die Speicheradresse des Arrays enthält (Referenzvariable).
- Sie haben eine Länge (Anzahl der Elemente), welche in dem Attribut *length* gespeichert ist.
- Sie sind semidynamisch. Dies bedeutet, dass sie zwar zur Laufzeit des Programms erzeugt, danach aber in ihrer Länge nicht mehr verändert werden können.

Die Deklaration eines Arrays entspricht der einer einfachen Variablen, mit dem Unterschied, dass an den Typnamen eckige Klammern angehängt werden:

```
int[] a;           // Array mit int-Werten
double[] b;        // Array mit double-Werten
boolean[] c;       // Array mit boolean-Werten
String[] s;        // Array mit String -Werten
```
Arrays gehören zu den Referenztypen. Deshalb müssen sie explizit mit dem *new*-Operator erzeugt werden, bevor sie verwendet werden können:

```
int[] meinArray;  // Name des Arrays (Referenzvariable)
meinArray=new int[3]; // Speicher belegen für 3 int-Elemente
String[] meinZweiterArray; // Referenzvariable
meinZweiterArray=new String[5]; // Speicher für 5 Stringwerte
```

Die einzelnen Arrayelemente haben keine Namen, sondern werden über ihren Index angesprochen:

```
meinArray[0]=20;   // int-Wert für das erste Element
meinZweiterArray[3]="Hugo Maier";   // Stringwert für das
                                    // vierte Element
```
Der Lesezugriff zu einem bestimmten Element erfolgt mit der zugehörigen Indexposition:

```
int wert=meinArray[2];  // gelesen wird das dritte Element
String s=meinZweiterArray[3];  // Zugriff auf das
                               // vierte Element
```
Wird versucht, auf ein Element zuzugreifen, welches außerhalb der Indexgrenzen liegt, meldet das Java-Laufzeitsystem einen Fehler: ArrayIndexOutOfBoundsException (Exceptions werden in einem späteren Kapitel behandelt). Die aktuelle Länge eines Arrays kann über das Attribut *length* abgefragt werden:

```
int anzahlElemente=meinArray.length;
```
Hinweis: während der Index die Elemente von 0 an durchnummeriert, gibt *length* die Anzahl der Elemente im Array zurück. Das letzte Element im Array hat den Index (*length*-1).

Zur sequentiellen Verarbeitung der Elemente eines Arrays wird üblicherweise eine *for*-Schleife verwendet:

```
for(int i=0;i<meinArray.length;i++) {
System.out.println(meinArray[i]);   // gibt alle Werte
                                    // auf System.out aus
}
```
Die Zuweisung von Werten kann bei Arrays auf zwei Arten erfolgen:

1. mit Hilfe einer Initialisiererliste:

   ```
   int[] meinArray={10,20,30};
   String[] meinZweiterArray=
   {"Maier","Schulze","Müller","Kleber","Gerster"};
   ```

2. durch Zugriff auf die Elemente mit den entsprechenden Indexwerten:

   ```
   int[] meinArray=new int[3];
   for(int i=0;i<meinArray.length;i++) {
     meinArray[i]=(i+1)*10;
   }
   String[] meinZweiterArray=new String[5];
   for(int i=0;i<meinZweiterArray.length;i++) {
     meinZweiterArray[i]= "Element Nr."+i;
   }
   ```

Arrays werden benötigt, um eine Menge gleichartiger Elemente zusammenzufassen. Die
Elemente werden dabei über einen Index adressiert.

6.2   Mehrdimensionale Arrays

Die Elemente eines Arrays können wiederum Arrays sein. Ein zweidimensionales Array
wird wie folgt definiert:

```
int[][] meinArray;
```
Die Speicherbelegung erfolgt durch:

```
meinArray= new int[2][3]; // Array mit 2 Zeilen und 3 Spalten
```

meinArray[0][0]	meinArray[0][1]	meinArray[0][2]
meinArray[1][0]	meinArray[1][1]	meinArray[1][2]

Hinweis: die Darstellung in Zeilen und Spalten hängt von der Sichtweise des Betrachters ab.

Das obige Array lässt sich über zwei ineinandergeschachtelte Schleifen mit Werten füllen:

```
for(int i=0;i<meinArray.length;i++){
     for(int j=0;j<meinArray[i].length;j++){
     meinArray[i][j]= i+j;
     }
}
```
Der Algorithmus führt zu folgendem Ergebnis:

0   1   2

1   2   3

Wie bei den eindimensionalen Arrays ist auch hier eine Initialisiererliste möglich:

```
int meinArray[][]={{0,1,2},{1,2,3}};
```
Auch mehr als zwei Dimensionen sind möglich:

```
int meinArray[][][]=new int[2][3][4];     // dreidimensionales
                                          // Array
```

6.3   Die erweiterte for-Schleife

Im Zusammenhang mit Arrays wurde mittlerweile die *for*-Schleife um eine syntaktische
Variante erweitert, die den Umgang mit Arrays stark vereinfacht. Dies soll an folgendem
Beispiel gezeigt werden:

```
// Definition des Arrays
int[] args = {1, 2, 3, 4};
// Ausgabe aller Elemente eines int-Arrays über den Index
for (int i = 0; i < args.length; i++) {
    int a = args[i];
    System.out.println(a);
}
// Ausgabe aller Elemente des Arrays über die erweiterte
// for-Schleife (gelesen: für alle a im Array args)
for (int a : args) {
    System.out.println(a);
}
```

Die Schleife wird für jedes Element des Arrays ausgeführt. 'a' enthält in jedem Durchlauf den Wert des nächsten Arrayelements.

6.4 Fazit

- Arrays (Felder) dienen dazu, eine Menge gleichartiger Elemente zu verarbeiten.
- Alle Elemente im Array sind vom gleichen Typ (primitiver Typ oder Referenztyp).
- Die Elemente eines Arrays haben keine Namen, sondern werden über einen Index adressiert.
- Das Laufzeitsystem verhindert Zugriffe außerhalb der Indexgrenzen.
- Arrays gehören zu den Referenztypen und müssen explizit erzeugt werden, bevor sie verwendet werden können.

6.5 Übungen

1. Definieren Sie ein *int*- Array mit 6 Einträgen.
   - Füllen Sie den Array mit den *int*-Werten 1,2,3,4,5,6.
   - Berechnen Sie die Summe über alle Elemente.
   - Prüfen Sie, ob die Zahl 4 im Array enthalten ist.

2. Definieren Sie ein zweidimensionales Array mit 6 Zeilen und 6 Spalten (*int*-Werte).
   - Füllen Sie den Array mit den Zahlen von 1 bis 36.
   - Ermitteln Sie die Gesamtsumme aller Elemente.
   - Ermitteln Sie die Zeilensummen.
   - Ermitteln Sie die Spaltensummen.

3. Definieren Sie ein *int*-Array mit 10 Elementen (*int*-Werte).
   - Füllen Sie den Array mit Zufallswerten zwischen 0 und 99
   - Ermitteln Sie den größten und den kleinsten Wert im Array.

- Errechnen Sie die Summe über alle Einträge.
- Prüfen Sie, ob im Array doppelte Werte vorkommen.

4. Schreiben Sie die Programme Code und Decode.
   - Teilaufgabe a:
     Das Programm „Code" codiert einen String durch Alphabetverschiebung, d.h. jeder Buchstabe im zu codierenden String wird durch den Buchstaben ersetzt, welcher „off-set"- Zeichen weiter hinten im Alphabet ist (aus ‚A' wird bei einem Offset von 3 ein ‚D', aus ‚B' wird ein ‚E' usw.).
   - Teilaufgabe b:
     Das Programm „Decode" decodiert einen nach Teilaufgabe a verschlüsselten String. Die codierten/und decodierten Werte sind auf dem Bildschirm auszugeben.

5. Definieren Sie ein *int*-Array mit 5 Einträgen. Verwenden Sie die erweiterte *for*-Schleife, um die Anzahl der geradzahligen Werte im Array zu ermitteln.

6. Die vorherige Aufgabe ist so zu erweitern, dass ein zweidimensionales Array verarbeitet wird.

7. Berechnen Sie Primzahlen nach dem Verfahren des „Sieb des Erathostenes":
   - Schreibe alle natürlichen Zahlen von 2 bis zu einer beliebigen Zahl n auf.
   - Streiche alle Vielfachen von 2 heraus.
   - Gehe zur nächst größeren nicht gestrichenen Zahl und streiche deren Vielfache her-aus.
   - Wiederhole den letzten Schritt so oft es geht.

   Die übrig gebliebenen Zahlen sind Primzahlen.

6.6   Lösungen

1.
```
/**
 * Definieren Sie einen int- Array mit 6 Einträgen
 *    füllen Sie den Array mit den Werten * 1,2,3,4,5,6
 *    berechnen Sie die Summe über alle Einträge
 *    prüfen Sie, ob die Zahl 4 im Array enthalten ist
 */
public class EindimensionalesArray {
        public static void main(String args[]) {
                int x[];
                int summe = 0;
                boolean b = false;
                x = new int[6];
                for (int i = 0; i < 6; i++) {
```

```
                    x[i] = i + 1;
            }
            for (int i = 0; i < 6; i++) {
                    summe = summe + x[i];
            }
            System.out.println("die summe ist: " + summe);
            for (int i = 0; i < x.length; i++) {
                    if (x[i] == 4)
                            b = true;
            }
            if (b == true)
                    System.out.println("gefunden");
            else
                    System.out.println("nicht gefunden");
        }
}
```

2.
```
/**
 * Definieren Sie einen zweidimensionales Array mit
 * 6 Zeilen und 6 Spalten (Integer)
 * füllen Sie den Array mit Zahlen von 1 bis 36
 * ermitteln Sie die Gesamtsumme aller Felder
 * ermitteln Sie die Zeilensummen
 * ermitteln Sie die Spaltensummen
 */
public class ZweidimensionalesArray {
      public static void main(String args[]) {
              int[][] a;
              a = new int[6][6];
              int counter = 1;
              int gesamtsumme = 0;
              int zeilensumme;
              int spaltensumme;
              // füllen
              for (int i = 0; i < 6; i++) {
                      for (int j = 0; j < 6; j++) {
                              a[i][j] = counter;
                              counter++;
                      }
              }
              // drucken
              for (int i = 0; i < 6; i++) {
                      for (int j = 0; j < 6; j++) {
                              System.out.print(a[i][j] + "\t");
```

```
                }
                System.out.print('\n');
        }
        // Gesamtsumme
        for (int i = 0; i < 6; i++) {
                for (int j = 0; j < 6; j++) {
                        gesamtsumme = gesamtsumme + a[i][j];
                }
        }
        System.out.println("gesamtsumme: " + gesamtsumme);
        // zeilensumme
        for (int i = 0; i < 6; i++) {
                zeilensumme = 0;
                for (int j = 0; j < 6; j++) {
                        zeilensumme = zeilensumme + a[i][j];
                }
                System.out.println("zeilensumme: "
                                + i + " " + zeilensumme);
        }
        // spaltensumme
        for (int i = 0; i < 6; i++) {
                spaltensumme = 0;
                for (int j = 0; j < 6; j++) {
                        spaltensumme = spaltensumme + a[j][i];
                }
                System.out.println("spaltensumme: "
                                + i + " " + spaltensumme);
        }
    }
}

3.
/** Definieren Sie einen int-Array mit 10 Elementen.
 *  füllen Sie den Array mit Zufallswerten zwischen
 *  0 und 99
 *  ermitteln Sie den größten und den kleinsten Wert
 *  im Array
 *  errechnen Sie die Summe über alle Einträge
 *  prüfen Sie, ob im Array doppelte Werte vorkommen
 */
import java.util.*; // Random Klasse
public class ArrayMitZufallswerten {
        public static void main(String args[]) {
                // Variable
                int x[];
```

```
int groesster;
int kleinster;
int summe;
Random r;
r = new Random();
x = new int[10];
// füllen des Arrays
for (int i = 0; i < 10; i++) {
    x[i] = r.nextInt(100);
}
// Werte auf System.out ausgeben
for (int i = 0; i < 10; i++) {
    System.out.print(x[i] + "\t");
}
System.out.println();
// groesster Wert
groesster = 0;
for (int i = 0; i < 10; i++) {
    if (x[i] > groesster)
        groesster = x[i];
}
System.out.println("groesster:  " + groesster);
// kleinster Wert
kleinster = 20;
for (int i = 0; i < 10; i++) {
    if (x[i] < kleinster)
        kleinster = x[i];
}
System.out.println("kleinster:  " + kleinster);
// Summe aller Elemente
summe = 0;
for (int i = 0; i < 10; i++) {
    summe = summe + x[i];
}
System.out.println("Summe:  " + summe);
boolean b = false;
int counter;
for (int i = 0; i < 10; i++) {
    int y = x[i];
    counter = 0;
    for (int j = 0; j < 10; j++) {
        if (y == x[j])
            counter++;
        else {
        }
```

```
                }
                if (counter > 1) {
                        b = true;
                        break;
                }
        }
        if (b)
                System.out.println("doppelte Werte");
        else
                System.out.println("keine Duplikate");
    }
}
```

4.
Teilaufgabe a: „Code"

```
/**
 * Schreiben Sie die Klasse "Code". Diese codiert
 * einen übergebenen String durch Alphabetverschiebung,
 * d.h. jeder Buchstabe im zu codierenden String wird
 * durch den Buchstaben ersetzt, welcher "offset"-
 * Zeichen weiter hinten im Alphabet ist(aus 'A'
 * wird bei einem Offset von '3' ein 'D', aus 'B'
 * wird ein 'E' usw.).
 * Der codierte Wert ist auf System.out auszugeben.
 */
public class Code {
        public static void main(String args[]) {
                String input = "hugo";
                int offset = 3;
                // Variable
                char[] alphabet = { 'a', 'b', 'c', 'd', 'e',
'f','g', 'h', 'i', 'j','k', 'l', 'm', 'n', 'o', 'p', 'q', 'r',
's', 't', 'u', 'v','w', 'x', 'y', 'z', 'a', 'b', 'c', 'd',
'e', 'f', 'g', 'h','i', 'j', 'k', 'l', 'm', 'n', 'o', 'p',
'q', 'r', 's', 't','u', 'v', 'w', 'x', 'y', 'z' };
                // Codieren
                StringBuffer output; // Verschlüsselter String
                output = new StringBuffer();
                int j;
                for (int i = 0; i < input.length(); i++) {
                // Zeichen herauslösen
                char x = input.charAt(i);
                for (j = 0; j < alphabet.length; j++) {
                        if (x == alphabet[j])
```

```
                              break;
                      }
                      output.append(alphabet[j + offset]);
              }
              System.out.println(input + "  verschlüsselt=:    "
                                                  + output);

         }
}
```

Teilaufgabe b: „Decode"

```
/**
 * Die Anwendung Decode decodiert einen in der vorherigen
 * Klasse Code verschlüsselten String. Die decodierten
 * Werte sind auf System.out auszugeben.
 */
public class Decode {
      public static void main(String args[]) {
              String input = "kxjr";
              int offset = 3;
              // Variable
              char[] alphabet = { 'a', 'b', 'c', 'd', 'e', 'f',
'g', 'h', 'i', 'j','k', 'l', 'm', 'n', 'o', 'p', 'q', 'r',
's', 't', 'u', 'v','w', 'x', 'y', 'z', 'a', 'b', 'c', 'd',
'e', 'f', 'g', 'h','i', 'j', 'k', 'l', 'm', 'n', 'o', 'p',
'q', 'r', 's', 't','u', 'v', 'w', 'x', 'y', 'z' };
              // decodieren
              StringBuffer output; // Verschlüsselter String
              output = new StringBuffer();
              int j;
              for (int i = 0; i < input.length(); i++) {
                      // Zeichen herauslösen
                      char x = input.charAt(i);
                      for (j = 26; j < alphabet.length; j++) {
                              if (x == alphabet[j])
                                      break;
                      }
                      output.append(alphabet[j - offset]);
              }
              System.out.println(input + "  entschlüsselt=:    "
+ output);
          }
}
```

5.
```java
public class ErweiterteForSchleife {
    /**
     * erweiterte for-Schleife: alle geradzahligen Werte sind
     * zu zählen
     */
    public static void main(String[] args) {
        int[] a = { 4, 22, 45, 2, 9 };
        int count = 0;
        for (int x : a)
            if (x % 2 == 0)
                count++;
        System.out.println(count);

    }
}
```

6.
```java
public class ErweiterteForSchleife2 {
    //    ermittelt die Anzahl der geradzahligen
    //    Elemente
    public static void main(String[] arg) {
        int[][] a = {{2, 3, 9, 8}, {1, 18, 20, 7}};
        int count = 0;
        for (int[] y: a)
            for (int x: y)
                if (x % 2 == 0) count++;
        System.out.println(count);

    }
}
```

7.
```java
public class Primzahlen {
    /**
     * berechnet die Primzahlen bis zum Wert max
     */
    public static void main (String []args)  {
        int max=100;
        boolean []istPrim= new boolean [max];

        for (int i=2; i<istPrim.length;i++) {
            istPrim[i]=true;
        }
        for (int i=2; i<istPrim.length;i++) {
            for (int j=2;i*j<istPrim.length;j++) {
                istPrim[i*j]=false;
```

```
            }
        }
    for(int i=2;i<istPrim.length;i++) {
            if(istPrim[i]) { System.out.println(i); }
        }
    }
}
```

7 Methoden und Sichtbarkeit

In den ersten Kapiteln wurden bereits zahlreiche Aufgaben mit Hilfe von Java gelöst. Dabei wurden in der *main()-Methode* Variablen definiert, mit Hilfe von Kontrollstrukturen auf diesen Variablen Berechnungen durchgeführt und die Berechnungsresultate ausgegeben. Im Folgenden werden zunächst Methoden eingeführt, die es erlauben wiederkehrende Abläufe zusammen zu fassen.

Dieser Ansatz, der sich auf die Abarbeitung konzentriert, ist für kleinere Aufgabenstellungen gut geeignet und wird gemeinhin als „prozedural" bezeichnet. Die objektorientierte Programmierung, die in den folgenden Kapiteln diskutiert wird, konzentriert sich weniger auf Abläufe, als auf Elemente („Klassen und Objekte") und Strukturen. Die Idee dahinter ist, dass sich Objekte und Strukturen einer Aufgabenstellung einfacher aufdecken lassen als die Abläufe.

Am Beispiel einer Bank wird im Rahmen dieses und der folgenden Kapitel schrittweise ein objektorientiertes Programm entwickelt und dabei die zentralen Konzepte der objektorientierten Programmierung eingeführt. Im Rahmen dieses Kapitels steht dabei die Frage nach Funktionen und Schutz vor unberechtigtem Zugriff.

Lernziele
Nach dem Lesen und Durcharbeiten dieses Kapitels kann man …

- Methoden in Java definieren und aufrufen.
- Rekursive Methoden definieren.
- Programme in mehrere Teile zerlegen und den Zugriff auf diese Teile kontrollieren.

Nach dem Lesen und Durcharbeiten dieses Kapitels kennt man …

- das zentrale Konzept der Datenkapsel.

7.1 Methoden

Die bisherigen Java-Programme waren üblicherweise folgendermaßen aufgebaut

```
public class Hello {
```

```
public static void main(String[] args){
      // Java-Anweisungen, z.B.:
      System.out.println("Hallo Welt");
}


}
```

Code 7-1 Die Klasse Hello

Alle Anweisungen fanden in der sogenannten *main()-Methode* statt. Java bietet – wie alle anderen Programmiersprachen auch – die Möglichkeit, Anweisungen in sog. Methoden[19] zusammen zu fassen und diese Methoden an anderer Stelle aufzurufen. Damit können gleiche, immer wiederkehrende Programmfolgen, auf einfache Weise mehrfach ausgeführt werden.

Im einfachsten Fall sieht eine Methode folgendermaßen aus:

```
public static void eineMethode(){
      // Java-Anweisungen
      ...
}
```

Code 7-2 Eine einfache Methode

---

[19] Methoden tauchen in anderen Programmiersprachen auch unter den Namen Prozeduren, Funktionen oder Funktionsprozeduren auf.

Diese Methode ist dabei folgendermaßen aufgebaut (siehe Abbildung 7-1)

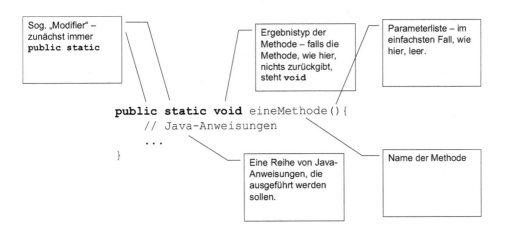

Abbildung 7-1 Aufbau einer Methode

Die Methode wird in der Klasse definiert und kann dann an beliebiger Stelle verwendet werden. Dazu wird sie durch den Namen der Methode (einschließlich der Parameterklammern) aufgerufen.

Im folgenden Beispiel wird zunächst die Methode *hallo()* definiert, die den Text „Hallo Welt! Wie geht's?" ausgibt. Diese Methode wird dreimal in *main()* aufgerufen, der Text wird also dreimal auf den Bildschirm geschrieben.

```java
public class EinfacheMethode {

    public static void hallo() {
        System.out.println("Hallo Welt!");
        System.out.println("Wie geht's?\n");
    }

    public static void main(String[] args) {
        hallo();
        hallo();
        hallo();
    }
}
```

Code 7-3 Mehrfacher Aufruf einer einfache Methode

> Methoden fassen wiederkehrende Abläufe zusammen. Sie werden durch einen Namen identifiziert, unter dem sie aufgerufen werden können.

Meist möchte man den Methoden noch zusätzliche Informationen mitgeben, die es erlauben, ein spezielles Verhalten oder eine spezielle Ausgabe zu bewirken. Um dies zu erreichen, können Methoden sogenannte Parameter mitgegeben werden. Parameter sind Platzhalter für noch unbekannte Werte, die im Programmablauf eingesetzt werden.

In obigem Beispiel soll nun auch der Name mit ausgegeben werden. Dazu wird die Methode mit dem Parameter *name* sowie dem Typ des Parameters versehen.

```
public class EinfacheMethodeMitParameter {

    public static void hallo(String name) {
        System.out.println("Hallo " + name + "!");
        System.out.println("Wie geht's?\n");
    }

    public static void main(String[] args) {
        hallo("Thomas");
        hallo("Georg");
        hallo("Marcus");
    }
}
```

Code 7-4 Eine einfache Methode mit einem Parameter

Während der Ausführung des Programms wird der Parameter *name* mit dem Wert des jeweiligen Aufrufs versehen und dann entsprechend verwendet.

Möchte man mehrere Parameter verwenden, werden die Definitionen und Aufrufe durch Kommata getrennt. Die Werte werden entsprechend der Definitionsreihenfolge zugeordnet.

```java
public class EinfacheMethodeMitZweiParametern {

    public static void hallo(String vorname, String nachname){
        System.out.println("Hallo Herr " + nachname + "!");
        System.out.println("Wie geht's, " + vorname + "?\n");
    }

    public static void main(String[] args){
        hallo("Thomas", "Kessel");
        hallo("Georg", "Faust");
        hallo("Marcus", "Deininger");
    }
}
```

Code 7-5 Eine einfache Methode mit zwei Parametern

Parameter erlauben die Übergabe von Daten in eine Methode.

Alle bisher gezeigten Methoden haben zwar zu einer Ausgabe am Bildschirm geführt, haben aber kein Resultat geliefert mit dem z.B. weitergearbeitet werden kann. Im Folgenden Beispiel wird ein solches Resultat erwartet: Eine Klasse *KontoBearbeitung* besitzt eine Methode *verzinsen()*. Diese Methode erhält als Parameter das zu verzinsende Kapital und die Anzahl der Monate, über die das Kapital verzinst werden soll – es wird also der Zinseszins berechnet. Die ermittelten Zinsen sollen jeweils kaufmännisch auf zwei Stellen hinter dem Komma gerundet werden. Eine Methode *verzinsen()* innerhalb der Klasse *KontoBearbeitung* sieht folgendermaßen aus:

```java
public class KontoBearbeitung {

    public static float ZINSSATZ = 3.0f;

    private static float verzinsen(float kapital, int monate){
        for(int i = 0; i < monate; i++){
            kapital = kapital * (1 + ZINSSATZ / 100 / 12);
            // runden
            int cents = (int)(kapital * 100 + 0.5f);
            kapital = cents / 100f;
        }
        return kapital;
    }
...
```

Code 7-6 Die Methode verzinsen()

Damit die Methode ein Resultat liefert muss 1. ein Rückgabetyp (in diesem Fall *float*) definiert werden und 2. mit Hilfe von *return* dieses Resultat auch geliefert werden.

Mit Hilfe einer *for*-Schleife wird auf die Anzahl der gewünschten Monate hoch gezählt. Dabei wird das bisherige Kapital um seine Zinsen erhöht. Das verzinste Kapital wird anschließend mit *return* zurück gegeben. Die Methode wird nach der Abarbeitung von *return* beendet und kehrt an die aufrufende Stelle zurück.

Für Methoden ohne Rückgabetyp (also *void*) kann *return* auch ohne Ergebniswert aufgerufen werden. In diesem Fall wird die Methode an dieser Stelle beendet und kehrt an die aufrufende Stelle zurück. Dies lässt sich geschickt einsetzen, um eine Methode vorzeitig zu beenden. Dies wird z.B. in Code 7-18 eingesetzt.

> Eine Methode gibt ihr Resultat mit der *return*-Anweisung an das aufrufende Programm zurück. Die Methode wird mit der Ausführung der *return*-Anweisung beendet.

Die Methode wird im folgenden Hauptprogramm, in dem eine einfache Kontobewegung simuliert wird, aufgerufen:

```
...
    public static void main(String[] args){

        float stand = 5.0f;

        stand = stand + 100; // 100€ einzahlen

        stand = verzinsen(stand, 5);

        System.out.println(stand);

        stand = stand + 10; // 10€ einzahlen

        stand = verzinsen(stand, 7);

        System.out.println(stand);

    }

}
```

Code 7-7 Beispielaufrufe

Methoden können wiederum andere Methoden aufrufen: im obigen Beispiel soll das Runden auf beliebige Stellen verallgemeinert werden. Dazu wird eine Methode *runden()* realisiert, die eine Fließkommazahl und die gerundeten Nachkommastellen als Parameter erhält und die gerundete Zahl zurück gibt. Diese Methode soll dann von der Methode *verzinsen()* verwendet werden.

```java
public class KontoBearbeitung {

    public static float ZINSSATZ = 3.0f;

    public static float verzinsen(float kapital, int monate) {
        for(int i = 0; i < monate; i++){
            kapital = kapital * (1 + ZINSSATZ / 100 / 12);
            kapital = runden(kapital, 2);
        }
        return kapital;
    }

    public static float runden(float zahl, int stellen) {
        for(int i = 0; i < stellen; i++)
            zahl = zahl * 10f;
        int ganzeZahl = (int)(zahl + 0.5f);
        float gerundeteZahl = ganzeZahl;
        for(int i = 0; i < stellen; i++)
            gerundeteZahl = gerundeteZahl / 10f;
        return gerundeteZahl;
    }

...

}
```

Code 7-8 Die Methoden verzinsen() und runden()

Zum Runden wird die Zahl entsprechend der gewünschten Stellen mit zehn multipliziert, in eine ganze Zahl umgewandelt und anschließend wird durch zehn dividiert.[20]

7.2   Gültigkeit und Sichtbarkeit

Mit den zusätzlichen Methoden, ihren Variablen und Parametern stellt sich die Frage, welche dieser Elemente in einer Java-Methode erkannt werden und verwendet werden können. Dies wird unter den Begriffen Sichtbarkeit und Gültigkeit zusammengefasst.

---

[20] Das Abschneiden der Stellen gelingt nicht immer, da Java – wie alle Programmiersprachen – intern binär rechnet. Eine Division durch 10 liefert deshalb kein glattes Ergebnis.

Dabei gilt vom Standpunkt einer Methode:

- Alle Methoden derselben Klasse sind sichtbar und können verwendet werden.
- Alle Parameter und Variablen einer Methode sind innerhalb der Methode selbstverständlich sichtbar und können verwendet werden.
- Variablen und Konstanten, die außerhalb der Methode definiert wurden, sind für die ganze Klasse gültig. Falls sie nicht von einer gleich benannten Variable oder einem Parameter der Methode überdeckt werden, sind sie auch in einer Methode sichtbar und können direkt verwendet werden.
- Variablen, die außerhalb einer Methode definiert wurden und den gleichen Namen haben wie ein Parameter oder einer Variable der Methode, sind in der Methode verdeckt. In diesem Fall ist die Variable zwar gültig aber nicht sichtbar. Um auf die Variable trotzdem zugreifen zu können, kann die Variable *qualifiziert* werden.
  - Variablen, die mit *static* deklariert wurden, werden mit „Klassenname.Variablenname" qualifiziert.
  - Variablen, die ohne *static* deklariert wurden, werden mit „this.Variablenname" qualifiziert.
- Parameter und Variablen anderer Methoden sind nicht sichtbar oder gültig. Grundsätzlich gilt, dass eine Methode nicht in eine andere Methode „hineinschauen" kann.

Die Gültigkeit legt fest, welche Variablen und Methoden von einer anderen Methode aus grundsätzlich, ggfs. mit Qualifikation verwendet werden können.

Die Sichtbarkeit legt fest, welche Variablen und Methoden von einer anderen Methode aus direkt „gesehen" und damit ohne Qualifikation verwendet werden können.

In Code 7-9 ist die Welt aus Sicht der Methode *verzinsen()* dargestellt: Alle Elemente, die für diese Methode nicht sichtbar sind, sind ausgegraut.

- *verzinsen()* sieht und verwendet die Methode runden(); dabei „sieht" sie lediglich, dass zwei Parameter vom Typ *float* und *int* (in dieser Reihenfolge) übergeben werden müssen.
- *verzinsen()* sieht z.B. nicht die Variablen der Methode runden().
- *verzinsen()* greift auf die Konstante *ZINSSATZ* zu, die außerhalb der Methode von der Klasse definiert wurde.

```
public class KontoBearbeitung {

    public static final float ZINSSATZ = 3.0f;

    public static float verzinsen(float kapital, int monate) {
        for(int i = 0; i < monate; i++){
            kapital = kapital * (1 + ZINSSATZ / 100 / 12);
            kapital = runden(kapital, 2);
        }
```

```
        return kapital;
    }

    public static float runden(float zahl, int stellen) {
        for(int i = 0; i < stellen; i++)
            ...
    }
    ...
}
```

Code 7-9 Elemente, die für die Methode verzinsen() sichtbar sind

In Code 7-10 ist die Welt aus Sicht der Methode *runden()* dargestellt: Alle Elemente, die für diese Methode nicht sichtbar sind, sind ausgegraut.

- *runden()* sieht und verwendet die Parameter zahl und stellen
- *runden()* sieht und verwendet die Variablen *ganzeZahl* und *gerundeteZahl*
- *runden()* sieht die Konstante *ZINSSATZ* (verswendet sie aber nicht).

```
public class KontoBearbeitung {

    public static final float ZINSSATZ = 3.0f;

    public static float verzinsen(float kapital, int monate) {
        for(int i = 0; i < monate; i++){
            ...
    }

    public static float runden(float zahl, int stellen) {
        for(int i = 0; i < stellen; i++)
            zahl = zahl * 10f;

        ...
        return gerundeteZahl;
    }
    ...
}
```

Code 7-10 Elemente, die für die Methode runden() sichtbar sind

7.3   Signatur und Overloading

Methoden werden in der Programmierung mit Hilfe ihrer Signatur identifiziert. Die Signatur besteht aus dem Modifier, dem Namen der Methode, den Parametern (wobei nur Anzahl,

Reihenfolge und Typen der Parameter wichtig sind – nicht der Name) und dem Typ des Rückgabewerts.

Java erlaubt das Überladen (englisch: Overloading) von Methoden. Dies bedeutet, dass es Methoden mit dem gleichen Namen geben kann, die sich in der Liste der Parameter unterscheiden (wobei auch hier wieder nur Anzahl, Reihenfolge und Typen der Parameter wichtig sind – nicht der Name). In Java ist es nicht möglich, beim Überladen nur den Modifier oder den Rückgabetyp der Methode abzuändern. Die Motivation dafür ist oft, dass ähnliche Verhaltensweisen gleich heißen dürfen, um so keinen unnötigen gedanklichen Ballast mitschleppen zu müssen.

```
public class KontoBearbeitung {

  public static final float ZINSSATZ = 3.0f;

  public static float verzinsen(float kapital, int monate) {
     ...
  }

  public static double verzinsen(double kapital, int monate) {
     ...
  }
  ...
}
```

Code 7-11 Die überladenen Methoden verzinsen()

Im Beispiel oben ist die Methode *verzinsen()* überladen: es gibt zwei Methoden mit dem Namen „verzinsen", die sich in der Parameterliste unterscheiden, nämlich: *float* und *int* sowie *double* und *int*. Die unterschiedlichen Rückgabetypen *float* und *double* spielen bei der Unterscheidung keine Rolle.

> Als Signatur einer Methode wird die Gesamtheit aus Name, Parametern, Rückgabetyp die Modifier der Methode bezeichnet.
>
> Unterschiedliche Methoden können denselben Namen besitzen – sie müssen sich dabei in den Parametern unterscheiden. Man spricht in diesem Fall von Overloading.

7.4   Rekursion

Methoden können auch andere Methoden aufrufen, um eine Berechnung z.B. zu delegieren. Ein Sonderfall ist dabei die sogenannte Rekursion. Hier reicht die Methode die weitere Berechnung nicht an eine andere Methode weiter, sondern an sich selbst. Dieses „Weiterreichen an sich selbst" scheint zunächst sehr komplex, tatsächlich kann es zu sehr eleganten Lösungen führen, wie die folgenden Beispiele zeigen.

Die Fakultät einer Zahl ist in der Mathematik folgendermaßen definiert:

$$n! = 1 \cdot 2 \cdot 3 \cdot \ldots \cdot (n-)1 \cdot n.$$

Umgesetzt in Java, sieht die Berechnung folgendermaßen aus:

```java
public static int fakultaet(int n) {
    int ergebnis = 1;
    for(int i = 1; i <= n; i++)
        ergebnis = ergebnis * i;
    return ergebnis;
}
```

Code 7-12 Iterative Definition der Fakultät

Dabei beginnt die Berechnung mit dem Ergebniswert 1, der mathematisch als 0! definiert ist. Die Schleife multipliziert nun mit jedem Durchgang diesen Wert mit dem aktuellen Schleifenzähler und schreibt das Zwischenergebnis in die Variable zurück. Damit ist am Ende 1*2*3 ... * n berechnet worden.

Eine gleichwertige Definition ist die folgende:

$$n! = \begin{cases} 1; & \text{für } n = 0 \\ n \cdot (n-)1\ !; & \text{für } n > 0 \end{cases}$$

Diese Definition besagt, dass die Fakultät von 0 (also 0!) 1 ist und dass alle übrigen Fakultäten mit Hilfe der Fakultät berechnet werden – dies ist eine klassische rekursive Definition. Umgesetzt in Java sieht diese Berechnung folgendermaßen aus:

```java
public static int fakultaet(int n) {
    if(n == 0)
        return 1;
    else
        return n * fakultaet(n - 1);
}
```

Code 7-13 Rekursive Definition der Fakultät

Um z.B. die Fakultät von 4 zu berechnen, ruft man die Methode *fakultaet(4)* auf. Da n = 4 ist, trifft die Abbruchbedingung nicht zu und es folgt der Aufruf

```
        return 4 * fakultaet(3);
```
gefolgt von den Aufrufen
```
        return 3 * fakultaet(2);
        return 2 * fakultaet(1);
        return 1 * fakultaet(0);
```

Code 7-14 Rekursive Berechnung der Fakultät

d h. in allen Fällen „reduziert" die Methode die Aufgabe und sagt: „ich weiß zwar nicht direkt, was die Fakultät von 4 ist, wenn ich aber die Fakultät von 3 kennen würde, müsste ich sie mit 4 multiplizieren, um die Fakultät von 4 zu erhalten." Der „Trick" besteht darin, dass die Aufgabe nicht beliebig reduziert wird, sondern tatsächlich an ein Ende gelangt: in diesem Fall für den Wert n == 0, für den die Fakultät als 1 definiert ist. Nachdem dieser Wert ermittelt wurde, können nun die ganzen Aufrufe aufgelöst werden, bis man zum ursprünglich gefragten Ergebnis gelangt.

Rekursion ist der Aufruf einer Methode durch sich selbst. Eine sinnvolle Rekursion muss immer eine Abbruchbedingung besitzen.

Aufbau einer rekursiven Methode

Damit eine Rekursion, wie oben zielgerichtet abläuft, müssen rekursive Methoden immer folgendermaßen aufgebaut sein:

- Eine Fallunterscheidung (*if-else*) prüft zunächst, ob die ob die Rekursion beendet wird oder ob die Rekursion weiter läuft. Im Beispiel oben *if(n == 0)*
- Soll die Rekursion beendet werden, so wird per *return* ein Wert zurück gegeben. Im Beispiel oben *return 1;*
- Soll die Rekursion fortgesetzt werden, so wird die Methode selbst erneut aufgerufen. Dabei wird üblicherweise mindestens ein Parameter geändert – meist wird er vereinfacht oder reduziert, um die oben beschriebene Abbruchbedingung zu erreichen. Im Beispiel oben *fakultaet(n-1)*.
- Das Ergebnis, das die Methode liefert, wird meist direkt weiterverarbeitet; im Beispiel oben, wird das Resultat mit n multipliziert, also *n * fakultaet(n-1)*.
- Das Resultat am Ende ebenfalls per *return* zurück gegeben; im Beispiel *return n * fakultaet(n-1)*.

Falls die Bedingungen fehlerhaft sind, wird die Rekursion nicht beendet und führt zu einem Programmabsturz, da der Speicher irgendwann nicht mehr ausreicht, die Aufrufe aufzunehmen.

Das folgende Programm zeigt, wie auch die Zinseszinsberechnung und die Rundung aus Code 7-8 rekursiv gelöst werden können – und zwar eleganter als in der iterativen Variante zuvor:

```java
public class KontoBearbeitung {

    public static float ZINSSATZ = 3.0f;

    public static float verzinsen(float kapital, int monate) {
        if(monate == 0)
            return kapital;
        else {
            float verzinstesKapital = runden(kapital *
                        (1 + ZINSSATZ / 100 / 12), 2);
            return verzinsen(verzinstesKapital, monate - 1);
        }
    }

    public static float runden(float zahl, int stellen) {
        if(stellen == 0)
            return (int)(zahl + 0.5f);
        else
            return runden(zahl * 10, stellen - 1) / 10;
    }
    ...
}
```

Code 7-15 Die Methoden verzinsen() und runden() als rekursive Implementierung

Zunächst wird die Methode *verzinsen()* betrachtet: Falls die Anzahl der Monate 0 ist, wird die Rekursion beendet; für 0 Monate ist kein Zins aufgelaufen, es wird also lediglich das unverzinste Kapital zurück gegeben. Falls die Anzahl der zu berechnenden Monate noch größer 0 ist wird zunächst der Zins für einen Monat berechnet; für dieses einmalig verzinste Kapital wird nun die Methode erneut (rekursiv) aufgerufen; die Anzahl der Monate wird um eins herunter gesetzt. Im nächsten Aufruf wird entweder abgebrochen (wenn *monate* bei 0 angekommen war) oder nach einer erneuten Berechnung rekursiv weiter aufgerufen.

Man sieht auch, dass die Rekursion nicht abbrechen wird, wenn eine negative Zahl für die Monate eingeben würde. In diesem Fall würde die Abbruchbedingung *monate == 0* nie erfüllt werden.

Ähnlich verläuft die Methode *runden()*. Falls die Zahl der zu rundenden Kommastellen 0 ist, wird die Fließkommazahl auf eine ganze Zahl gerundet. Falls nicht, wird die Zahl zunächst mit zehn multipliziert (also das Komma um eins nach links geschoben), diese Zahl gerundet (also rekursiv weitergereicht) und dann wieder durch zehn dividiert (also das Komma wieder nach rechts verschoben).

7.5   Beispiel: Implementierung einer einfachen Bank

In den folgenden Kapiteln werden die wesentlichen objektorientierten Konzepte anhand einer einfachen Bank demonstriert. Dazu wird im ersten Schritt die Bank modelliert:

Was macht eine Bank aus? Als erstes fällt natürlich das Geld ein, um das sich in einer Bank alles dreht. Das Geld kommt von den Einlegern und wird in Konten verwaltet.

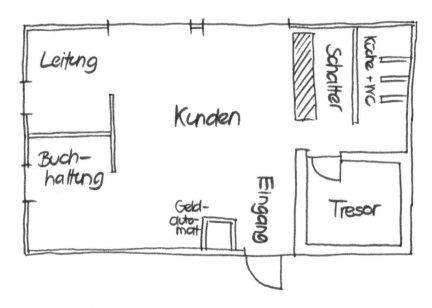

Abbildung 7-2 Bauplan einer Bank

Das Geld wird normalerweise im Tresor aufbewahrt. Dies wird folgendermaßen programmiert:

```
public class Bank {
    public static final int MAX_KONTEN = 100;
    public static int anzahl = 0;

    /////////////// Tresor ///////////////
    public static float[] konten = new float[MAX_KONTEN];
    ///////////////////////////////////////

    /////////////// Namen ///////////////
    public static String[] inhaber = new String[MAX_KONTEN];
    ///////////////////////////////////////
    ...
}
```

Code 7-16 Die Daten der Klasse Bank

Ein Array namens *konten* nimmt die einzelnen Guthaben auf. Die maximale Zahl der Konten wird (willkürlich) auf 100 festgesetzt. Eine Variable *anzahl* zählt die angelegten Konten. Beginnend bei 0 wird diese Variable mit jedem neuen Konto um eins hoch gezählt, so dass die aktuell angelegten Konten immer zwischen 0 und (*anzahl* – 1) gefunden werden. Es wird davon ausgegangen, dass einmal angelegte Konten nicht mehr gelöscht werden.

In der ersten Variante des Programms wird zunächst auf Kontonummern verzichtet und angenommen, dass ausschließlich Sparkonten vorliegen, auf die nur persönlich eingezahlt oder von denen nur persönlich abgehoben wird. Um die Konten ihren Besitzern zuzuordnen, wird zweites Array *inhaber* eingesetzt, das synchron zu den Konten gepflegt wird und die Namen der jeweiligen Kontoinhaber enthält.

Grundsätzlich bedient sich ein Kunde nie direkt, sondern wendet sich immer an einen Schalterbeamten, der ein Konto anlegt und der das Geld aus dem Tresor nimmt oder dort deponiert. Die Rolle des Schalterbeamten spielen hierbei die Methoden, die allein den Zugriff auf die *konten* durchführen.

Im Folgenden werden die Methoden der Klasse Bank beschrieben. Jede dieser Methoden kann als ein „Schalterbeamter" verstanden werden, der eine bestimmte Funktion ausführt und an den sich ein Kunde wenden kann.

Die Hilfsmethode *kontoSuchen()* liefert für einen gegebenen Namen den Index des zugehörigen Kontos oder -1, falls kein Konto gefunden wurde. Die Konten werden dabei nur bis *anzahl* untersucht, da darüber hinaus noch keine Konten angelegt worden sind.

```java
public static int kontoSuchen(String kunde){
    for(int i = 0; i < anzahl; i++)
        if(inhaber[i].equals(kunde))
            return i;
    return -1;
}
```

Code 7-17 Die Methode kontoSuchen()

Ein Kunde kann über die Methode *kontoEroeffnen()* ein neues Konto eröffnen. Dazu wird zunächst geprüft, ob schon ein Konto auf diesen Namen angelegt ist und ob noch ein freier Platz im Kontenfeld verfügbar ist. Kann das Konto eröffnet werden, wird an der nächsten freien Stelle, die durch die Variable *anzahl* gekennzeichnet ist, der Name des neuen Inhabers eingetragen und sein Konto mit einem Startguthaben von 5€ vorbelegt. Am Ende wird die *anzahl* um eins erhöht und zeigt damit auf den nächsten freien Platz.

```
public static final float PRAEMIE = 5.0f;

public static void kontoEroeffnen(String kunde){
    if(kontoSuchen(kunde) != -1){
        System.out.println("\n" + kunde + " hat
                            schon ein Konto.\n");
        return;
    }

    if(anzahl >= MAX_KONTEN){
        System.out.println("\nKeine Konten mehr frei.\n");
        return;
    }

    inhaber[anzahl]    = kunde;
    konten[anzahl]    = PRAEMIE;
    anzahl++;
    System.out.println("\nDas Konto für " + kunde +
                        " wurde angelegt.\n");
}
```

Code 7-18 Die Methode kontoEroeffnen()

Eine Besonderheit dieser Methode besteht darin, dass sie mit Hilfe von *return* beendet wird, wenn schon ein Konto für den Kunden besteht oder wenn die maximale Anzahl von Konten erreicht ist. Alternativ kann dies auch über zwei aufeinander folgende *if-else*-Anweisungen gelöst werden. Die vorliegende Form trennt die Ausnahmefälle (Konto schon vorhanden, maximale Anzahl erreicht) klarer von der eigentlichen Aufgabe der Methode.

Ein Kunde kann auf sein Konto Geld einzahlen oder von seinem Konto Geld abheben. Auch hier bedient er sich nicht direkt, sondern nutzt die Methoden *einzahlen()* und *abheben()*, die wieder die Rolle des Schalterbeamten spielen. Auch hier wird zunächst geprüft, ob der Kunde überhaupt ein Konto hat, erst dann wird der Betrag ein- oder ausgezahlt. Ausgezahlt wird maximal der Betrag, der sich auf dem Konto des Kunden befindet.

Vorraussetzung für das korrekte Ablaufen des Programms ist, dass der übergebene Betrag, der aus- oder eingezahlt werden soll, positiv ist. Dies wird an dieser Stelle nicht geprüft, da dies von der hier interessierenden Programmlogik ablenken würde. Es wird angenommen, dass die Werte korrekt eingegeben wurden. Im Rahmen der Ausnahmebehandlung (siehe Kapitel über Exceptions) werden Möglichkeiten aufgezeigt, mit diesem Fall umzugehen.

```
public static void einzahlen(String kunde, float betrag){
    int i = kontoSuchen(kunde);
    if(i == -1){
        System.out.println("\n" + kunde + "
                            hat kein Konto auf der Bank.");
```

```
                return;
        }
        konten[i] = konten[i] + betrag;
        System.out.println(kunde + " hat " +
                        betrag + "€ eingezahlt");
    }

    public static float abheben(String kunde, float betrag){
        int i = kontoSuchen(kunde);
        if(i == -1){
            System.out.println("\n" + kunde + "
                        hat kein Konto auf der Bank.");
            return 0;
        }

        float entnommen = Math.min(konten[i], betrag);
        konten[i] = konten[i] - entnommen;
        System.out.println(kunde + " hat " + entnommen +
                        "€ abgehoben");
        return entnommen;
    }
```

Code 7-19 Die Methoden einzahlen() und auszahlen()

Die Methode *Math.min()* liefert das Minimum von zwei Zahlen. Diese Methode ist in der vorgefertigten Java-Klasse *Math* enthalten. Diese Klasse stellt zahlreiche mathematische Funktionen zur Verfügung.[21]

Neben dem Kundenverkehr soll die Bank noch zwei organisatorische Tätigkeiten realisieren: der Monatsabschluss, bei dem die monatlichen Zinsen für jedes Konto gutgeschrieben werden, und die Darstellung aller Kontostände. Die Methode *abschlussDurchfuehren()* ermittelt für jedes Konto die monatlichen Zinsen. Der Zinssatz ist als Konstante für die Klasse vereinbart. Nach Ende der Berechnung wird die Variable *monat* um eins erhöht. Diese Variable dient zur Zählung der vergangenen Monate.

```
    public static final float ZINSSATZ = 3.0f;
    public static int monat = 0;
...
    public static void abschlussDurchfuehren(){
        for(int i = 0; i < anzahl; i++){
            float zinsen = (konten[i] * ZINSSATZ / 12 / 100);
            float neuerStand = konten[i] + zinsen;
```

---

[21] Zur Diskussion über vorhandene Klassen der Java-Klassenbibliothek siehe das Kapitel über die Verwendung der Java-Klassenbibliothek.

```
            konten[i] = runden(neuerStand, 2);
        }
        monat++;
    }
```

Code 7-20 Die Methode abschlussDurchfuehren()

Die Methode *bestandAusgeben()* gibt am Bildschirm eine tabellarische Übersicht über alle Konten sowie die Gesamtsumme aller Kontostände.

```
    public static void bestandAusgeben(){
        System.out.println("\nNach dem " + monat +
                        ". Monat befinden sich folgende
                            Beträge auf den Konten:");
        float summe = 0;
        for(int i = 0; i < anzahl; i++){
            System.out.println(inhaber[i] + ": "
                            + konten[i] + "€");
            summe = summe + konten[i];
        }
        System.out.println("==========================");
        System.out.println("zusammen " + summe + "€\n");
    }
```

Code 7-21 Die Methode bestandAusgeben()

Im *main*-Teil des Programms kann nun der Schalterverkehr dieser Bank durchgespielt werden: Hier werden einige Konten eröffnet und Beträge eingezahlt und abgehoben. Probeweise wird versucht, einen Betrag von einem nicht-existierenden Konto abzuheben. Wie erwartet, wird dies zurück gewiesen. Schließlich werden im Rahmen des Tests zwölf Monatsschlüsse mit anschließender Ausgabe der Bestände durchgespielt. Die folgende Tabelle zeigt parallel dazu die Inhalte der betroffenen Variablen:

Programm	Variable

```public class Bank {```
 	
   ...
 	
``` public static void main(String[] args){```
```   kontoEroeffnen("Thomas Kessel");```
	Inhaber[0] = "Thomas Kessel"
	Konten[0] = 5
	Anzahl = 1

``` einzahlen("Thomas Kessel", 100);```	Konten[0] = 105
``` kontoEroeffnen("Marcus Deininger");```	Inhaber[1] = "Marcus Deininger" Konten[1] = 5 Anzahl = 2
``` einzahlen("Marcus Deininger", 120);```	Konten[1] = 125
``` abheben("Marcus Deininger", 150);```	Konten[1] = 0
``` einzahlen("Marcus Deininger", 20);```	Konten[1] = 20
``` kontoEroeffnen("Georg Faust");```	Inhaber[2] = "Georg Faust" Konten[2] = 5 Anzahl = 3
``` einzahlen("Georg Faust", 80);```	Konten[3] = 85
``` einzahlen("Georg Faust", 60);```	Konten[3] = 145
``` abheben("Georg Faust", 50);```	Konten[3] = 95
``` abheben("Bernd Bösewicht", 100);```	Keine Aktion, da kein Konto für „Bernd Bösewicht" existiert.
``` kontoEroeffnen("Thomas Kessel");```	Keine Aktion, da schon ein Konto für „Thomas Kessel" existiert.

```   for(int i = 0; i < 12; i++){```
```   monatsAbschluss();```
```   bestandAusgeben();```
```   }```
 	
```}```
	Für den ersten Abschluss:
	Konten[0] = 105.26[22]
	Konten[1] = 20.05
	Konten[2] = 90.24
	usw.

Code 7-22 main()-Methode der Klasse Bank

Dies führt zu folgender, korrekter Ausgabe am Bildschirm:

```
Das Konto für Thomas Kessel wurde angelegt.
```

```
Thomas Kessel hat 100.0€ eingezahlt
```

```
Das Konto für Marcus Deininger wurde angelegt.
```

---

[22]   105.26 ergibt sich aus 105€ Anfangskapital+ Zinsen für einen Monat. Die Zinsen für einen Monat betragen 3/12 % von 105€ = 0.26€

Marcus Deininger hat 120.0€ eingezahlt
Marcus Deininger hat 125.0€ abgehoben
Marcus Deininger hat 20.0€ eingezahlt

Das Konto für Georg Faust wurde angelegt.

Georg Faust hat 80.0€ eingezahlt
Georg Faust hat 60.0€ eingezahlt
Georg Faust hat 50.0€ abgehoben

Bernd Bösewicht hat kein Konto auf der Bank.

Thomas Kessel hat schon ein Konto.

Nach dem 1. Monat befinden sich folgende Beträge auf den
Konten:
Thomas Kessel: 105.259995€[23]
Marcus Deininger: 20.05€
Georg Faust: 95.240005€
=========================
zusammen 220.55€

Code 7-23 Bildschirmausgabe der main()-Methode

Damit scheint alles grundsätzlich in Ordnung – tatsächlich sind die Funktionen der Bank für einfache Bedürfnisse vollkommen ausreichend und korrekt programmiert und müssten nicht mehr überarbeitet werden. Allerdings ist das Programm noch weit davon entfernt eine *sichere* Bank zu sein, wie das folgende Beispiel zeigt.

```
public class Bank {

    ...
    public static void main(String[] args){
        ...
        // Ein dreister Einbruch
        float beute = 0;
        for(int i = 0; i < konten.length; i++){
            beute = beute + konten[i];
            konten[i] = 0;
        }
        System.out.println(">>> " + beute + "€ erbeutet <<<");
```

---

[23] Das Abschneiden der Stellen gelingt nicht immer, da Java – wie alle Programmiersprachen – intern binär rechnet. Eine Division durch 10 liefert deshalb kein glattes Ergebnis.

```
        bestandAusgeben();
    }
}
```

Code 7-24 main()-Methode der Klasse Bank (Fortsetzung)

Nachdem die Kunden wie zuvor Geld eingezahlt und abgehoben haben, greift in diesem Teil des Programms ein „Bankräuber" direkt auf die Konten zu und leert sie. Der anschließende Kontostand ist 0, wie die folgende Ausgabe zeigt:

```
Nach dem 1. Monat befinden sich folgende Beträge auf den
Konten:
Thomas Kessel: 105.259995€
Marcus Deininger: 20.05€
Georg Faust: 95.240005€
=========================
zusammen 220.55€

>>> 220.55€ erbeutet <<<


Nach dem 1. Monat befinden sich folgende Beträge auf den
Konten:
Thomas Kessel: 0.0€
Marcus Deininger: 0.0€
Georg Faust: 0.0€
=========================
zusammen 0.0€
```

Code 7-25 Bildschirmausgabe der main()-Methode (Fortsetzung)

7.6   Schutz von Daten

Vergleicht man eine richtige Bank mit dem bisher entstandenen Programmmodell, so kann man feststellen, dass man im *main*-Teil („dem öffentlichen Verkehr") ohne Probleme auf den Tresorinhalt zugreifen konnte – etwas, was in einer richtigen Bank nicht ohne weiteres möglich ist: Kunden- und Tresorbereich (mit Schaltern) sind deutlich von einander getrennt; ein Kunde kann dort nicht einfach in den Tresor greifen und sich bedienen.

Um einen unberechtigten Zugriff zu verhindern, stehen in Java zwei Konzepte zur Verfügung:

- Die Aufteilung des Programms in mehrere Teile
- Die Einschränkung der Sichtbarkeit von Programmteilen

7.6.1   Aufteilung von Programmen

Java-Programme bestehen nicht monolithisch aus einer Klasse, sondern zerfallen meist in mehrere Teile. Der Grund für die Aufteilung kann unterschiedlich sein: Sicherung der Daten, wie im Beispiel der Bank, Verteilung von Aufgaben an verschiedene Programmierer, Zerlegung eines Problems in Teilprobleme oder eine Mischung aus allem.

Für das Modell der Bank werden zwei Teile gebildet: eine Klasse für den Tresor mit dem Schalterbereich und eine Klasse für die Kundeninteraktion. In Java müssen dazu lediglich zwei Klassen anleget werden: Ein Klasse *Bank*, die bis auf die *main()-Methode* unverändert alle bisherigen Daten und Methoden enthält, und eine zweite Klasse, die *Kundeninteraktion* genannt wird und die ausschließlich den *main*-Teil enthält:

```
public class Bank {

    ...
    ////////////// Tresor //////////////
    public static float[] konten = new float[MAX_KONTEN];
    //////////////////////////////////////
    ...
    public static void kontoEroeffnen(String kunde){
    ...
    }
    public static void einzahlen(String kunde, float betrag){
    ...
    }
    public static float abheben(String kunde, float betrag){
    ...
        }
    public static void monatsAbschluss(){
    ...
    }
    public static void bestandAusgeben(){
    ...
    }

    // Kein main-Teil mehr!
}
```

Code 7-26 *Die bisherige Klasse Bank nach der Aufteilung*

```
public class Kundeninteraktion {

    public static void main(String[] args){
        Bank.kontoEroeffnen("Thomas Kessel");
        Bank.einzahlen("Thomas Kessel", 100);
```

```
      Bank.kontoEroeffnen("Marcus Deininger");
      Bank.einzahlen("Marcus Deininger", 120);
      Bank.abheben("Marcus Deininger", 150);
      Bank.einzahlen("Marcus Deininger", 20);

      Bank.kontoEroeffnen("Georg Faust");
      Bank.einzahlen("Georg Faust", 80);
      Bank.einzahlen("Georg Faust", 60);
      Bank.abheben("Georg Faust", 50);

      Bank.bestandAusgeben();
   }
}
```

Code 7-27 Die neue Klasse Kundeninteraktion nach der Aufteilung

Damit scheint die Welt wieder in Ordnung; es erscheint die gleiche (richtige) Ausgabe wie zuvor:

```
Das Konto für Thomas Kessel wurde angelegt.
Thomas Kessel hat 100.0€ eingezahlt
Das Konto für Marcus Deininger wurde angelegt.
Marcus Deininger hat 120.0€ eingezahlt
Marcus Deininger hat 120.0€ abgehoben
Marcus Deininger hat 20.0€ eingezahlt
Das Konto für Georg Faust wurde angelegt.
Georg Faust hat 80.0€ eingezahlt
Georg Faust hat 60.0€ eingezahlt
Georg Faust hat 50.0€ abgehoben
Im Monat 0 befinden sich folgende Beträge auf den Konten:
Thomas Kessel: 105.0€.
Marcus Deininger: 20.0€.
Georg Faust: 95.0€.
===========================
zusammen 220.0€.
```

Code 7-28 Ausgabe der main()-Methode

Ein wichtiges Detail ist die Tatsache, dass in der zweiten Klasse explizit darauf hingewiesen werden muss, dass die Methoden der anderen Klasse namens *Bank* genutzt werden. Dies geschieht dadurch, dass der Name der Klasse vor den Namen der Methode geschrieben wird. Also *Bank.einzahlen("Thomas Kessel", 100)*. In Java wird dies „qualifizieren" genannt. Lässt man die Qualifikation weg, führt das zu einem Übersetzungsfehler: der Compiler sucht dann die Funktion in derselben Klasse (nämlich *Kundeninteraktion*), wo sie natürlich nicht zu finden ist.

> Programme können auf mehrere Klassen verteilt werden. Per Qualifikation kann auf die Variablen und Methoden einer anderen Klasse zugegriffen werden.

Aber die Qualifikation beschränkt sich nicht nur auf Methoden, sondern auf alles, was in einer anderen Klasse zu finden ist – also auch auf die Variable *konten*. Insofern gelingt auch in dieser Version der Einbruch:

```
public class Kundeninteraktion {

    public static void main(String[] args){
        …
        // Ein erneuter Einbruch - diesmal mit Qualifikation
        float beute = 0;
        for(int i = 0; i < Bank.konten.length; i++){
            beute = beute + Bank.konten[i];
            Bank.konten[i] = 0;
        }
        System.out.println(">>> " + beute +
                        "€ erbeutet <<<\n");

        Bank.bestandAusgeben();
    }

}
```
Code 7-29 Missbrauch der Konten

Das – unerwünschte – Resultat ist das gleiche wie zuvor. Offensichtlich ist es möglich, vom öffentlichen Bereich aus immer noch ungehindert am Schalter vorbei direkt in den Tresor zu greifen. Trennung und Qualifikation ist also noch nicht die ganze Lösung: Es braucht eine Möglichkeit, den Zugriff auf bestimmte Bereiche (hier die Konten) zu verbieten. Dies wird im folgenden Abschnitt diskutiert werden.

7.6.2   Einschränkung der Sichtbarkeit

In Java erlauben die sogenannten Modifier, die Sichtbarkeit und den Zugriff auf bestimmte Programmteile festzulegen.

Bisher waren alle Variablen und Methoden der Bank mit dem Modifier *public* versehen, mit dem oben erkennbaren Resultat, dass alles frei zugänglich war. Das Gegenteil von *public* ist in Java der *private*-Modifier. Mit *private* versehene Programmteile sind nur innerhalb der Klasse selbst verwendbar, nicht aber von außen.

Die richtige Mischung von *private* und *public* löst nun das diskutierte Problem: Zunächst werden die zentralen Variablen *konten* und *inhaber* als *private* deklariert. Darüber hinaus werden auch die Variablen zur Verwaltung der Konten und der Abschlüsse – *anzahl* und *monat* – als private deklariert. Auch die Methode *kontoSuchen()* wird *private*, da sie ausschließlich intern genutzt werden soll. Alle übrigen Teile bleiben unverändert *public*.

```
public class SichereBank {

    public static final int MAX_KONTEN = 100;
    private static int anzahl = 0;

    ////////////// Tresor //////////////
    private static float[] konten = new float[MAX_KONTEN];
    ////////////////////////////////////

    ////////////// Namen //////////////
    private static String[] inhaber = new String[MAX_KONTEN];
    ////////////////////////////////////

    public static final float ZINSSATZ = 3.0f;
    public static final float PRAEMIE = 5.0f;
    private static int monat = 0;

    private static int kontoSuchen(String kunde){
    ...
    }

    public static void kontoEroeffnen(String kunde){
    ...
    }

    ...
}
```

Code 7-30 Die sichere Bank

Mit Hilfe von *public* und *private* kann die Verwendbarkeit einer Variablen oder Methode durch eine andere Klasse eingeschränkt werden. Methoden und Variablen, die *public* sind, können von allen verwendet werden, Methoden und Variablen, die *private* sind können nur innerhalb ihrer Klasse verwendet werden.

Der Einbruch, der zuvor noch gelang, scheitert nun bereits am Compiler, der meldet, dass *konten* nicht mehr von außen zugreifbar ist. Damit ist die Bank nun endlich sicher vor Einbrüchen.

```
public class Kundeninteraktion {

    public static void main(String[] args){
        ...
        // Ein versuchter Einbruch …
        float beute = 0;
        for(int i = 0; i < SichereBank.konten.length; i++){
```

⊠ Error: The field SichereBank.konten is not visible

```
            beute = beute + SichereBank.konten[i];
```

⊠ Error: The field SichereBank.konten is not visible

```
            SichereBank.konten[i] = 0;
```

⊠ Error: The field SichereBank.konten is not visible

```
        }
        // … scheitert bereits am Compiler
        System.out.println(beute + "€ erbeutet\n");

        SichereBank.bestandAusgeben();
    }

}
```

Code 7-31 Die sichere Bank erlaubt keinen Einbruch mehr

7.7   Datenkapseln

Der Schutz vor unberechtigtem Zugriff oder unerwarteter Änderung von internen Daten, wie bei der oben modellierten Bank, ist ein grundsätzliches Problem, das in vielen Programmen wiederkehrt. Zu hoffen, dass durch Ehrlichkeit oder Disziplin das Problem vermieden wird, ist nicht realistisch: normalerweise werden ungeschützte Daten missbraucht (oft aus Unwissenheit, selten aus Bosheit), auf der anderen Seite fällt es in dem traditionell freizügig bis chaotischen Umfeld der Programmierung meist schwer, Disziplin zu bewahren.

Gleichzeitig erlaubt das Zerlegen in handhabbare Teile, die für sich abgeschlossen sind, die Komplexität von Systemen in den Griff zu bekommen und den Überblick zu bewahren.

Nicht zuletzt ist dies ein Mittel, um eine Aufgabe zwischen mehreren Programmierern aufzuteilen und sicher zu gehen, dass jeder unabhängig vom anderen arbeiten kann.

Grafisch lassen sich solche Programme folgendermaßen darstellen (siehe Abbildung 7-3):

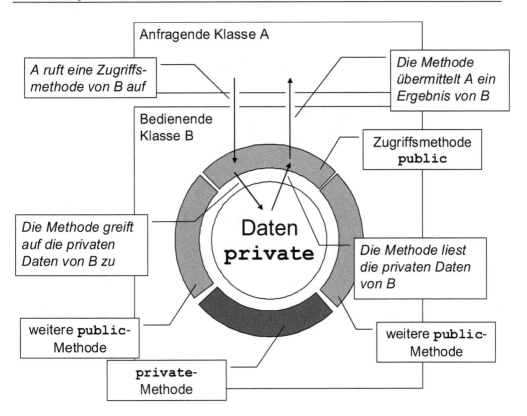

Abbildung 7-3 Schematische Darstellung der Datenkapsel

Die bedienende Klasse B wird auch Datenkapsel genannt, da die privaten Daten von außen abgekapselt sind und nur über die öffentlichen (*public*) Methoden genutzt werden können. Diese öffentlichen Methoden werden auch die Schnittstelle[24] der Klasse genannt. Die Datenkapsel enthält normalerweise keinen *main*-Teil, der befindet sich in einer anderen Klasse.

> Eine Datenkapsel sichert ihre Variablen, die *private* sind, und kontrolliert den Zugriff auf diese Variablen über *public*-Methoden.
>
> Diese *public*-Methoden bilden die Schnittstelle der Klasse.

Abbildung 7-4 zeigt die schematische Darstellung der sicheren Bank als Datenkapsel:

---

[24] Die Schnittstelle einer Klasse ist nicht mit dem Java-Konstrukt *Interface* zu verwechseln; dies wird im Kapitel „Polymorphismus und Interfaces" vorgestellt.

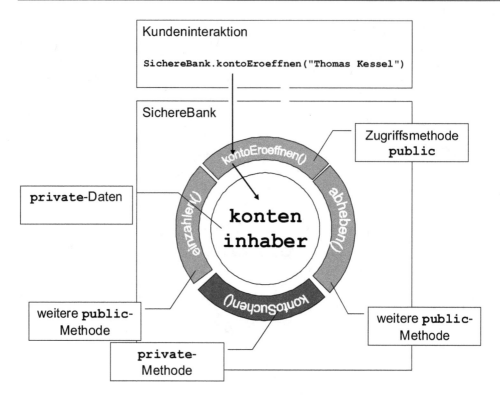

Abbildung 7-4 Datenkapsel für die Bank

Dieses Prinzip der Aufteilung der Programme und der Schutz der privaten Daten ist der erste
Baustein der Objektorientierung.

7.8   Fazit

In diesem Kapitel wurden zunächst Methoden eingeführt.

- Methoden erlauben Abläufe zusammenzufassen.
- Mit Hilfe von Parametern kann man Methoden Daten übergeben.
- Mit der *return*-Anweisung kann eine Methode Resultate zurück geben.
- Methoden werden aufgerufen, indem man den Methodennamen mit den notwendigen
  Parametern verwendet.
- Als Signatur einer Methode wird die Gesamtheit aus Name, Parametern, Rückgabetyp die
  Modifier der Methode bezeichnet. Unterschiedliche Methoden können denselben Namen
  besitzen – sie müssen sich dabei in den Parametern unterscheiden. Man spricht in diesem
  Fall von Overloading.

- Methoden können auch sich selbst aufrufen – in diesem Fall spricht man von Rekursion. Bei rekursiven Methoden ist darauf zu achten, dass eine Abbruchbedingung formuliert ist.

Daten sind die zentralen Elemente eines Programms. Die Daten sollten vor direktem Zugriff von außen geschützt werden; dies geschieht folgendermaßen:

- Die Daten werden als *private*-Variablen in einer eigenen Klasse definiert.
- Der Zugriff auf die Variablen darf ausschließlich über *public*-Methoden der Klasse stattfinden.

Damit kann der Zugriff über diese Methoden kontrolliert werden.

- In diesem Fall spricht man von einer „Datenkapsel".
- Die öffentlichen Zugriffsmethoden bilden die „Schnittstelle" dieser Klasse.

7.9 Übungen

7.9.1 Aufgaben zur Rekursion

1. Die Methode summe
Schreiben Sie eine Klasse *SummenBerechnung* mit einer rekursiven Methode *summe()*. Die Methode *summe()* erhält als Parameter einen *int*-Wert und gibt als Ergebnis die Summe von 1 bis zu diesem Wert zurück. Welchen Rückgabetyp muss Ihre Funktion haben?

Die Methode potenz

Schreiben Sie eine Klasse *PotenzBerechnung* mit einer rekursiven Methode *potenz()*, die den Potenzwert einer Zahl berechnet. Die Methode *potenz()* erhält als Parameter die Basis (als Fließkommazahl) und einen ganzzahligen Exponenten (>= 0).

Erweiterung der Klasse PotenzBerechnung

Erweitern Sie dann Ihr Programm, so dass es auch mit negativen Exponenten umgehen kann. Hinweis: realisieren Sie dazu eine weitere Methode *potenzMitVorzeichen()*, die abhängig vom Vorzeichen des Exponenten Ihre bisherige Methode *potenz()* entsprechend aufruft.

2. Größter gemeinsamer Teiler
Der größte gemeinsame Teiler (ggT) von zwei ganzen Zahlen a und b mit $0 \leq a$ und $0 \leq b$ ist folgendermaßen rekursiv definiert:

$$\text{ggT von } a \text{ und } b = \begin{cases} a \text{ für } a = b \text{ oder } b = 0 \\ \text{ggT von } b \text{ und } (a \bmod b) \text{ sonst} \end{cases}$$

Setzen Sie diese Definition in eine rekursive java- Methode *ggT()* um.

(a mod b) – die sog. Restklassen-Division – liefert Ihnen der Operator % mit dem Aufruf a % b.

3. Binominalkoeffizient

Der Binominalkoeffizient $\binom{n}{k}$ (sprich „n über k") ist für natürliche Zahlen n und k mit

$0 \le k \le n$ folgendermaßen rekursiv definiert:

$$\binom{n}{k} = \begin{cases} 1 \text{ für } k = 0 \text{ oder } k = n \\ \binom{n-1}{k-1} + \binom{n-1}{k} \text{ sonst} \end{cases}$$

Setzen Sie diese Definition in eine rekursive Methode *binom()* um

7.9.2   Aufgaben zur Datenkapsel

4. Datenkapsel „Geldkarte"
Erstellen Sie eine Datenkapsel, die eine Geldkarte repräsentiert. Die Geldkarte soll folgende Funktionen zur Verfügung stellen:

- Die Geldkarte kann mit einem Betrag aufgeladen werden.
- Es kann ein bestimmter Betrag entnommen werden: Falls auf der Geldkarte ausreichend Geld ist, wird der Betrag ausgegeben und der entsprechende Betrag von der Geldkarte abgebucht. Falls nicht, werden 0 € ausgegeben.
- Der aktuelle Stand der Geldkarte kann abgefragt werden.

Erstellen Sie eine zweite Klasse mit der *main*-Methode, mit der Sie das Verhalten Ihrer Geldkarte testen:

- Laden Sie zunächst 100€ auf die Geldkarte.
- Entnehmen Sie dann zwei Mal je 75€; geben Sie jeweils den zurück gelieferten Betrag am Bildschirm aus (beim ersten Mal sollte es 75€ sein, beim zweiten Mal 0€).
- Geben Sie zwischen den Aktionen jeweils den aktuellen Stand Ihrer Geldkarte aus.

7.9.3   Aufgaben zur Sichtbarkeit

5. Implementierung einer Autovermietung
Im Rahmen dieser Aufgabe sollen Sie – wie bei der Bank in den vorigen Kapiteln – schrittweise ein Programm entwickeln. In analoger Form soll eine Autovermietung programmiert werden die aus den Klassen Autovermietung und Interaktion besteht. Die Interaktion ruft die Autovermietung auf, die Autovermietung wiederum verwaltet die Information zur Vermietung.

Die Klasse *Interaktion* dient zum Test (im „richtigen Leben" würde sie später durch eine grafische Benutzungsoberfläche ersetzt werden).

Achten Sie dabei auf eine konforme und sinnvolle Namensgebung bei Methoden und Variablen.

Eine Autovermietung besitzt einen Fuhrpark, der Autos umfasst. Die *Autovermietung* kann folgende Operationen ausführen:

- ein neues Auto in den Fuhrpark aufnehmen; ein Auto ist dabei gekennzeichnet durch einen Typ (z.B. „Mercedes 220") und den Leihpreis pro Tag. Nehmen Sie im Augenblick an, dass es immer nur einen Typen geben kann.
- man kann ein Auto von einem bestimmten Typ ausleihen (sofern es nicht ausgeliehen ist); ob ein Auto ausgeliehen ist, wird mit Hilfe eines *boolean*-Werts festgestellt.
- man kann das ausgeliehene Auto zurück geben; dabei werden die fälligen Leihkosten am Bildschirm angezeigt.
- einen Tag verstreichen lassen und für die ausgeliehenen Autos die Leihkosten ermitteln. Diese Leihkosten werden für jedes ausgeliehene Auto festgehalten.
- Übersicht über die Autos (und ihren Status) im Fuhrpark am Bildschirm ausgeben

In der Klasse *Interaktion* soll die *main*-Methode, mit folgendem Beispielaufruf realisiert werden:

- es sollen mehrere neue Autos angelegt werden
- es sollen Autos ausgeliehen werden
- es sollen „Tage verstreichen"
- es sollen Autos zurück gegeben werden

Verteilen Sie Ihr Programm in die beiden Pakete *interaktion* und *vermietung*. Reduzieren Sie die Sichtbarkeit aller Methoden (und Variablen) so weit wie möglich.

Hinweise:

- Erstellen Sie zunächst die zwei Klassen Interaktion und Autovermietung
- Beginnen Sie mit der Entwicklung der Testklasse (also der Klasse Interaktion) und realisieren Sie erst dann die Klasse Autovermietung.
- Prüfen Sie nach jedem Entwicklungsschritt mit Hilfe der Testklasse, ob Ihr Programm das erwartete Ergebnis liefert.
- Überlegen Sie sich die grundlegenden Abläufe im Beispiel: Welche Operationen sind notwendig? Welche Daten werden benötigt? Gehen Sie dabei ähnlich wie bei der Entwicklung der Bank vor.
- Erstellen Sie dann die rudimentären Methoden (d.h. die Methoden sind leer oder haben nur eine einfache Rückgabe), die Sie als notwendig erachten
- Legen Sie die internen Daten der Programmteile an
- Vervollständigen Sie die Programmteile

Der Aufruf Ihres Programms könnte z.B. folgendermaßen aussehen:

```
package interaktion;

import vermietung.Autovermietung;

public class Interaktion {

    public static void main(String[] args){
        Autovermietung.neuesAuto("Mercedes 220", 120);
        Autovermietung.neuesAuto("Porsche Carrera", 200);
        Autovermietung.neuesAuto("VW Passat", 90);
        Autovermietung.ausleihen("Mercedes 220");
        Autovermietung.einTagVergeht();
        Autovermietung.ausleihen("Porsche Carrera");
        Autovermietung.ausleihen("Mercedes 220");
        Autovermietung.einTagVergeht();
        Autovermietung.uebersichtAusgeben();
        Autovermietung.einTagVergeht();
        Autovermietung.zurueckgeben("Mercedes 220");
        Autovermietung.zurueckgeben("Porsche Carrera");
        Autovermietung.zurueckgeben("VW Passat");
    }
}
```

Die Ausgabe könnte folgendermaßen aussehen:

```
Mercedes 220 wurde in den Fuhrpark aufgenommen.
Porsche Carrera wurde in den Fuhrpark aufgenommen.
VW Passat wurde in den Fuhrpark aufgenommen.
Mercedes 220 wurde ausgeliehen
... ein Tag vergeht ...
Porsche Carrera wurde ausgeliehen
Mercedes 220 ist bereits ausgeliehen
... ein Tag vergeht ...
Mercedes 220 ist ausgeliehen; bisherige Leihkosten: 240
Porsche Carrera ist ausgeliehen; bisherige Leihkosten: 400
VW Passat ist nicht ausgeliehen
... ein Tag vergeht ...
Mercedes 220 wurde zurück gegeben; Kosten: 360
Porsche Carrera wurde zurück gegeben; Kosten: 600
VW Passat war nicht ausgeliehen
```

7.9.4 Verständnisfragen

- Wie erhält eine Methode ihre Daten?
- Wie gibt eine Methode ihre Resultate zurück?
- Warum sollten Daten vor dem direkten Zugriff geschützt werden?
- Was ist der Unterschied zwischen *private* und *public*?
- Was ist eine Datenkapsel und was ist ihr Nutzen?
- Was ist die Schnittstelle einer Klasse?

7.10 Lösungen

7.10.1 Aufgaben zur Rekursion

1. Die Methode summe

```java
public class SummenBerechnung {

    public static int summe(int n){
        if(n == 0)
            return 0;
        else
            return n + summe(n - 1);
    }

    public static void main(String[] args){
        System.out.println(summe(5));
    }
}
```

2. Die Methode potenz

```java
public class PotenzBerechnung {

    public static float potenz(float basis, int exponent){
        if(exponent == 0)
            return 1;
        else
            return basis * potenz(basis, exponent - 1);
    }

    public static void main(String[] args){
        System.out.println(potenz(2.5f, 3));
    }
}
```

3. Erweiterung der Klasse PotenzBerechnung

```java
public class ErweitertePotenzBerechnung {

    public static float potenz(float basis, int exponent){
        if(exponent == 0)
            return 1;
        else
            return basis * potenz(basis, exponent - 1);
    }

    public static float potenzMitVorzeichen(float basis,
                                            int exponent){
        if(exponent >= 0)
            return potenz(basis, exponent);
        else
            return 1 / potenz(basis, -exponent);
    }

    public static void main(String[] args){
        System.out.println(potenzMitVorzeichen(2.5f, -3));
    }
}
```

4. Größter gemeinsamer Teiler

```java
    public static int ggt(int a, int b){
        if(a == b || b == 0)
            return a;
        else
            return ggt(b, a%b);
    }
```

5. Binominalkoeffizient

```java
    public static int binom(int n, int k){
        if(k == 0 || k == n)
            return 1;
        else
            return binom(n-1, k-1) + binom(n-1, k);
    }
```

7.10.2   Aufgaben zur Datenkapsel

6. Datenkapsel „Geldkarte"

```java
public class Geldkarte {

    private static int stand = 0;

    public static void aufladen(int betrag){
        stand = stand + betrag;
    }

    public static int entnehmen(int betrag){
        if(stand - betrag > 0){
            stand = stand - betrag;
            return betrag;
        } else
            return 0;
    }

    public static int aktuellerStand(){
        return stand;
    }
}

public class TestGeldkarte {
    public static void main(String[] args) {
        Geldkarte.aufladen(100);
        System.out.println("Aktueller Stand: "
                + Geldkarte.aktuellerStand());
        int entnommen = Geldkarte.entnehmen(75);
        System.out.println(entnommen + " € entnommen");
        System.out.println("Aktueller Stand: "
                + Geldkarte.aktuellerStand());
        entnommen = Geldkarte.entnehmen(75);
        System.out.println(entnommen + " € entnommen");
        System.out.println("Aktueller Stand: "
                + Geldkarte.aktuellerStand());
    }
}
```

7.10.3   Aufgaben zur Sichtbarkeit

7. Implementierung einer Autovermietung

```java
package vermietung;

public class Autovermietung {

  private static final int MAX_AUTOS = 100;
  private static String[] typen = new String[MAX_AUTOS];
  private static boolean[] ausgeliehen =
                          new boolean[MAX_AUTOS];
  private static int[] mieten = new int[MAX_AUTOS];
  private static int[] kosten = new int[MAX_AUTOS];

  private static int anzahl = 0;

  private static int autoSuchen(String typ){
    for(int i = 0; i < anzahl; i++)
      if(typen[i].equals(typ))
        return i;
    return -1;
  }

  public static void neuesAuto(String typ, int miete) {
    int index = autoSuchen(typ);
    if(index != -1){
      System.out.println(typ + " gibt es schon");
      return;
    }

    typen[anzahl] = typ;
    ausgeliehen[anzahl] = false;
    mieten[anzahl] = miete;
    kosten[anzahl] = 0;
    anzahl++;

    System.out.println(typ
        + " wurde in den Fuhrpark aufgenommen.");
  }
  public static void ausleihen(String typ) {
    int index = autoSuchen(typ);
    if(index == -1){
      System.out.println(typ + " gibt es nicht");
      return;
```

```java
    }
    if(ausgeliehen[index]){
      System.out.println(typ + " ist bereits ausgeliehen");
      return;
    }
    ausgeliehen[index] = true;
    System.out.println(typ + " wurde ausgeliehen");
  }

  public static void zurueckGeben(String typ) {
    int index = autoSuchen(typ);
    if(index == -1){
      System.out.println(typ + " gibt es nicht");
      return;
    }
    if(!ausgeliehen[index]){
      System.out.println(typ + " war nicht ausgeliehen");
      return;
    }
    System.out.println(typ + " wurde zurück gegeben; Kosten: "
                    + kosten[index]);
    ausgeliehen[index] = false;
    kosten[index] = 0;
  }

  public static void einTagVergeht() {
    System.out.println("... ein Tag vergeht ...");
    for(int i = 0; i < anzahl; i++)
      kosten[i] = kosten[i] + mieten[i];
  }

  public static void uebersichtAusgeben() {
    System.out.println();
    for(int i = 0; i < anzahl; i++){
      System.out.print(typen[i] + " ist ");
      if(ausgeliehen[i])
        System.out.println("ausgeliehen;
            bisherige Leihkosten: " + kosten[i]);
      else
        System.out.println("nicht ausgeliehen");
    }
    System.out.println();
  }
}
```

7.10.4   Verständnisfragen

- *Wie erhält eine Methode ihre Daten?* Die Daten werden über Parameter übergeben oder die Methode greift direkt auf die sichtbaren Daten der Klasse zu.
- *Wie gibt eine Methode ihre Resultate zurück?* Mit Hilfe einer *return*-Anweisung.
- *Warum sollten Daten vor dem direkten Zugriff geschützt werden?* Damit die Daten nicht unbefugt geändert werden können, sondern nur über die dazu vorgesehenen Methoden.
- *Was ist der Unterschied zwischen private und public?* Methoden und Variablen, die *private* sind, können nur innerhalb der Klasse verwendet werden. Methoden und Variablen, die *public* sind, können überall - insbesondere auch außerhalb der Klasse - verwendet werden.
- *Was ist eine Datenkapsel und was ist ihr Nutzen?* Eine Datenkapsel schützt ihre *private*-Daten und lässt den Zugriff nur über *public*-Methoden zu.
- *Was ist die Schnittstelle einer Klasse?* Die Schnittstelle einer Klasse sind die *public*-Methoden, die sie zur Verfügung stellt.

8 Objekte

Oft müssen in einem Problemfeld mit vielen gleichen oder relativ ähnlichen Elementen umgegangen werden; dabei möchte man, wenn möglich, keine Teile doppelt definieren: In diesem Kapitel werden mit Hilfe von Objekten mehrere gleichartige Elemente erzeugt.

Funktional ist die Bank aus dem vorigen Kapitel abgeschlossen. Im Rahmen dieses Kapitels wird die Struktur schrittweise überarbeitet, so dass das Programm einfacher änder- und erweiterbar wird. Der erste Schritt ist die Nutzung mehrerer Banken und die Einführung von Konten. Parallel dazu wird mit UML (Unified Modelling Language) eine einfache, grafische Darstellungsweise für Programme vorgestellt.

Lernziele
Nach dem Lesen und Durcharbeiten dieses Kapitels kann man ...

* Klassen definieren und Objekte erzeugen.
* Konstruktoren zur Erzeugung von Objekten definieren.
* Klassen in Pakete verteilen.
* UML-Klassendiagramme erstellen.

Nach dem Lesen und Durcharbeiten dieses Kapitels kennt man ...

* den Unterscheid zwischen Klassen und Objekten.
* den Unterscheid zwischen primitiven Typen und Referenztypen.

8.1 Erweiterung des Beispiels: Eine zweite Bank

Im vorigen Teil wurde *eine* sichere Bank realisiert. Vor diesem Abschnitt steht nun die Frage: Was ist, wenn eine zweite Bank benötigt wird? Die Lösung mit Hilfe der bisherigen Mittel ist einfach: es wird eine Klasse namens *ZweiteSichereBank*[25] programmiert. Diese Klasse ist funktional gleich, im Rahmen der Erweiterung werden folgende Änderungen an dieser Klasse vorgenommen:

---

[25] Der Ansatz über eine zweite Klasse ist nicht endgültig. Er dient lediglich zur Illustration und sollte nicht nachtprogrammiert werden.

- Der Zinssatz der zweiten Bank wird auf 4.5% gesetzt
- Die Ausgaben am Bildschirm sprechen von einer „zweiten Bank", um die Meldungen zuordnen zu können
- Für ein neues Konto wird ein Startguthaben von 8€ gezahlt.

```java
public class ZweiteSichereBank {
    ...
    ////////////// Tresor //////////////
    private static float[] konten = new float[MAX_KONTEN];
    ////////////////////////////////////

    ...
    public static final float ZINSSATZ = 4.5f;
    public static final float PRAEMIE = 8.0f;
    ...
    public static void kontoEroeffnen(String kunde){
        if(kontoSuchen(kunde) != -1){
            System.out.println("\n" + kunde +
                             " hat schon ein Konto
                                auf der zweiten Bank.\n");
            return;
        }

        if(anzahl >= MAX_KONTEN){
            System.out.println("\nKeine Konten mehr frei.\n");
            return;
        }

        inhaber[anzahl]    = kunde;
        konten[anzahl]     = PRAEMIE;

        System.out.println("\nDas Konto für " + kunde +
                " wurde auf der zweiten Bank angelegt.\n");
        anzahl++;
    }
    ...
}
```
Code 8-1 Die Klasse ZweiteSichereBank

In dem Testprogramm, das den Kundenverkehr der Bank nachspielt, können nun beide Banken verwendet werden – dazu muss lediglich die entsprechende Bank qualifiziert werden.

```java
public class Kundeninteraktion {

    public static void main(String[] args){
        SichereBank.kontoEroeffnen("Thomas Kessel");
        SichereBank.einzahlen("Thomas Kessel", 100);

        ZweiteSichereBank.kontoEroeffnen("Thomas Kessel");

        float betrag = SichereBank.abheben("Thomas Kessel", 70);
        ZweiteSichereBank.einzahlen("Thomas Kessel", betrag);
        ...
    }
}
```

Code 8-2 Kundeninteraktion mit zwei Banken

Das Programm liefert die folgende Ausgabe:

```
Das Konto für Thomas Kessel wurde angelegt.

Thomas Kessel hat 100.0€ eingezahlt

Das Konto für Thomas Kessel wurde auf der zweiten Bank
angelegt.

Thomas Kessel hat 70.0€ abgehoben
Thomas Kessel hat 70.0€ auf der zweiten Bank eingezahlt
...
```

Code 8-3 Ausgabe mit zwei Banken

Grundsätzlich funktioniert diese Lösung, sie hat aber einige Nachteile:

- Es verursacht Schreibaufwand (oder zusätzlichen Kopieraufwand), obwohl fast alles unverändert bleibt.
- Damit liegt doppelt soviel Programmcode wie bisher vor; für jemanden der sich in das Programm einarbeiten will, heißt das er muss doppelt so viel lesen (er weiß ja noch nicht, dass sich die Teile fast nicht unterscheiden).
- Der Testaufwand wird verdoppelt, da jetzt zwei Programme getestet werden müssen.
- Wird eine Änderung durchgeführt, muss sie zweimal (und zwar gleichartig) gemacht werden – die Erfahrung zeigt, dass dies mühsam ist und immer wieder zu Fehlern führt (weil man ab und zu doch eine der Änderungen vergisst oder anders macht – z.B. wenn zwischen drin das Telefon klingelt.)

Kern der Probleme ist in allen Fällen die Redundanz; d h. Dinge sind unnötigerweise mehrfach da und beanspruchen deshalb unsere Aufmerksamkeit, die wir gern Wichtigerem zuwenden würden.

Dieses Redundanzproblem wird im nächsten Abschnitt mit Hilfe von *Objekten* angegangen.

8.2   Einführung von Objekten

Das zweite wichtige Konzept der Objektorientierung – nach dem Verbergen von wichtigen Inhalten – ist die Idee, dass nicht mehrere gleichartige Klassen direkt genutzt werden, sondern dass eine einzige Klasse verwendet wird, um daraus gleichartige Objekte zu erzeugen, mit denen dann im Anschluss gearbeitet werden kann[26]. Diese Objekte können sich in den Werten ihrer Daten unterscheiden, die Methoden der Objekte (d.h. deren Funktionalität) sind aber gleich. Verschiedene Banken können also unterschiedliche Kontenstände haben, die Arbeitsweise der Bankbeamten ist aber überall dieselbe.

Die Rolle der Klasse wird plötzlich eine ganz andere: war die Klasse bisher das ausführende Programmelement, so wird sie jetzt zum Bauplan und Fabrik für Objekte, die die eigentliche Arbeit machen. Mit Hilfe dieses Ansatzes kann die oben beschriebene (und wie zuvor diskutiert – problematische) Doppelarbeit vermeiden werden.

Für die Bank wird nun die Klasse als Bauplan verstanden, aus dem einzelne *Bank*-Objekte „gebaut" werden können (siehe Abbildung 8-1).

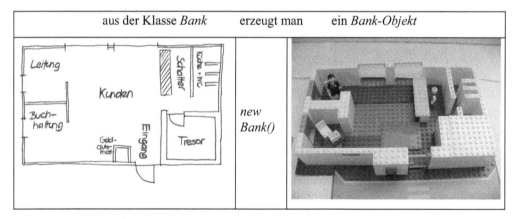

Abbildung 8-1 Erzeugung eines Objekts aus einem Bauplan

---

[26]   Objekte werden auch Exemplare oder Instanzen genannt.

> Die Klasse ist der Bauplan, der die Struktur von Objekten vorgibt und aus dem Objekte gebaut werden können.

An dieser Stelle wird der *static*-Modifier bedeutsam. Der *static*-Modifier besagt, dass sich die Methode oder die Variable auf die (eine) Klasse bezieht und deshalb auch nur ein Mal vorliegen können. In Java spricht man hier von *static*-Variablen oder Klassenvariablen und *static*-Methoden oder Klassenmethoden.

Variablen ohne *static*-Modifier (in Java spricht man hier von *non-static*-Variablen oder Instanzvariablen) werden in den späteren Objekten individuell erzeugt und können auch nur von den Objekten, nicht aber von der Klasse benutzt werden. Methoden ohne *static*-Modifier (in Java spricht man hier von *non-static*-Methoden oder Instanzmethoden) sind Methoden, die nur von Objekten verwendet werden können.

Die Tabelle 8-1 gibt einen Überblick über *static*- und *non-static*-Elemente

	Definition	*Existenz*	*Verwendung*
static Variable (Klassenvariable)	in der Klasse	in der Klasse	in der Klasse / im Objekt
non-static Variable (Instanzvariable)	in der Klasse	für jedes Objekt	im Objekt
static Methode (Klassenmethode)	in der Klasse	für die Klasse	in der Klasse / im Objekt
non-static Methode (Instanzmethode)	in der Klasse	für das Objekt	im Objekt

Tabelle 8-1 Überblick über static- und non-static-Elemente

Objekte können als Datenkapsel verstanden werden, die aus zwei Teilen besteht: Die Daten repräsentieren den Zustand des Objekts und sollten *private* sein; sie können nur über die Methoden des Objekts verändert werden, die nicht-*private* sind[27].

Um die bisherige Klasse *Bank* „Objekt-fähig" zu machen, müssen aus den Klassenvariablen nun Instanzvariablen und aus den Klassenmethoden Instanzmethoden gemacht werden. Die Änderungen, die an der bisherigen Bank gemacht werden müssen, sind deshalb relativ einfach: Alle *static*-Modifier vor Variablen und Methoden in der Klasse Bank werden weggelassen, d h. aus allen bisherigen Klassenvariablen und -methoden werden nun Instanzvariablen und -methoden.

---

[27] im Augenblick steht dazu nur *public* zur Verfügung, später aber auch noch andere Modifier.

Aus der *static*-Variablen *konten*

```
////////////// Tresor //////////////
private static float[] Konten = new float[MAX_KONTEN];
///////////////////////////////////
```

wird die *non-static*-Variable *konten*

```
////////////// Tresor //////////////
private float[] konten = new float[MAX_KONTEN];
///////////////////////////////////
```

Aus der *static*-Methode *kontoEroeffnen()*

```
public static void kontoEroeffnen(String kunde){
    ...
}
```

wird die *non-static*-Methode

```
public void kontoEroeffnen(String kunde){
    ...
}
```

Lediglich die Konstanten bleiben *static*, da sie sich nicht unterscheiden müssen. Sie können auch von den Objekten der Klasse angesprochen werden. Die Klasse sieht damit insgesamt so aus:

```
public class Bank {

    public static final int MAX_KONTEN = 100;
    private int anzahl = 0;

    ////////////// Tresor //////////////
    private float[] konten = new float[MAX_KONTEN];
    ///////////////////////////////////

    ////////////// Namen //////////////
    private String[] inhaber = new String[MAX_KONTEN];
    ///////////////////////////////////

    public static final float ZINSSATZ = 3.0f;
    private int monat = 0;


    private int kontoSuchen(String kunde){
        for(int i = 0; i < anzahl; i++)
            if(inhaber[i].equals(kunde))
                return i;
```

```
        return -1;
    }

    public void kontoEroeffnen(String kunde){
...
    }
...
}
```

Code 8-4 Die Klasse Bank mit non-static-Variablen und -Methoden

---

Variablen und Methoden der Objekte sind *non-static*, d.h. ohne *static*-Modifier.

Natürlich muss auch das aufrufende Programm der Kundeninteraktion diese Änderung reflektieren: Statt direkt mit der Klasse Bank zu arbeiten, muss man nun mit Objekten der Klasse arbeiten. Anders als Klassen, die sofort existieren und direkt verwendet werden können, werden die Objekte erst zur Laufzeit des Programms erzeugt.

Das Erzeugen neuer Objekte (man spricht auch von „Instanziierung") wird im Programm durchgeführt. Dies geschieht analog zur Erzeugung der Arrays (siehe Abbildung 8-2):

- Zunächst wird der Typ des gewünschten Objekts festgelegt – dies ist diesem Fall der Name der Klasse. (1)
- Eine Referenzvariable wird für diesen Typ deklariert. (2)
- Mit dem Operator *new* wird ein Objekt erzeugt. (3)
- Der nachfolgende Methodenaufruf *Bank()* initialisiert das neu erzeugte Objekt – diese Methode – der sog. *Konstruktor* (der Klassenname gefolgt von *()*) – ist eine besondere Methodenform und wird im Abschnitt 8.5 ausführlich diskutiert. (4)
- Das erzeugte Objekt wird der Variablen zugewiesen und kann über diese verwendet werden. (5)

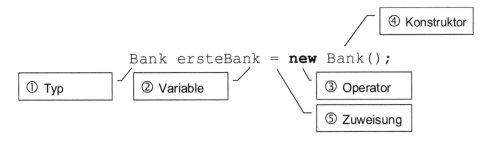

Abbildung 8-2 Erzeugung eines Objekts

Im folgenden Programmausschnitt werden nun zwei *Bank*-Objekte aus der Klasse *Bank* erzeugt.

```
public class Kundeninteraktion {

    public static void main(String[] args){
        Bank ersteBank = new Bank();
        Bank zweiteBank = new Bank();
        ...
    }
}
```

Code 8-5 Erzeugung von zwei Bank-Objekten

> Objekte werden aus einer Klasse mit Hilfe des Operators *new* und des Konstruktors ge-
> bildet – der Konstruktor ist eine besondere Methode ohne Ergebnistyp, die denselben
> Namen wie die Klasse hat.

Statt wie bisher die Klassenmethoden aufzurufen, müssen nun die Instanzmethoden der Objekte aufgerufen werden. Dies geschieht wieder per Qualifikation indem mit einem Punkt
den Methodennamen mit den Parameterwerten an das Objekt angefügt wird. Hier wird z.B.
die Methode *kontoEroeffnen()* des ersten Bank-Objekts aufgerufen, als Parameter wird der
Wert „Thomas Kessel" mitgegeben.

```
        ersteBank.kontoEroeffnen("Thomas Kessel");
```

Im Rahmen der *main()-Methode* sieht das Beispiel folgendermaßen aus:

```
public class Kundeninteraktion {

    public static void main(String[] args){
        // Bankobjekte erzeugen
        Bank ersteBank = new Bank();
        Bank zweiteBank = new Bank();

        ersteBank.kontoEroeffnen("Thomas Kessel");
        ersteBank.einzahlen("Thomas Kessel", 100);

        zweiteBank.kontoEroeffnen("Thomas Kessel");
        ...
    }
}
```

Code 8-6 Erzeugung und Verwendung von Objekten

Zu beachten ist allerdings, dass in dieser Lösung, die Ausgabe die Banken nicht unterscheidet, alle Banken denselben Zinssatz haben und die gleiche Startprämie auszahlen. Dies wird sich erst mit Hilfe von Konstruktoren ändern (siehe Abschnitt 8.5).

8.3   Objekte entdecken, erzeugen und verwenden

Einher mit der Objektorientierung geht die Idee, die Dinge der realen Welt nun mit Hilfe der Objekte zu repräsentieren; z.B.:

- ein Objekt der Klasse *Personaldaten* enthält Name, Vorname, Geburtsdatum, usw.
- ein Objekt der Klasse *Versicherungspolice* enthält den Versicherten, den Beitrag und die Versicherungshöhe
- ein Objekt der Klasse *Video* enthält den Filmtitel, die Dauer, das Produktionsjahr und die Namen der Schauspieler
- ein Objekt der Klasse *Bruch* hat einen Zähler und einen Nenner und hat Methoden zum Rechnen
- die Objekte der Klassen *Rechteck* und *Punkt* haben z.B. eine Position und beherrschen geometrische Abfragen (enthält ein *Rechteck* einen *Punkt*?)

Welche Objekte der realen Welt abgebildet werden, ist Entscheidung des Programmierers. Eine automatische oder gar „natürliche" Zuordnung gibt es nicht.

Für die Bank werden im Folgenden weitere Objekte aufgedeckt: In der bisherigen Implementierung war die Verwaltung der Konten folgendermaßen programmiert. Ein Array für die Werte der Kontostände und ein paralleles Array für die Verwaltung der zugehörigen Inhaber.

```
...
//////////////// Tresor ////////////////
private float[] konten = new float[MAX_KONTEN];
////////////////////////////////////////

//////////////// Namen ////////////////
private String[] inhaber = new String[MAX_KONTEN];
////////////////////////////////////////
...
```

Code 8-7 Parallele Definition von Kontoständen und Inhabern

Dies führte zu einem gewissen Verwaltungsaufwand. Die beiden Arrays wurden fast immer gleichzeitig benutzt und man musste immer darauf achten, dass beide Arrays synchron bleiben:

```
    private int kontoSuchen(String kunde){
        for(int i = 0; i < anzahl; i++)
            if(inhaber[i].equals(kunde))
                return i;
        return -1;
    }
    ...
    public void einzahlen(String kunde, float betrag){
        int i = kontoSuchen(kunde);
        ...
        konten[i] = konten[i] + betrag;
    }
```

Code 8-8 Parallele Verwaltung von Kontoständen und Inhabern

```
    public void kontoEroeffnen(String kunde){
        ...
        inhaber[anzahl] = kunde;
        konten[anzahl]  = 5;
        ...
        anzahl++;
    }
```

Code 8-9 Konsistente Verwaltung von Kontoständen und Inhabern

Sinnvoller wäre es, die Werte und die Inhaber immer als eine Einheit zu betrachten – so wie sich das auch in einer Bank wieder findet, wo mit einem Konto neben dem Stand auch immer ein Inhaber assoziiert wird (daneben natürlich auch noch Elemente wie Kontonummer, PIN, usw. – dazu aber später).

Betrachtet man diesen Sachverhalt objektorientiert, so gelangt man zu einer Klasse *Konto*, deren Objekte die privaten Daten *stand* und *inhaber* besitzen. Diese Klasse sieht folgendermaßen aus:

Code 8-10 Die Klasse Konto fasst den Inhaber und den Kontostand zusammen

```
public class Konto {

    private String inhaber;
    private float stand = 0;

}
```

Wie zuvor diskutiert sollten die Daten des Objekts verborgen – also *private* – sein. Um trotzdem (kontrolliert) auf diesen Daten zugreifen zu können, kann das Lesen und Schreiben der Daten mit Hilfe von eigenen Methoden gestattet werden. Da sie relativ häufig benötigt werden, werden sie zur schnelleren Identifikation Getter (zum Lesen) und Setter (zum Schreiben) genannt. Der Name der Getter-Methode wird aus *get* mit dem großgeschriebenen Namen der Variablen, auf die zugegriffen wird, gebildet. Getter haben keine Parameter. Der Ergebnistyp ist immer derselbe Typ wie die Variable, die zurück gegeben wird. Das Lesen einer Instanzvariablen *stand* würde also mit der Instanzmethode *getStand()* durchgeführt werden.

```
public class Konto {
    ...
    private float stand = 0;
    ...
    public float getStand(){
        return stand;
    }
    ...
}
```

Code 8-11 Die Getter-Methode getStand()

Setter-Methoden setzen Werte und werden üblicherweise mit *setVariablenname* benannt; als Parameter wird immer der zu setzende Wert mitgegeben. Ergebnistyp ist immer *void*, da kein Resultat zurückgegeben wird. Das Setzen einer Instanzvariablen *stand* würde also mit der Methode *setStand()* durchgeführt werden:

```
public class Konto {
    ...
    private float stand = 0;
    ...
    public void setStand(float neuerStand){
        stand = neuerStand;
    }
    ...
}
```

Code 8-12 Die Setter-Methode setStand()

Die Getter- und Setter-Methode für die Variable *inhaber* ist analog implementiert. Da Getter- und Setter-Methoden einerseits relativ häufig benötigt werden und andererseits grundsätzlich gleich aufgebaut sind, bieten modernen IDEs normalerweise eine Unterstützung, die diese Programmteile „auf Knopfdruck" automatisch erzeugen.

```
public class Konto {

    private String inhaber;
    ...

    public String getInhaber() {
        return inhaber;
    }

    public void setInhaber(String kunde) {
        inhaber = kunde;
    }
...
}
```

Code 8-13 Die Getter- und Setter-Methoden für inhaber

Getter- und Setter-Methodendienen dazu, auf die Variablen des Objekts zuzugreifen. Die Variablen sollten *private* sein, die Getter und Setter *public*.

Damit ist ein kontrollierter Zugriff auf den Stand des Kontos möglich. Man kann jetzt natürlich einwenden, dass in der vorliegenden Form der Effekt derselbe ist, als wenn man die Variable *stand* direkt *public* gemacht hätte: Lesen und Ändern ist im Augenblick für alle möglich.

Der wesentliche Unterschied besteht darin, dass Variablen mit Hilfe von *public* global zum Lesen und Schreiben geöffnet werden, was – wie in Kapitel 7.6 bereits diskutiert – nicht erwünscht ist. Mit Hilfe der Getter und Setter kann der Zugriff auf die Daten differenziert werden. Möchte man z.B. nur das Lesen erlauben, wird lediglich ein Getter implementiert aber kein Setter. Möchte man Daten nur nach einer Konsistenzprüfung setzen, so kann im Setter eine entsprechende Prüfung implementiert werden.

Die Menge aller Methoden, die öffentlich sind, wird üblicherweise als die Schnittstelle des Objekts bezeichnet. Diese Schnittstelle definiert den erlaubten Zugriff auf die Daten des Objekts.

Wie oben beschrieben kann ein neues Konto-Objekt mit dem Operator *new* und dem Konstruktor erzeugt werden. Die Methoden der erzeugten Objekte werden wieder per Qualifikation ausgeführt. Der folgende Programmausschnitt zeigt die Erzeugung und Verwendung eines Konto-Objekts.

```
public class KontoTest {

    public static void main(String[] args) {

        Konto konto = new Konto();
        konto.setInhaber("Marcus Deininger");
        konto.setStand(100);

        System.out.println(konto.getInhaber() + ": "
                            + konto.getStand() + "€");
    }
}
```

Code 8-14 Erzeugung und Verwendung eines Konto-Objekts

8.4   Erweiterung des Beispiels: Mehrere Konten auf der Bank

Im vorigen Abschnitt wurde ein einzelnes Konto-Objekt erzeugt. Tatsächlich sollen in der Bank mehrere – im Prinzip beliebig viele – solcher Konto-Objekte verwalten werden können. Um dies zu erreichen wird, wie schon zuvor, ein Array eingesetzt, das Konten aufnehmen kann.

In Java ist es grundsätzlich möglich, Arrays mit allen möglichen Objekten zu befüllen – vorausgesetzt, es wurde zuvor vereinbart. Sollen nun Konto-Objekte in ein Array eintragen werden, so muss für *Konto* ein Array definiert werden. In der Klasse *Bank* sieht das folgendermaßen aus:

```
public class Bank {

    public static final int MAX_KONTEN = 100;
    private int anzahl = 0;

    /////////////// Tresor //////////////
    private Konto[] konten = new Konto[MAX_KONTEN];
    ///////////////////////////////////////

    ...
}
```

Code 8-15 Definition eines Konto-Arrays

Die Kontowerte und die Kontoinhaber werden nun nicht mehr getrennt gesucht und bearbeitet, sondern immer über die Konto-Objekte, wie in dem folgenden Code-Stück gezeigt wird. Statt wie bisher mit dem Element *inhaber[i]* zu vergleichen wird nun der Inhaber des Konto-Objekts *konten[i]* mit dem Methodenaufruf *konten[i].getInhaber()* ermittelt.

```
private int kontoSuchen(String kunde){
    for(int i = 0; i < anzahl; i++)
        if(konten[i].getInhaber().equals(kunde))
            return i;
    return -1;
}
```

Code 8-16 Suchen eines Kontos im Konto-Array

Beim Anlegen eines neuen Kontos wird analog verfahren. Es wird ein neues Konto-Objekt erzeugt und mit Hilfe der Setter-Methoden mit Werten belegt; danach wird das Objekt in das Konto-Array eingetragen

```
public void kontoEroeffnen(String kunde){
    ...

    Konto k = new Konto();
    k.setInhaber(kunde);
    k.setStand(PRAEMIE);

    konten[anzahl]    = k;

    System.out.println("\nDas Konto für "
                    + kunde + " wurde angelegt.\n");
    anzahl++;
}
```

Code 8-17 Erzeugen eines neuen Kontos

Auch das Einzahlen und Abheben wird über die Getter- und Setter-Methoden des Kontos abgewickelt.

```
public void einzahlen(String kunde, float betrag){
    ...
    float aktuellerStand = konten[i].getStand();
    float neuerStand = aktuellerStand + betrag;
    konten[i].setStand(neuerStand);
    System.out.println(kunde + " hat " + betrag + "€
eingezahlt");
}
```

```
public float abheben(String kunde, float betrag){
    ...
    float aktuellerStand = konten[i].getStand();
    float entnommen = Math.min(aktuellerStand, betrag);
    float neuerStand = aktuellerStand - entnommen;
    konten[i].setStand(neuerStand);

    System.out.println(kunde + " hat " + entnommen +
                        "€ abgehoben");
    return entnommen;
}
```

Code 8-18 Einzahlen und Abheben mit Hilfe von Gettern und Settern

Auch für die Ausgabe des Bestands und des Monatsabschlusses wird über die Getter und Setter des Kontos zugegriffen:

```
public void abschlussDurchfuehren(){
    for(int i = 0; i < anzahl; i++){
        float zinsen = (konten[i].getStand()
                        * ZINSSATZ / 12 / 100);
        float neuerStand = konten[i].getStand() + zinsen;
        neuerStand = runden(neuerStand, 2);
        konten[i].setStand(neuerStand);
    }
    monat++;
}

public void bestandAusgeben(){
    System.out.println("\nNach dem " + monat +
                        ". Monat befinden sich folgende
                        Beträge auf den Konten:");
    float summe = 0;
    for(int i = 0; i < anzahl; i++){
        System.out.println(konten[i].getInhaber() + ": "
                        + konten[i] + "€");
        summe = summe + konten[i].getStand();
    }
    System.out.println("===========================");
    System.out.println("zusammen " + summe + "€\n");
}
```

Code 8-19 Abschluss und Ausgabe mit Hilfe von Gettern und Settern

Auch hier soll noch einmal angemerkt werden, dass sich an der grundsätzlicher Funktionalität oder den Berechnungsvorschriften nichts geändert wurde – das Programm wurde lediglich reorganisiert.

Mit diesen Erweiterungen scheinen einige Dinge zunächst komplizierter geworden zu sein; wie z.B. das Erhöhen des Kontostandes mit den Anweisungen:

```
float aktuellerStand = konten[i].getStand();
float neuerStand = aktuellerStand + betrag;
konten[i].setStand(neuerStand);
```

Oder die Berechnung der Zinsen mit den Anweisungen:

```
float zinsen = (konten[i].getStand() *
                               zinssatz / 12 / 100);
float neuerStand = konten[i].getStand() + zinsen;
neuerStand = runden(neuerStand, 2);
konten[i].setStand(neuerStand);
```

Dies sind aber noch nicht die endgültigen Fassungen, am Ende des Kapitels werden diese Sachverhalte wieder übersichtlicher formuliert sein.

8.5   Erzeugung von Objekten mit Konstruktoren

Es soll noch einmal die Erzeugung eines neuen *Konto*-Objektes betrachtet werden (siehe Abbildung 8-3):

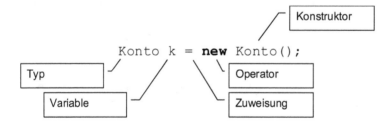

Abbildung 8-3 Erzeugung eines Konto-Objekts

Der Ausdruck *new Konto()* erzeugt ein neues *Konto*-Objekt. Dabei ruft der Operator *new* den Konstruktor *Konto()* auf. Das erzeugte Objekt wird der Variablen *k* zugewiesen. Diese Variable *k* hat als Typ die Klasse *Konto*, also:

- *Konto* ist der Typ
- *k* ist eine Variable

- *Konto k* deklariert also eine Variable namens *k* vom Typ *Konto*.[28]
- *Konto()* ist der Konstruktor, der das neue *Konto*-Objekte initialisiert.

Der Konstruktor hat die Aufgabe, die Erzeugung der Objekte zu steuern. Der Konstruktor hat immer denselben Namen wie die Klasse. In der Klammer können Parameter zur Initialisierung des neuen Objekts mitgegeben werden.

Der einfachste Konstruktor ist der sog. Standardkonstruktor ohne Parameterwerte (also wie im Beispiel oben). Er dient der Erzeugung eines Objekts ohne Initialisierung und wird von Java mit jeder Klasse automatisch definiert – er muss also nicht programmiert werden.

Möchte man spezielle Initialisierungen vornehmen, so kann man eigene Konstruktoren festlegen. Soll z.B. der Kontoinhaber und der Anfangsstand eines Kontos bei der Erzeugung festgelegt werden, kann der folgende Konstruktor gebildet werden:

```java
public class Konto {

    private String inhaber;
    private float stand = 0;

    public Konto(String inhaber, float stand) {
        this.inhaber = inhaber;
        this.stand = stand;
    }
    ...
}
```

Code 8-20 Konstruktor für das Konto

Konstruktoren werden üblicherweise als *public* deklariert (d h. jeder kann neue Objekte erzeugen). Konstruktoren enthalten ausschließlich Anweisungen zur Initialisierung des neuen Objekts. Die eigentliche Erzeugung des Objekts ist im Konstruktor nicht sichtbar: Konstruktoren enthalten auch kein *return* und haben auch keinen Rückgabetyp; das erzeugte Objekt wird am Ende des Konstruktors automatisch zurück gegeben – dies muss nicht explizit gemacht werden.

Das neu erzeugte Objekt kann im Konstruktor unter dem Namen *this* angesprochen werden. Damit lassen sich auch die Elemente dieses Objekts besser „packen". Im oberen Beispiel verweist *this* auf das neu erzeugte Konto-Objekt. Der Ausdruck *this.inhaber* verweist auf die für das Konto deklarierte Instanzvariable, während *inhaber* alleine (der Bezeichner auf der rechten Seite der Zuweisung *this.inhaber = inhaber*) den Parameter des Konstruktors meint.

---

[28] In Java ist es oft üblich, Objektvariablen (kleingeschrieben) wie die Klasse zu nennen; im Beispiel wäre das die Variable *konto* vom Typ *Konto*; die Deklaration würde also *Konto konto* lauten; bei mehreren Variablen wird durchgezählt, also *konto1, konto2,* usw.

> Konstruktoren können mit Parametern zur Initialisierung der Instanzvariablen versehen werden. Die Parameter heißen üblicherweise wie die Variablen, die sie initialisieren. Da die Instanzvariablen durch diese Benennung überdeckt werden, müssen sie mit *this.* angesprochen werden.

Die Konvention, Parameter und Instanzvariable gleich zu nennen und den Bezug über *this* deutlich zu machen, ist eine gängige Schreibweise in Java. In diesem Fall überdeckt der Parameter die Instanzvariable und die Variable muss explizit über *this* qualifiziert werden.

Diese Schreibweise wird normalerweise auch bei den Setter-Methoden verwendet, wo *this* ebenfalls das Objekt selbst meint, für das die Methode gerade ausgeführt wird; also z.B.

```
public void setStand(float stand) {
    this.stand = stand;
}
```

Code 8-21 Setter mit this

Doch zurück zum *Konto*-Konstruktor: Der Vorteil eines solchen Konstruktors besteht darin, dass Objekte bereits vollständig und konsistent erzeugt werden. Die bisherige Form sah so aus:

```
public void kontoEroeffnen(String kunde){
    ...
    Konto k = new Konto();
    k.setInhaber(kunde);
    k.setStand(PRAEMIE);
    konten[anzahl]    = k;
    ...
}
```

Code 8-22 Bisherige Erzeugung und Befüllung eines neuen Kontos

Unmittelbar nach der Kontoerzeugung mit *new Konto()* liegt ein neues *Konto*-Objekt vor. Dabei ist der Wert des Inhabers mit *null* vorbelegt, der Wert des Stands wird implizit auf 0 gesetzt. Mit Hilfe der jeweiligen Setter-Methoden wird der Anfangsstand mit der Eröffnungsprämie belegt und der Name des Inhabers gesetzt.

Eine bessere Form der Erzeugung ist also die folgende Form, die sofort das initialisierte Objekt produziert.

```
public void kontoEroeffnen(String kunde){
    ...
    konten[anzahl]    = new Konto(kunde, PRAEMIE);
    ...
}
```

Code 8-23 Erzeugung eines neuen Kontos mit einem Konstruktor

Da der Setter für den Inhaber nur zur Initialisierung notwendig war, kann dieser Setter jetzt entfernt werden – damit besteht eine Fehlerquelle weniger, da jetzt auch niemand von außen den Inhaber mehr ändern kann.

Die Erzeugung von nicht-initialisierten Objekten wird von Java verhindert. Sobald ein Programmierer einen eigenen Konstruktor definiert hat (so wie zuvor mit dem Konstruktor *Konto(String inhaber, float stand)*) wird der Standardkonstruktor nicht mehr automatisch bereitgestellt. Wenn man ihn trotzdem benötigt, muss man ihn nun selbst explizit programmieren. Dabei muss man lediglich den Konstruktor ohne weitere Initialisierungen deklarieren. Im Falle des Kontos sähe das so aus

```java
public Konto() {
}
```

Code 8-24 Standardkonstruktor für Konto

Es wird als gutes Vorgehen (sog. „Best Practice") betrachtet, diesen Standardkonstruktor, wenn er in einer zunächst konstruktorlosen Klasse genutzt wird, auch zu implementieren. Der explizit programmierte Standardkonstruktor wird üblicherweise zur Initialisierung der Daten genutzt; also z.B.

```java
public Konto() {
    // jedes Konto wird mit 10€ vorbelegt
    this.stand = 10;
}
```

Code 8-25 Standardkonstruktor zur Initialisierung von Konto

Konto() und *Konto(String, float)* sind, wie im vorherigen Kapitel schon erläutert, überladen. Sie haben denselben Namen, unterscheiden sich aber in den Parametern. Da in diesem Beispiel weder uninitialisierte noch mit Standardnamen vorbelegte Konten gewünscht sind, wird er weg gelassen. Die Klasse *Konto* sieht nach dieser Diskussion nun folgendermaßen aus:

```java
public class Konto {

    private String inhaber;
    private float stand = 0;

    public Konto(String inhaber, float stand) {
        this.inhaber = inhaber;
        this.stand = stand;
    }

    public String getInhaber() {
        return inhaber;
    }
```

```
public float getStand() {
    return stand;
}

public void setStand(float stand) {
    this.stand = stand;
}

}
```

Code 8-26 Die überarbeitete Klasse Konto

Für die Klasse Bank hat sich lediglich die Methode *kontoEroeffnen()* geändert:

```
public void kontoEroeffnen(String kunde){
    ...

    konten[anzahl]   = new Konto(kunde, PRAEMIE);
    System.out.println("\nDas Konto für " + kunde
                    + " wurde angelegt.\n");
    anzahl++;
}
```

Code 8-27 Konto mit Hilfe eines Konstruktors eröffnen

Auch für die *Bank*-Objekte soll eine Initialisierung mit eigenem Konstruktor eingeführt werden. Für die Banken soll ein eigener Namen, ein individueller Zinssatz und eine individuelle Eröffnungsprämie festgelegt werden können. Der Name der Bank soll bei den Ausgaben am Bildschirm verwendet werden, der Zinssatz spielte bei der Ermittlung des Monatsabschlusses eine Rolle. Mit dem entsprechenden Konstruktor sieht die Bank nun so aus:

```
public class Bank {
    ...
    private String institut;
    private float zinssatz;
    private float praemie;

    public Bank(String institut, float zinssatz, float
praemie) {
        this.institut = institut;
        this.zinssatz = zinssatz;
        this.praemie = praemie;
    }
    ...
    public void kontoEroeffnen(String kunde){
        ...

        konten[anzahl]   = new Konto(kunde, praemie);
```

```
        System.out.println("\nDas Konto für " + kunde
                            + " wurde auf der "
                            + institut + " angelegt.\n");
        anzahl++;
    }
    ...
}
```

Code 8-28 Ein Konstruktor für die Bank

Mit Hilfe des *Bank*-Konstruktors werden nun beim Erzeugen einer neuen Bank der Name, der Zinssatz und die Höhe der Eröffnungsprämie angegeben. Dieser Konstruktor wird im Testprogramm Code 8-29 verwendet. Die Methode *kontoEroeffnen()*, die für einen Kunden ein neues Konto anlegt, verwendet dafür den Konstruktor des Kontos und erzeugt ein neues Konto mit dem Namen des Kunden und der zuvor festgelegten Eröffnungsprämie. Zur Ausgabe am Bildschirm wird der Name des Instituts verwendet. Das Testprogramm für den Kundenverkehr wird entsprechend angepasst:

```
public class Kundeninteraktion {

    public static void main(String[] args){
        // Bankobjekte erzeugen
        Bank ersteBank = new Bank("Stadtbank", 3.0f, 5.0f);
        Bank zweiteBank = new Bank("Kreisbank", 5.5f, 8.0f);

        // Kundenverkehr in der Schalterhalle
        ersteBank.kontoEroeffnen("Thomas Kessel");
        ersteBank.einzahlen("Thomas Kessel", 100);
        ...
    }

}
```

Code 8-29 Das Testprogramm für die Bank

Das Testprogramm liefert die folgende Ausgabe:

```
Das Konto für Thomas Kessel wurde auf der Stadtbank angelegt.

Thomas Kessel hat 100.0€ auf der Stadtbank eingezahlt

...
```

Code 8-30 Die Ausgabe des Testprogramms

8.6   Erweiterung des Beispiels: Automatische Erzeugung von Kontonummern

Die bisherigen Konten hatten noch keine echten Kontonummern haben; diese sollen jetzt umgesetzt werden.

Grundsätzlich sollten Kontonummern eindeutig sein; sie sollten bei der Erzeugung des Kontos vergeben werden, dann gelesen aber nicht mehr geändert werden können. Zur Vergabe eindeutiger Nummern wird in Java üblicherweise der folgende Mechanismus angewandt:

- Die Objekte erhalten eine private Instanzvariable, die die Nummer enthalten soll; in diesem Fall *kontonr*.
- Die Klasse erhält eine private Klassenvariable *kontonummern*, die auf einen (meist willkürlichen) Anfangswert gesetzt wird. Beim *Konto* ist das die Zahl 1000000, um siebenstellige Kontonummern zu erhalten.
- Der Wert der Klassenvariablen wird bei der Erzeugung im Konstruktor der Instanzvariablen zugewiesen und danach (normalerweise) um eins erhöht.
- Für die Instanzvariable wird normalerweise ein Getter (aber kein Setter) definiert.

Im Fall des *Kontos* sieht dieser Mechanismus so aus:

```java
public class Konto {

    private static int kontonummern = 1000000;
    ...
    private float zinssatz;

    public Konto(String inhaber, float stand) {
        ...
        this.kontonr = kontonummern;
        kontonummern++;
        System.out.println("Das Konto mit der Nummer "
                + this.kontonr + " wurde angelegt.");
    }

    public int getKontonr() {
        return kontonr;
    }
...
}
```

Code 8-31 Konto mit Kontonummern

Die Kontonummern spielen bisher noch keine Rolle, werden aber im Kapitel über die Vererbung genutzt werden.

8.7 Konsequente Objektorientierung: Referenztypen

Wie in den ersten Kapiteln beschrieben, wird zwischen sog. Referenztypen und primitiven Typen unterscheiden. Die primitiven Typen sind von Java vordefiniert und es können auch keine neuen definiert werden. Die selbstdefinierten Klassen wie *Bank* oder *Konto* gehören zur Gruppe der Referenztypen.

Der Name Referenztyp kommt daher, dass Java bei Objekten von diesem Typ immer mit Referenzen dieser Objekte umgeht und nie mit den Objekten direkt. Eine Variable von diesem Objekt enthält also nicht das Objekt selbst, sondern nur einen Verweis auf das Objekt. Für den Methodenaufruf ist dies unerheblich, es ist aber für die Zuweisung und Parameterbelegung wichtig zu wissen.

Die Anweisungen

```
Konto konto1 = new Konto("Marcus Deininger", 0);
konto1.setStand(100);

Konto konto2 = new Konto("Thomas Kessel", 0);
konto2.setStand(75);
```
legen zwei unterschiedliche Konto-Objekte an, die über die beiden Variablen *konto1* und *konto2* angesprochen werden können. Dabei sind in beiden Variablen jeweils die Referenzen auf die beiden Objekte abgelegt. Grafisch lässt sich das folgendermaßen darstellen (siehe Abbildung 8-4):

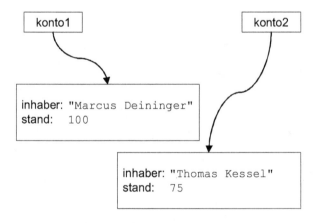

Abbildung 8-4 Zwei Variablen referenzieren zwei Objekte

Die Anweisungen

```
Konto konto1 = new Konto("Marcus Deininger", 0);
konto1.setStand(100);

Konto konto2 = konto1;
konto2.setStand(75);
```

legen nur ein einziges Konto-Objekt an – es gibt auch nur ein einziges *new*. Nach der Zuweisung *konto2 = konto1* enthält sowohl die Variable *konto1* als auch die Variable *konto2* die gleiche Referenz auf dasselbe Objekt. Das Objekt kann sowohl über die Variable *konto1* als auch über die Variable *konto2* angesprochen und manipuliert werden. Grafisch lässt sich das folgendermaßen darstellen (siehe Abbildung 8-5):

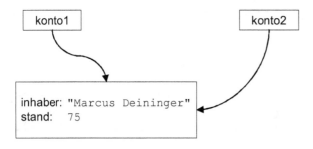

Abbildung 8-5 Zwei Variablen referenzieren ein Objekt

Dasselbe passiert bei der Übergabe von Referenztypen als Parameter an eine Methode oder beim *return* aus einer Methode: es werden Referenzen auf Objekte weitergegeben und damit werden die Original-Objekte bearbeitet – es werden keine Kopien erstellt. Anders bei primitiven Typen: die Werte primitiver Typen werden immer kopiert.

> Referenztypen werden nicht direkt, sondern durch eine Referenz in den Variablen gespeichert. Dies hat zur Konsequent, dass eine Zuweisung von einer Variablen zu einer anderen oder einer Parameterübergabe immer auf dasselbe Objekt verwiesen wird.

Hintergrund dieses Verhaltens ist, dass der Speicherplatzbedarf für primitive Typen bereits bekannt und verhältnismäßig klein ist. Der notwendige Platz für Referenztypen ist nicht im Voraus bekannt, deshalb werden statt der Werte selbst die Referenzen auf diese Werte gespeichert. Diese Referenzen brauchen wenig und im Voraus bekannten Platz, so dass Java damit optimal umgehen kann.[29]

Verweist eine Variable auf kein Objekt, so ist statt einer Objektreferenz der Wert *null* eingetragen (Achtung: *null* ist nicht 0). *null* ist auch der Wert den eine Variable eines Referenztyps direkt bei der Deklaration enthält. Der Versuch, die eine Methode einer Variablen, die (fälschlicherweise) *null* als Wert enthält, auszuführen, wird von Java mit einer *NullPointerException* als Fehler quittiert. (Solche Ausnahmen werden im Kapitel über Exceptions behandelt.) Das folgende Beispiel zeigt einen solchen, typischen Fall:

```
Konto k = null; // es wurde kein Objekt erzeugt
                // k hat den Wert null
konto1.setStand(100);
...
Exception in thread "main" java.lang.NullPointerException
```

Code 8-32 Fehler beim Zugriff auf eine null-Referenz

Der Wert *null* ist ein besonderer Wert. Er zeigt an, dass kein Objekt vorliegt und ist der Standardwert jeder Variablen. Er ist zu allen Referenztypen kompatibel

---

Dieses Wissen soll nun zur Vereinfachung der Bank-Applikation dienen. Bisher wurde bei jeder Aktion der Index des zugehörigen Kontos gesucht (oder -1, falls kein Konto gefunden wurde). Mit diesem Index wurde dann im nächsten Schritt, das Konto aus dem Array ausgewählt und bearbeitet.

```
private int kontoSuchen(String kunde){
    for(int i = 0; i < anzahl; i++)
        if(konten[i].getInhaber().equals(kunde))
            return i;
    return -1;
}
```

Code 8-33 Suche nach dem richtigen Kontoindex

Statt des Index soll nun das gefundene Konto selbst zurück gegeben werden (oder *null*, falls es kein passendes Konto gibt). Die modifizierte Suchfunktion sieht nun so aus:

```
private Konto kontoSuchen(String kunde){
    for(int i = 0; i < anzahl; i++)
```

---

[29] Es gibt in Java keine Möglichkeit auf diese Referenz direkt zuzugreifen oder diese sogar zu manipulieren. Anders als z.B. in C oder C++, wo diese Möglichkeit (oder das Unwissen darüber) einen Großteil der dortigen Programmierfehler ausmachen.

```
        if(konten[i].getInhaber().equals(kunde))
            return konten[i];
    return null;
}
```

Code 8-34 Suche nach dem richtigen Konto

Dabei ist insbesondere zu beachten, dass der Rückgabetyp nun *Konto* und nicht mehr *int* ist. In den darauf aufbauenden Methoden muss nun nicht mehr der Index verwendet werden und das passende Konto gesucht werden. Stattdessen erhält man eine Referenz auf das gefundene Konto selbst. Damit kann das gefundene Konto direkt genutzt werden. Beim Einzahlen können also die Methoden *getStand()* und *setStand()* auf die Variable *konto* angewandt werden.

```
public void einzahlen(String kunde, float betrag){
    Konto konto = kontoSuchen(kunde);
    if(konto == null){
        System.out.println("\n" + kunde
                            + " hat kein Konto auf der "
                            + institut + ".\n");
        return;
    }
    float aktuellerStand = konto.getStand();
    float neuerStand = aktuellerStand + betrag;
    konto.setStand(neuerStand);
    System.out.println(kunde + " hat " + betrag
                        + "€ auf der " + institut
                        + " eingezahlt");
}
```

Code 8-35 Verwendung des gefunden Kontos

8.8   Konsequente Objektorientierung: Delegation

Die Idee der Objektorientierung bedeutet, dass Objekte möglichst autark sein sollen und sowenig wie möglich von ihrem Inneren preisgeben sollen. Das heißt auch, dass ein allzu freizügiger Umgang mit Getter- und Setter-Methoden vermieden werden sollte.

Überträgt man das bisherige Programmverhalten auf die Realität, so würde das bedeuten, dass beim Einzahlen zunächst das ganze Geld des Kontos vom Bankbeamten geholt wird. Dann wird der eingezahlte Betrag hinzugefügt und die Gesamtsumme schließlich wieder im Tresor verschlossen. Sicherer und effizienter ist es, einfach nur den einzuzahlenden Betrag dem Konto gut zu schreiben. Ähnlich verhält es sich mit dem Abheben, Verzinsen und Ausgeben des Kontostands.

Als Konsequenz folgt, dass die Berechnungen, die bisher in der Bank stattgefunden haben, aus der Bank in die Konten verlagert werden. Statt einfacher Setter- oder Getter-Methoden benötigt das *Konto* nun komplexere Methoden, die umfangreichere Berechnungsschritte vornehmen. Im Einzelnen ist das

- eine Methode *gutschreiben()*, die es erlaubt einen Betrag einem Konto gutzuschreiben.
- eine Methode *entnehmen()*, die es erlaubt einen Betrag von einem Konto zu entnehmen.
- eine Methode *verzinsen()*, die das Konto verzinst.
- eine Methode *toString()*, die den aktuellen Kontostand darstellt. Der Name *toString()* ist die in Java gebräuchliche Benennung einer solchen Darstellungsmethode.

Um ein Konto selbstständig verzinsen zu können, wird für die Konten der Zinssatz ebenfalls in einer eigenen Instanzvariable zur Verfügung gestellt. Dies bedeutet

- es wird eine Variable *zinssatz* vom Typ *float* angelegt
- die Variable wird mit Hilfe des *Konto*-Konstruktors initialisiert

Grundsätzlich ist zu überlegen, ob das Konto vor unberechtigter Verwendung dieser Methoden geschützt werden soll oder nicht. Als zusätzliche Sicherheitsmaßnahme kann z.B. der Name des Einzahlers oder Abhebers mitgegeben werden und die Aktion nur dann durchgeführt werden, wenn es sich um den Inhaber handelt. Hier wird auf diese Maßnahme verzichtet, da die Konten nur von der Bank benutzt werden, wo der Besitzer des Kontos bereits überprüft wurde – eine zweite Prüfung wäre also unnötig.[30]

Die Methoden sehen nach diesen Überlegungen folgendermaßen aus:

```
public class Konto {
    ...
    private float zinssatz;
    ...
    public Konto(String inhaber, float stand, float zinssatz){
        this.inhaber = inhaber;
        this.stand = stand;
        this.zinssatz = zinssatz;
        ...
    }
    ...
    public void gutschreiben(float betrag){
        stand = stand + betrag;
    }
```

---

[30] Die Sichtbarkeit der Methoden wird außerdem später weiter eingeschränkt, so dass auch hierüber die Klasse Konto geschützt sein wird.

```
public float entnehmen(float betrag){
    float entnommen = Math.min(stand, betrag);
    stand = stand - entnommen;
    return entnommen;
}

public void verzinsen(){
    float zinsen = (stand * zinssatz / 12 / 100);
    stand = runden(stand + zinsen, 2);
}

public String toString(){
    return inhaber + ": " + stand + "€";
}
private float runden(…){…}
…
}
```

Code 8-36 Verlagerung der Bankfunktionen in das Konto

Die Hilfsmethode *runden()* wird für die Verzinsung benötigt und deshalb in die Klasse *Konto* verschoben. Die Ausgabe für die Bestandsdarstellung beschränkt sich auf eine einfache textuelle Darstellung des Kontos mit der Methode *toString()*, die an anderer Stelle verwendet werden kann. Die Methode *toString()* hat in Java eine besondere Eigenschaft: sie wird in Zusammenhang mit Textfunktionen (wie z.B. *println*) automatisch ergänzt. Zur Ausgabe eines erzeugten Kontos

```
    Konto konto = new Konto("Marcus Deininger", 100, 3.5f);
```
sind die Ausdrücke

```
    System.out.println(konto.toString());
```
und

```
    System.out.println(konto);
```
gleichwertig und liefern jedes Mal:

```
    Marcus Deininger: 100.0€
```

Nach diesen Anpassungen sind keine Setter-Methoden für den *stand* und den *inhaber* mehr nötig; der Zugriff auf die Daten ist nun (relativ) sicher. Ein neues Konto wird nun mit dem erweiterten Konstruktor erzeugt, der nun auch den Zinssatz der Bank mit gibt:

```
public void kontoEroeffnen(String kunde){
    if(kontoSuchen(kunde) != null){
        System.out.println("\n" + kunde
```

```
                          + " hat schon ein Konto auf der "
                          + institut + ".\n");
                 return;
          }

          if(anzahl >= MAX_KONTEN){
                 System.out.println("\nKeine Konten mehr frei.\n");
                 return;
          }

          konten[anzahl] = new Konto(kunde, 5, zinssatz);

          System.out.println("\nDas Konto für " + kunde
                          + " auf der " + institut
                          + " wurde angelegt.\n");
          anzahl++;
   }
```

Code 8-37 Anlegen eines neuen Kontos mit dem Namen des Inhabers und dem aktuell gültigen Zinssatz der Bank

Die Methode *einzahlen()* ruft die Methode *gutschreiben()* des Kontos mit dem Betrag auf, der gutgeschrieben werden soll. Dabei ist zu beachten, dass der Betrag immer positiv sein muss; eine entsprechende Prüfung wird vom Programm nicht vorgenommen. Die Änderungen an den Methoden werden im Folgenden grau unterlegt.

```
   public void einzahlen(String kunde, float betrag){
          Konto konto = kontoSuchen(kunde);
          if(konto == null){
                 System.out.println("\n" + kunde
                          + " hat kein Konto auf der "
                          + institut + ".\n");
                 return;
          }
          konto.gutschreiben(betrag);
          System.out.println(kunde + " hat " + betrag
                          + "€ auf der " + institut + "
eingezahlt");
   }
```

Code 8-38 Einzahlen auf ein Konto

Die Methode *abheben()* ruft die Methode *entnehmen()* des Kontos mit dem Betrag auf, der entnommen werden soll. Auch hier muss der übergebene Betrag immer positiv sein.

```
   public float abheben(String kunde, float betrag){
          Konto konto = kontoSuchen(kunde);
```

```
        if(konto == null){
            System.out.println("\n" + kunde
                    + " hat kein Konto auf der "
                    + institut + ".\n");
            return 0;
        }

        float entnommen = konto.entnehmen(betrag);
        System.out.println(kunde + " hat " + entnommen
                + "€ von der " + institut + " abgehoben");
        return entnommen;
        }
```

Code 8-39 Abheben von einem Konto

Die Methode *abschlussDurchfuehren()* ruft die Methode *verzinsen()* des Kontos auf.

```
    public void abschlussDurchfuehren(){
        for(int i = 0; i < anzahl; i++)
            konten[i].verzinsen();
        monat++;
    }
```

Code 8-40 Durchführung des Monatsabschlusses

Die Methode *bestandAusgeben()* ruft implizit die Methode *toString()* des Kontos auf.

```
    public void bestandAusgeben(){
        System.out.println("\nNach dem " + monat +
                            ". Monat befinden sich folgende
                             Beträge auf den Konten der "
                            + institut + ":");
        float summe = 0;
        for(int i = 0; i < anzahl; i++){
            System.out.println(konten[i]);
            summe = summe + konten[i].getStand();
        }
        System.out.println("===========================");
        System.out.println("zusammen " + summe + "€\n");
    }
```

Code 8-41 Ausgabe des Bankbestands

> Objekte sollten möglichst eigenständig aufgebaut sein und alle Arbeiten, die sie selbst verrichten können, auch durchführen.

Funktional hat sich nach wie vor nichts geändert. Das Resultat des Aufrufs in der Klasse *Kundeninteraktion* ist unverändert (siehe Code 8-42) und liefert immer noch die gleiche Ausgabe (siehe Code 8-43). Alle Berechnungsfunktionen für Konten (*gutschreiben()*, *entnehmen()*, *verzinsen()*) wurden in die Klasse *Konto* verlagert. Die Klasse *Bank* hat nur noch verwaltende Tätigkeiten: sie sucht passende Konten und stößt die Berechnungsfunktionen für die gefundenen Konten an, die Klasse *Bank* rechnet nur noch, um die Gesamtsumme über alle Konten zu ermitteln.

```
public class Kundeninteraktion {

    public static void main(String[] args){
        // Kundenverkehr in der Schalterhalle

        Bank ersteBank = new Bank("Stadtbank", 3.0f);
        Bank zweiteBank = new Bank("Kreisbank", 5.5f);

        ersteBank.kontoEroeffnen("Thomas Kessel");
        ersteBank.einzahlen("Thomas Kessel", 100);

        zweiteBank.kontoEroeffnen("Thomas Kessel");

        float betrag = ersteBank.abheben("Thomas Kessel", 70);
        zweiteBank.einzahlen("Thomas Kessel", betrag);

        ersteBank.kontoEroeffnen("Marcus Deininger");
        ersteBank.einzahlen("Marcus Deininger", 120);
        ersteBank.abheben("Marcus Deininger", 150);
        ersteBank.einzahlen("Marcus Deininger", 20);

        zweiteBank.kontoEroeffnen("Georg Faust");
        zweiteBank.einzahlen("Georg Faust", 80);
        zweiteBank.einzahlen("Georg Faust", 60);
        zweiteBank.abheben("Georg Faust", 50);

        ersteBank.bestandAusgeben();
        zweiteBank.bestandAusgeben();
    }
```

Code 8-42 Verwendung der Bank

Das Konto mit der Nummer 1000000 wurde angelegt.

Das Konto für Thomas Kessel auf der Stadtbank wurde angelegt.

Thomas Kessel hat 100.0€ auf der Stadtbank eingezahlt
Das Konto mit der Nummer 1000001 wurde angelegt.

Das Konto für Thomas Kessel auf der Kreisbank wurde angelegt.

Thomas Kessel hat 70.0€ von der Stadtbank abgehoben
Thomas Kessel hat 70.0€ auf der Kreisbank eingezahlt
Das Konto mit der Nummer 1000002 wurde angelegt.

Das Konto für Marcus Deininger auf der Stadtbank wurde
angelegt.

Marcus Deininger hat 120.0€ auf der Stadtbank eingezahlt
Marcus Deininger hat 125.0€ von der Stadtbank abgehoben
Marcus Deininger hat 20.0€ auf der Stadtbank eingezahlt
Das Konto mit der Nummer 1000003 wurde angelegt.

Das Konto für Georg Faust auf der Kreisbank wurde angelegt.

Georg Faust hat 80.0€ auf der Kreisbank eingezahlt
Georg Faust hat 60.0€ auf der Kreisbank eingezahlt
Georg Faust hat 50.0€ von der Kreisbank abgehoben

Nach dem 0. Monat[31] befinden sich folgende Beträge auf den
Konten der Stadtbank:
Thomas Kessel: 35.0€
Marcus Deininger: 20.0€
=========================
zusammen 55.0€

Nach dem 0. Monat befinden sich folgende Beträge auf den
Konten der Kreisbank:
Thomas Kessel: 78.0€
Georg Faust: 98.0€
=========================
zusammen 176.0€

Code 8-43 Ausgabe am Bildschirm

---

[31]   Im Monat 0 hat noch keine Verzinsung stattgefunden.

8.9   Grafische Darstellung der Klassen mit UML

Wie in den vorigen Abschnitten zu sehen war, bekommt die Struktur der Programme (Welches Objekt wird wo benützt? Welche Methoden sind wo definiert? Und später: Wer erbt von wem?) eine immer wichtigere Bedeutung in der Entwicklung und im Verständnis von Programmen. UML (Unified Modelling Language) ist eine Beschreibungssprache mit der die Struktur von Java-Programmen auf einfache Weise grafisch dargestellt werden kann. UML wurde 1995 vorgestellt und seitdem immer weiter entwickelt. Es umfasst eine Vielzahl von Beschreibungsmöglichkeiten, von denen hier nur eine genauer betrachtet wird: nämlich das Klassendiagramm.[32]

Klassendiagramme beschreiben die Beziehungen, die Objekte dieser Klasse haben können und welche Zustände die Objekte dieser Klasse einnehmen können. Konkrete Objekte tauchen nicht auf – es werden nur „Möglichkeiten" beschrieben, nie konkrete Situationen

Das Klassendiagramm für eine Klasse beschreibt das allgemeine Aussehen der aus ihr erzeugten Objekte mit ihren Variablen, Methoden und Beziehungen zu anderen Klassen.

Im einfachsten Fall wird eine Klasse durch ein Viereck dargestellt, das oben den Namen der Klasse, in der Mitte die Instanzvariablen und unten die Instanzmethoden enthält. Diese Darstellung kann verkürzt ohne Nennung des Ergebnistyps und der Parameterliste wie folgt aussehen (siehe Abbildung 8-6):

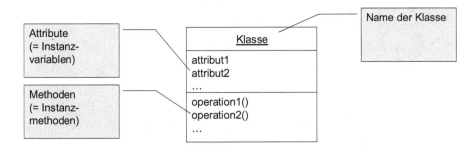

Abbildung 8-6 Verkürzte UML-Darstellung einer Klasse

Sie kann ausführlich mit Typen und Sichtbarkeit (+ *public*, - *private*, # *protected* s.u., ~ *friendly* s.u.) gemacht werden (siehe Abbildung 8-7):

---

[32] Eine gute Übersicht bietet das Buch „Objektorientierte Softwareentwicklung. Analyse und Design mit UML 2.1" von Bernd Oestereich, erschienen bei Oldenbourg, 2006.

Klasse
-attribut1 : Typ1 = Anfangswert 1 -attribut2 : Typ2 = Anfangswert 2 -attribut3 : Typ3
+Klasse() +operation1() +operation2(parameter : Typ1) +operation3(parameter1 : Typ1,   parameter2 : Typ2) -operation4() : Ergebnistyp

Abbildung 8-7 Ausführliche UML-Darstellung einer Klasse

Wenn ein Objekt einer Klasse Objekte einer anderen Klasse enthält, so wird das durch einen Pfeil vom Behälter zum enthaltenen Objekt dargestellt. Durch eine Zahl am Ende des Pfeils wird angegeben, wie viele Objekte enthalten sind; fehlt die Zahl, ist es ein Objekt. Sind es beliebig viele Objekte, so schreibt man * (siehe Abbildung 8-8).

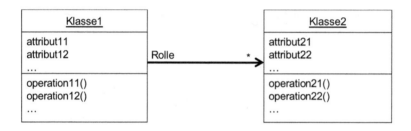

Abbildung 8-8 Beziehung zwischen zwei Klassen

Die Abbildung 8-8bedeutet also, dass ein Objekt der *Klasse1* beliebig viele Objekte der *Klasse2* enthalten kann; der (optionale) Name der Beziehung ist *Rolle*. Die folgende Abbildung 8-9 zeigt das UML-Diagramm für die ursprüngliche Beziehung zwischen *Bank* und *Konten*:

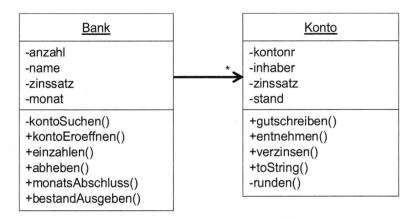

Abbildung 8-9 Beziehung zwischen Bank und Konto

Die Abbildung 8-9 besagt, dass ein Bank-Objekt beliebig viele Konto-Objekte besitzen kann.[33] Die Variable *konten* (vom Typ *Konto[100]*), die diesen Sachverhalt im Programm repräsentiert, wird weggelassen, da der Pfeil bereits alle notwendigen Informationen enthält:

- Die Variable wird in der Klasse eingetragen, wo der Pfeil beginnt (*Bank*).
- Der Typ der Variablen ist die Klasse, wo der Pfeil endet (*Konto*).
- Da es viele Elemente sind (*) ist es nicht einfach eine Variable, sondern ein Array (*Konto[100]*).
- Der Name der Rolle ist gleichzeitig der Variablenname, fehlt der Rollenname ist der Name der Variablen standardmäßig der kleingeschriebene Name ihres Typs; falls die Variable mehrere Elemente enthält wird der Plural verwendet (*konten*).

Die Getter- und Setter-Methoden sowie die Konstruktoren werden oft weggelassen, da sie für das Verständnis der Struktur meist nicht notwendig sind.

> UML-Klassendiagramm dienen zur übersichtlichen, grafischen Darstellung von Programmsystemen. Sie sind ein zentraler Bestandteil der Software-Entwicklung.

---

[33] Eigentlich lässt das Programm nur 100 zu, gemeint sind aber an dieser Stelle beliebig viele. Wirklich „beliebig viele" werden später mit der z.B. mit der *ArrayList* möglich sein (im Kapitel über Collections).

8.10   Klassen in Paketen organisieren

Die konsequente Anwendung der Objektorientierung führt dazu, dass in einem Programm eine Vielzahl von Klassen entsteht. Für eine ernsthafte kommerzielle Anwendung sind dies meist mehrere hundert Klassen, oft sogar einige tausend. Diese Klassen sollen nicht alle gleichzeitig und überall sichtbar sein; dies kann mehrere Gründe haben:

- Am offensichtlichsten ist natürlich, dass das System unübersichtlich wird – die typische Kapazität eines Menschen liegt bei 5 bis 10 Elementen, die er auf einmal überblicken kann.
- Ähnlich wie bei *public*- und *private*-Methoden, möchte man nicht alle Klassen beliebig zur Verfügung stellen, da sie evtl. interne Verarbeitungen oder Hilfsoperationen kapseln.
- Es kommt durchaus vor, dass es Klassen mit dem selben Namen (aber anderen Inhalten) gibt – dies führt zunächst zu Namenskonflikten; man möchte deshalb „Namensräume" bilden, die von einander abgetrennt sind.

Ähnlich wie auf einem Computer, wo auch nicht alle Dokumente und Programme auf der obersten Ebene des Dateisystems abgelegt werden, sondern in Verzeichnisse und Unterverzeichnisse, können in Java Klassen ebenfalls in sogenannte Pakete gelegt werden. Dabei entspricht jedes Java-Paket einem Unterverzeichnis gleichen Namens im Dateisystem – eine moderne Entwicklungsumgebung organisiert dieses Zusammenspiel automatisch.

Sollen nun die Klassen *Bank*, *Konto* und das aufrufende Programm *Kundeninterkation* in verschiedene Pakete abgelegt werden, so sind zunächst Verzeichnisse notwendig, in die die Klassen gelegt werden können. In diesem Fall sollen das die beiden Verzeichnisse *bankenviertel* und *kunden* sein. Paketnamen (und damit die Verzeichnisnamen) dürfen in Java keine Leer- oder Sonderzeichen enthalten und werden gemäß Konvention immer mit einem Kleinbuchstaben begonnen (siehe Abbildung 8-10).

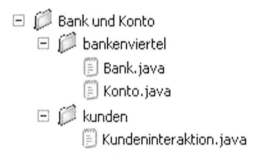

Abbildung 8-10 Verzeichnisstruktur mit Paketen und Klassen

Den Klassen wird ihr jeweiliges Paket am Anfang des Programmcodes als erstes mitgeteilt. Dies wird durch das Schlüsselwort *package* eingeleitet, gefolgt vom Namen des Pakets, also

```
package bankenviertel;

public class Bank {
    ...
}

package kunden;

public class Kundeninteraktion {
    ...
}
```

Code 8-44 Paketdeklarationen

Falls kein Paket festgelegt wird (also wie in allen vorigen Beispielen), befinden sich die Klassen im sog. *Standardpaket* oder *default*-package. Der Name des Verzeichnisses, in dem sich die Klassen in diesem Fall befinden ist egal – es müssen lediglich alle Klassen im selben Verzeichnis liegen. Standardpakete sind für kleinere Programme (bis zu zehn Klassen) gedacht, für die es sich nicht lohnt, eigene Pakete anzulegen.

Möchte man eine Klasse aus einem anderen Paket nutzen „importiert" man sie zu Beginn der Klasse. Der Import ist üblicherweise der zweite Eintrag (nach der *package*-Deklaration) in einem Java-Programm. Ein Import wird durch das Schlüsselwort *import* eingeleitet, gefolgt durch *paketname.Klassenname*. Grundsätzlich ist es möglich durch das Zeichen * (eine sog. Wildcard) alle Klassen eines Pakets zu importieren. Dies geschieht dann in der Form *import paketname.**. Aus Gründen der Nachvollziehbarkeit wird allerdings empfohlen, jede benötigte Klasse explizit zu importieren. Moderne Entwicklungsumgebungen unterstützen den Entwickler dabei üblicherweise. Klassen importieren nur aus anderen Paketen, die Klassen des eigenen Pakets sind unmittelbar sichtbar.

> Klassen werden zur besseren Verwaltung und zur Definition von Namensräumen in Paketen organisiert. Um eine Klasse aus einem anderen Paket zu nutzen muss sie importiert werden.

Im Beispiel wird nun in der Klasse *Kundeninteraktion* die Klasse *Bank* genutzt; der entsprechende Kopf der Klasse mit Paketdeklaration und Import sieht deshalb folgendermaßen aus:

```
package kunden;

import bankenviertel.Bank;

public class Kundeninteraktion {
    ...
}
```

Code 8-45 Qualifizierter Import

```
package kunden;

import bankenviertel.*;

public class Kundeninteraktion {
    ...
}
```

Code 8-46 Import mit Wildcard

Nach diesem Import stehen der Klasse *Kundeninteraktion* – wie zuvor auch – alle *public*-Elemente der *Bank* zur Verfügung, und können direkt verwendet werden; also:

```
package kunden;
import bankenviertel.Bank;

public class Kundeninteraktion {

    public static void main(String[] args){
        Bank ersteBank = new Bank("Stadtbank", 3.0f);
        Bank zweiteBank = new Bank("Kreisbank", 5.5f);

        // Kundenverkehr in der Schalterhalle
        ersteBank.kontoEroeffnen("Thomas Kessel");
        ersteBank.einzahlen("Thomas Kessel", 100);
...
```

Code 8-47 Qualifizierter Import

Alternativ kann man auch auf den Import verzichten und die Klassen per Qualifikation ansprechen; also:

```
package kunden;

public class Kundeninteraktion {

    public static void main(String[] args){
        Bank ersteBank =
                new bankenviertel.Bank("Stadtbank", 3.0f);
        Bank zweiteBank =
                new bankenviertel.Bank("Kreisbank", 5.5f);

        // Kundenverkehr in der Schalterhalle
        ersteBank.kontoEroeffnen("Thomas Kessel");
        ersteBank.einzahlen("Thomas Kessel", 100);
...
```

Code 8-48 Direkte, qualifizierte Verwendung

Mit Hilfe von Paketen kann nun die Sichtbarkeit der Methoden und Variablen weiter kontrolliert werden. Bisher wurden *private*- und den *public*-Modifier verwendet. Die *private*-Elemente waren nur innerhalb einer Klasse sichtbar, *public*-Elemente sind überall und auch über Pakete hinaus (nach dem entsprechenden Import der Klassen) nutzbar.

Zusätzlich wird jetzt der sog. *default* (auch *none* oder *package* oder *friendly*)-Modifier eingeführt[34]. Dies sind Methoden und Variablen die keinen expliziten Modifier zur Sichtbarkeit besitzen. Elemente ohne Modifier können nur innerhalb desselben Pakets aufgerufen oder verwendet werden. Möchte man beispielsweise dafür sorgen, dass die Klasse *Konto* nur im Paket *bankenviertel* verwendet werden darf, wird statt des *public*-Modifiers überall der *default*-Modifier eingesetzt, also:

```
package bankenviertel;

public class Konto {
    ...
    float getStand() {
        return stand;
    }
    void gutschreiben(float betrag){...
```

Code 8-49 friendly-Methoden des Kontos

Das zugehörige UML-Diagramm mit *friendly*-Methoden (an dem ~ zu erkennen) für die Klasse *Konto* sieht folgendermaßen aus: (siehe Abbildung 8-11)

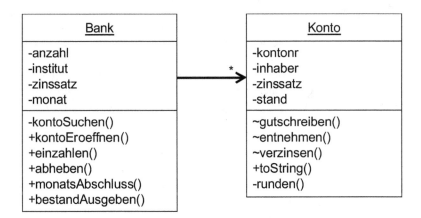

Abbildung 8-11 Beziehung zwischen Bank und Konto

---

[34] Diese Sprechweise ist etwas eigenwillig, da der default-Modifier darin besteht, dass der Modifier weggelassen wird. Im Folgenden wird hier deshalb meist von friendly-Methoden oder –Variablen gesprochen.

Die Methode *toString()* muss weiterhin *public* bleiben, da sie – wie zuvor beschrieben – eine besondere Funktion hat.

Die Paketstruktur spiegelt die Verzeichnisstruktur der Java-Klassen wider und umgekehrt. D.h. wie Dateisysteme auch, können Pakete hierarchisch gegliedert werden. Ein Paket kann Unterpakete besitzen, die selbst wieder in Unterpakete aufgeteilt sind, usw. Die Klassen müssen dazu auch in einer entsprechend verschachtelten Verzeichnisstruktur liegen. Bei der Deklaration und beim Import muss dann die vollständige Pakethierarchie (jeweils getrennt durch einen Punkt) angegeben werden.

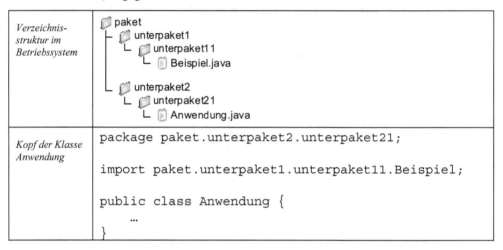

Verzeichnis-struktur im Betriebssystem	paket
	├ unterpaket1
	  └ unterpaket11
	    └ Beispiel.java
	
	└ unterpaket2
	  └ unterpaket21
	    └ Anwendung.java

Kopf der Klasse Anwendung	`package paket.unterpaket2.unterpaket21;`
	
	`import paket.unterpaket1.unterpaket11.Beispiel;`
	
	`public class Anwendung {`
	`    ...`
	`}`

Tabelle 8-2 Beziehung zwischen Dateisystem und Paketen

Pakete erlauben außerdem Namenskonflikte bei Klassen mit demselben Namen zu vermeiden: die Klassen werden zunächst in unterschiedliche Pakete gelegt. Sollen nun zwei gleichlautende Klassen in einer anderen Klasse verwendet werden, so können beide Klassen per Qualifikation (ohne Import-Anweisung) angesprochen werden oder eine Klasse importiert und die andere per Qualifikation angesprochen werden. Im folgenden Beispiel gibt es zwei Klassen *A* (eine im Paket *p1*, die andere im Paket *p2*); sollen nun beide in einer Klasse *B* verwendet werden, kann das so aussehen:

```
package p3;

import p1.A;

public class B {
    A a1 = new A();
    p2.A a2 = new p2.A();
...
```

Code 8-50 Auflösung von Namenskonflikten

8.11   Fazit

Klassen beschreiben gleichartige Objekte.

- Klassen existieren immer nur ein einziges Mal im System. Sie werden zu Beginn der Programmausführung automatisch vom Java-Laufzeitsystem erzeugt und existieren während der gesamten Programmzeit. Ihre wesentliche Aufgabe besteht darin, als Vorlage für Objekte zu dienen.
- Objekte werden mit Hilfe der Klasse erzeugt. Sie müssen während der Programmausführung mit Hilfe des Konstruktors erzeugt werden; prinzipiell können beliebig viele Objekte aus einer Klasse erzeugt werden.
- Objekte sind Referenztypen, d.h. alle Zuweisungen an Variablen und Übergaben an Parameter erlauben immer den Zugriff auf das ursprüngliche Objekt.
- Neue Objekte einer Klasse werden mit dem Operator *new* und dem Konstruktor erzeugt.
- Der Konstruktor ist eine besondere Methode einer Klasse, die zusammen mit dem Operator *new* ein neues Objekt dieser Klasse erzeugt. Der Konstruktor wird immer in der Form *new Klassenname(...)* verwendet.
- Konstruktoren haben denselben Namen wie Klasse. Sie können Parameter haben mit denen das neu erzeugt Objekt initialisiert wird. Konstruktoren haben keinen expliziten Rückgabetyp – implizit geben sie das neu erzeugte Objekt zurück.

Methoden und Variablen der Objekte:

- Die Methoden und Variablen der Objekte heißen Instanzmethoden und –variablen; sie haben keinen *static*-Modifier. Sie können ausschließlich für Objekte der Klasse aufgerufen werden.
- Die Daten von Objekten sollen verborgen – also *private* – sein. Um trotzdem (kontrolliert) auf diesen Daten zugreifen zu können, kann das Lesen und Schreiben der Daten mit Hilfe von Getter- und Setter-Methoden kontrolliert werden. Diese Methoden werden üblicherweise als *public* deklariert; möchte man keinen lesenden oder schreibenden Zugriff auf eine Variable zulassen, lässt man einfach den entsprechenden Getter oder Setter weg.

Methoden und Variablen der Klasse:
- Die Methoden und Variablen der Klassen heißen Klassenmethoden und –variablen; sie besitzen einen *static*-Modifier. Sie können sowohl für Objekte der Klasse ais auch von der Klasse selbst aufgerufen werden.
- Die Methode *main(String[] args)* ist eine besondere Klassenmethode, die beim Programmstart zuerst und automatisch ausgeführt wird.
- Pakete
- Klassen und Objekte können in Pakete aufgeteilt werden: Elemente, die *public* sind, können per Import in anderen Paketen verwendet werden. Elemente, die *friendly* sind, können im gleichen Paket verwendet werden.

Pakete dienen dazu,

- große Gruppen von Klassen und Schnittstellen, die zu einem gemeinsamen Aufgabenbereich gehören, zu bündeln und zu verwalten,
- potenzielle Namenskonflikte zu vermeiden,
- Zugriff und Sichtbarkeiten zu definieren und zu kontrollieren.

Pakete werden

- im Dateisystem durch entsprechende Verzeichnisse repräsentiert
- in Java durch die *package*-Deklaration vereinbart.

Klassen aus anderen Paketen,

- die *public* sind,
- können durch die *import*-Anweisung eingebunden und genutzt werden

UML (Unified Modeling Language)

- UML-Klassendiagramme sind eine grafische Notation zur übersichtlichen Darstellung von möglichen Beziehungen zwischen Objekten einer Klasse.

8.12   Übungen

8.12.1   Aufgaben zu Objekten

Restrukturierung der Autovermietung

Ändern Sie die vorige Lösung so um, dass Sie nun *Auto*-Objekte zur Repräsentation der Daten verwenden. Die Methoden der Autovermietung entsprechen dem vorigen Abschnitt – allerdings sollen diesmal Objekte der Klasse *Auto* verwendet werden:

Autovermietungen (also Objekte der Klasse *Autovermietung*) besitzen einen Fuhrpark, der Autos umfasst. Eine *Autovermietung* kann folgende Operationen ausführen:

- Man kann ein neues Auto für den Fuhrpark anlegen; ein Auto ist dabei gekennzeichnet durch einen Typ (z.B. „Mercedes 220"), den Leihpreis pro Tag. In dieser Realisierung soll es möglich sein, beliebig viele Autos eines Typs anzulegen.
- Man kann ein Auto von einem bestimmten Typ ausleihen (sofern es nicht ausgeliehen ist); als Ergebnis der Methode erhält man das ausgeliehene Auto-Objekt oder *null*, falls es kein Auto gibt. Gibt es mehrere Autos vom gewünschten Typ, wird das erste freie zurück gegeben.
- Man kann das ausgeliehene Auto wieder zurück geben; die Methode liefert als Resultat die fälligen Leihkosten.
- Es ist eineÜbersicht über die Autos (und ihren Status) im Fuhrpark am Bildschirm auszugeben

- Es sollen Tage verstreichen und für die ausgeliehenen Autos die Leihkosten ermittelt werden. Dazu soll die Klasse Auto die Methode *mieteFuerEinenTag()* realisieren.

Autos (Objekte der Klasse *Auto*) besitzen (neben den oben beschriebenen Eigenschaften)

- die Information, ob es verliehen ist oder nicht (dargestellt als *boolean*-Variable)
- die aufgelaufenen Verleihkosten

In der Klasse *Interaktion* soll die *main*-Methode, mit einem Beispielaufruf realisiert werden:

- es soll eine Autovermietung erzeugt werden
- es sollen mehrere neue Autos angelegt werden
- es sollen Autos ausgeliehen werden
- es sollen „Tage verstreichen"
- es sollen *Autos* zurück gegeben werden

Der Aufruf könnte z.B. folgendermaßen aussehen:

```
public class Interaktion {

    public static void main(String[] args){

        Autovermietung vermietung = new Autovermietung();
        vermietung.neuesAuto("Mercedes 220", 120);
        vermietung.neuesAuto("Mercedes 220", 120);
        vermietung.neuesAuto("Porsche Carrera", 200);
        vermietung.neuesAuto("VW Passat", 90);

        Auto auto1 = vermietung.ausleihen("Mercedes 220");

        vermietung.einTagVergeht();

        Auto auto2 = vermietung.ausleihen("Porsche Carrera");
        Auto auto3 = vermietung.ausleihen("Mercedes 220");
        Auto auto4 = vermietung.ausleihen("Mercedes 220");

        vermietung.einTagVergeht();
        vermietung.uebersichtAusgeben();
        vermietung.einTagVergeht();

        if(auto1 != null){
            int kosten1 = vermietung.zurueckgeben(auto1);
            System.out.println("Kosten für " + auto1.getTyp()
                                + ": " + kosten1);
```

```
        }
        if(auto2 != null){
            int kosten2 = vermietung.zurueckgeben(auto2);
            System.out.println("Kosten für " + auto2.getTyp()
                                    + ": " + kosten2);
        }
        if(auto3 != null){
            int kosten3 = vermietung.zurueckgeben(auto3);
            System.out.println("Kosten für " + auto3.getTyp()
                                    + ": " + kosten3);
        }
    }
}
```

Hinweise zum Vorgehen

- Gehen Sie auch hier ähnlich wie bei der Entwicklung der Bank vor.
- Erstellen Sie eine Klasse *Auto*, die die bisher verstreuten Eigenschaften zusammenfasst.
- Bauen Sie das Programm schrittweise um – einschließlich Ihren Beispielszenario und prüfen Sie immer wieder das richtige Funktionieren Ihres Programms.
- Erstellen Sie ein UML-Diagramm ihres Programms

8.12.2 Verständnisfragen

- Was ist der Unterschied zwischen Objekten und Klassen?
- Was ist der Unterscheid zwischen *public*, *private* und *friendly*?
- Wozu dient der Konstruktor?
- Wozu sollten Klassen in Pakete verteilt werden?
- Was sind Referenztypen und was zeichnet sie aus?

8.13 Lösungen

8.13.1 Aufgaben zu Objekten

Restrukturierung der Autovermietung

```
package vermietung;
public class Autovermietung {

    private static final int MAX_AUTOS = 100;
    private Auto[] autos = new Auto[MAX_AUTOS];
```

```
private int anzahl = 0;

public void neuesAuto(String typ, int miete) {
    autos[anzahl] = new Auto(typ, miete);
    anzahl++;
}

public Auto ausleihen(String typ) {
    for(int i = 0; i < anzahl; i++)
        if(autos[i].getTyp().equals(typ)
            && !autos[i].istAusgeliehen()){
            autos[i].ausleihen();
            return autos[i];
        }
    return null;
}

public int zurueckGeben(Auto auto) {
    if(auto != null)
        return auto.zurueckGeben();
    else
        return 0;
}

public void einTagVergeht() {
    for(int i = 0; i < anzahl; i++)
        autos[i].einTagVergeht();
}

public void uebersichtAusgeben() {
    for(int i = 0; i < anzahl; i++){
        System.out.print(autos[i].getTyp() + ": ");
        if(autos[i].istAusgeliehen())
            System.out.println("ausgeliehen; bisherige
                Leihkosten: " + autos[i].getMietkosten());
        else
            System.out.println("nicht ausgeliehen");
    }
    System.out.println();

}

}
```

```
package vermietung;

public class Auto {

    private String typ;
    private int miete;

    private boolean ausgeliehen = false;
    private int mietkosten = 0;

    public Auto(String typ, int miete) {
        super();
        this.typ = typ;
        this.miete = miete;
    }

    public String getTyp() {
        return typ;
    }

    int getMietkosten() {
        return mietkosten;
    }

    boolean istAusgeliehen(){
        return ausgeliehen;
    }

    void ausleihen(){
        ausgeliehen = true;
    }

    int zurueckGeben() {
        int kosten = mietkosten;
        mietkosten = 0;
        ausgeliehen = false;
        return kosten;
    }

    void einTagVergeht() {
        if(ausgeliehen)
            mietkosten = mietkosten + miete;
    }

}
```

8.13.2 Verständnisfragen

- *Was ist der Unterschied zwischen Objekten und Klassen?* Klassen beschreiben, wie die späteren Objekte aussehen und wie sie sich verhalten: Objekte sind die Elemente, die nach dem Vorbild der Klassen erzeugt werden.

- *Was ist der Unterscheid zwischen public, private und friendly?* Methoden und Variablen, die *private* sind, können nur innerhalb der Klasse verwendet werden. Methoden und Variablen, die *public* sind, können überall - insbesondere auch außerhalb der Klasse verwendet werden. Methoden und Variablen, die *friendly* sind (also ohne Modifier), können überall im selben Paket verwendet werden.

- *Wozu dient der Konstruktor?* Der Konstruktor dient im Zusammenspiel mit dem Operator *new* zur Initialisierung eines neu erzeugten Objekts.

- *Wozu sollten Klassen in Pakete verteilt werden?* Aus Gründen der Übersicht, des Zugriffschutzes und der Definition unterschiedlicher Namensräume.

- *Was sind Referenztypen und was zeichnet sie aus?* Referenztypen werden mit Hilfe von *new* und einem Konstruktor erzeugt; sie können nur über einen Verweis (die Referenz) angesprochen werden. Bei der Übergabe als Parameter verweist die Referenz dadurch immer auf ein Original.

9   Vererbung

Im vorigen Kapitel wurden Klassen eingeführt, um mehrere Objekte, die sich gleich verhalten und gleiche Eigenschaften besitzen, nur ein einziges Mal beschreiben zu müssen. Manchmal gibt es aber Objekte, die sich nicht gleich aber doch sehr ähnlich verhalten sollen oder die ähnliche Eigenschaften besitzen.

Nachdem in den bisherigen Abschnitten das am Anfang definierte Programm zur Bankverwaltung zwar andauernd restrukturiert wurde, die Funktionalität sich aber nicht geändert hat, wird nun die Funktionsweise des Programms erweitert: Die Klasse *Konto* soll zusätzliche Funktionen und Eigenschaften bekommen. Außerdem gibt es verschiedene Arten von Konten: das Beispiel soll deshalb um Spar- und Girokonten erweitert weren. Beide Kontoarten sind relativ ähnlich: sie verwalten den Stand und es kann Geld eingezahlt oder abgehoben werden.

Allerdings unterscheiden Sie sich auch: ein Girokonto kann bis zu einem bestimmten Rahmen – dem Dispositionskredit – überzogen werden (es kann also mehr abgehoben werden als es enthält); ein Sparkonto nicht. Das Girokonto benötigt also die zusätzliche Information über den Dispositionskredit und den Sollzinssatz.

Die bisherigen Konten konnten nur „persönlich" über den Namen des Kontoinhabers bearbeitet werden, Girokonten sollen auch über die Kontonummer und eine persönliche PIN-Nummer (z.B. von einem Bankautomaten aus) bearbeitet werden können; d.h. das Girokonto benötigt auch noch eine PIN-Nummer.

Im Folgenden werden zwei verschiedene Ansätze geprüft, wie man mit bisherigen Mitteln zu einer Lösung gelangen könnte. Diese Lösungen haben aber schwerwiegende Nachteile. Die eigentliche Lösung der Aufgabe gelingt mit der Einführung der Vererbung.

In den dann folgenden Abschnitten werden verschiedene Aspekte der Vererbung diskutiert. Im Einzelnen sind das:

- Kontrolle der Sichtbarkeit im Rahmen der Vererbung
- Überschreiben und Erweitern von Methoden
- Nutzen der Konstruktoren von Oberklassen
- Nutzung von abstrakten Klassen.

Mit Hilfe dieser Konzepte werden die noch bestehenden Redundanzen aus dem Beispielprogramm entfernt werden und das Programm wird als solches wartungsfreundlicher und sicherer.

Lernziele

Nach dem Lesen und Durcharbeiten dieses Kapitels kann man …

- Vererbung einsetzen.
- Sichtbarkeit in der Vererbung kontrollieren.
- geerbte Methoden durch Überschreiben erweitern.
- auf überschriebene Methoden der Oberklasse und Konstruktoren der Oberklasse zugreifen.
- abstrakte Klassen erstellen
- UML-Klassendiagramme mit Vererbung erstellen.

Nach dem Lesen und Durcharbeiten dieses Kapitels kennt man …

- das Konzept der Vererbung.
- den Unterscheid zwischen abstrakten und konkreten Klassen

9.1 Lösungsversuche ohne Vererbung

Im Folgenden werden verschiedene Ansätze untersucht, um zu einer Lösung zu gelangen. Mit den bisherigen Mitteln sind zwei grundsätzliche Lösungen möglich:

- Der erste Ansatz ergänzt die Klasse *Konto* um die zusätzlich benötigten Daten und Methoden. Beim Erzeugen eines *Konto*-Objekts wird der Typ des Kontos festgelegt (Sparkonto oder Girokonto). Während der Ausführung des Programms wird mit Hilfe des Typs das jeweilige Verhalten mit Hilfe von *if-else-* oder *switch-case*-Abfragen ermittelt. Dieser Ansatz wird im Folgenden „Fallunterscheidung" genannt.
- Der zweite Ansatz legt für das Girokonto und das Sparkonto jeweils eigene, unabhängige Klassen an, die die jeweils benötigten Daten und Methoden bereit stellen. Das Programm verwaltet *Girokonto-* und *Sparkonto*-Objekte. Dieser Ansatz wird im folgenden „strikte Trennung" genannt.

Beide Lösungen werden in den folgenden beiden Abschnitten vollständig realisiert, haben aber gravierende Nachteile. Sie sollten in dieser Form nicht verwendet oder programmiert werden, sie dienen lediglich zur besseren Illustration und Diskussion der jeweiligen Alternative. Die Nachteile werden erst mit dem dritten Ansatz mit der Einführung der Vererbung beseitigt werden (ab Abschnitt 9.2).

Hinweis: Der ungeduldige Leser kann diesen Abschnitt überspringen und direkt im Abschnitt 9.2 „Lösung mit Hilfe von Vererbung" weiterlesen.

9.1.1   Erster Versuch: „Fallunterscheidung"

Der erste Lösungsansatz mit den bisherigen Mitteln sieht folgendermaßen aus:

- Es werden zunächst zwei Konstanten *GIROKONTO* und *SPARKONTO* definiert und eine Variable *kontoart*, die eine der beiden Konstantenwerte enthält.
- Methoden, die sich, abhängig von der Kontoart, unterschiedlich verhalten sollen, machen mit Hilfe von *switch* oder *if-else* eine Fallunterscheidung
- Bei der Erzeugung des Objekts wird die Kontoart angegeben sowie alle möglichen Initialisierungswerte, auch wenn sie nicht notwendig sind (z.B. ein Sollzinssatz für ein Sparkonto)

Die Lösung sieht folgendermaßen so aus:

```
package bankenviertel;

public class Konto {
```
Konstanten und Variablen zur Verwaltung der Kontoart:

```
    public static final int GIROKONTO = 0;
    public static final int SPARKONTO = 1;

    private int kontoart;
```

Deklaration der gemeinsamen Variablen und des Zählers für die Kontonummern:

```
    private static int kontonummern = 1000000;

    private String inhaber;
    private float stand;
    private float zinssatz;
    private int kontonr;
```

Spezielle Variable für das Girokonto:

```
    private int pin;
    private float dispositionskredit;
    private float sollzinssatz;
```

Code 9-1 Konto mit Fallunterscheidung für Spar- und Girokonto

Im Konstruktor des Kontos wird die *kontoart*, die allgemeinen Teile für beide Kontentypen (z.B. der *stand*) aber auch die speziellen Teile festgelegt (was im Falle eines Sparkontos natürlich nicht besonders sinnvoll ist); die PIN wird mit Hilfe der Methode *pinErzeugen()* erzeugt.

```
public Konto(int kontoart, String inhaber, float stand,
    float zinssatz, float dispositionskredit,
                    float sollzinssatz) {
    this.kontoart = kontoart;

    this.inhaber = inhaber;
    this.stand = stand;
    this.zinssatz = zinssatz;

    this.kontonr = kontonummern;
    kontonummern++;

    this.dispositionskredit = dispositionskredit;
    this.sollzinssatz = sollzinssatz;

    this.pin = pinErzeugen();

    System.out.println("Das Konto mit der Nummer "
            + this.kontonr + " wurde angelegt.");
    System.out.println("Ihre private PIN ist "
            + this.pin + ".");
}
```

Code 9-2 Der Konstruktor der Klasse Konto

Die Methode *pinErzeugen()* ermittelt zunächst eine Zufallszahl zwischen 0 und 1 mit Hilfe der Methode *Math.random()*. Durch Multiplikation mit 8999 und anschließende Addition mit 1000 wird diese Zahl auf ein Intervall zwischen 1000 und 9999 abgebildet. Damit erhält man eine vierstellige Zufallszahl, die eine PIN darstellt.

```
private int pinErzeugen(){
    return (int)(Math.random() * 8999.0) + 1000;
}
```

Code 9-3 Die Methode pinErzeugen()

Die Methode *pruefen()* erlaubt einen eingegeben Code gegen die PIN zu prüfen. Sie liefert *true* zurück, wenn PIN und Code übereinstimmen, *false* sonst. Die Resultate dieser Methode werden unmittelbar aus dem Ergebnis des Vergleichs abgeleitet, der *true* ergibt, wenn die Werte gleich sind und *false* sonst.

```
boolean pruefen(int code){
    return pin == code;
}
```

Code 9-4 Die Methode pruefen()

Ein uneleganter Ansatz, denselben Sachverhalt mit Hilfe einer *if-else*-Anweisung auszudrücken, sähe folgendermaßen aus:

```
boolean pruefen(int code){
    if (pin == code)
        return true;
    else
        return false;
}
```

Code 9-5 Eine alternative Methode pruefen()

Die Methode *entnehmen()* entnimmt abhängig von der Kontoart einen Betrag von dem Konto. Für ein Sparkonto wird höchstens der gesparte Betrag ausgezahlt, das Girokonto kann bis zur Höhe des Dispositionskredits überzogen werden.

```
float entnehmen(float betrag){
    float entnommen = 0;
    switch(kontoart){
        case SPARKONTO :
            entnommen = Math.min(stand, betrag); break;
        case GIROKONTO :
            entnommen = Math.min(stand +
                    dispositionskredit, betrag); break;
    }
    stand = stand - entnommen;
    return entnommen;
}
```

Code 9-6 Die Methode entnehmen()

Die Methode *verzinsen()* verzinst den aktuellen Kontostand. Bei positiven Kontostand wird der *zinssatz* verwendet; bei negativem Kontostand der *sollzinssatz*. Eine Fallunterscheidung zwischen Giro- und Sparkonto ist hier nicht notwendig, da Sparkonten nicht negativ werden können.

```
void verzinsen(){
    float zinsen = 0;
    if(stand > 0)
        zinsen = (stand * zinssatz / 12 / 100);
    else
        zinsen = (stand * sollzinssatz / 12 / 100);35
```

---

[35] Bei einem negativen Kontostand liefert diese Berechnung auch einen negativen Zinswert, der, wenn er dann zum Ko ntostand addiert wird, eine weitere Verminderung des Kontos bweirkt.

```
        stand = runden(stand + zinsen, 2);
    }
```

Code 9-7 Die Methode verzinsen()

Die Methode *toString()* stellt den Typ des Kontos vor den Ausgabetext.

```
    public String toString(){
        String typname = "";
        switch(kontoart){
            case SPARKONTO : typname = "Sparkonto: "; break;
            case GIROKONTO : typname = "Girokonto: "; break;
        }
        return typname + inhaber + ": " + stand + "€";
    }
```

Code 9-8 Die Methode toString()

Die Methoden *getInhaber()*, *getStand()*, *getKontonr()*, *gutschreiben()* und *runden()* bleiben
unverändert. Zusätzlich wird der Getter *getKontoart()* eingeführt.

In der Klasse *Bank* werden die beiden unterschiedlichen Kontoarten dadurch reflektiert, dass
die Methode *kontoEroeffnen()* ersetzt wird durch zwei neue Methoden *sparkontoEroeffnen()*
und *girokontoEroeffnen()*. In beiden Fällen wird zunächst gesucht, ob bereits ein Konto angelegt ist und ob im Array noch freie Plätze sind. Dann wird der entsprechend parametrisier-
te Konstruktor für das neue Konto aufgerufen und das erzeugte Konto in die Liste der Konten eingetragen. Sparkontoinhaber erhalten weiterhin eine Prämie als Eröffnungsgeld. Für
den Dispositionskredit und den Sollzinssatz können beliebige Zahlen eingegeben werden;
hier soll jeweils 0 gewählt werden. (Auch hier sind die wesentlichen Codezeilen grau hinter-
legt)

```
public void sparkontoEroeffnen(String kunde){
    if(kontoSuchen(kunde) != null){
        System.out.println("\n" + kunde
                        + " hat schon ein Konto auf der "
                        + institut + ".\n");
        return;
    }

    if(anzahl >= MAX_KONTEN){
        System.out.println("\nKeine Konten mehr frei.\n");
        return;
    }

    konten[anzahl] = new Konto(Konto.SPARKONTO, kunde,
```

```
                                    praemie, zinssatz, 0, 0);

        System.out.println("\nDas Konto für " + kunde
                        + " auf der " + institut
                        + " wurde angelegt.\n");
        anzahl++;
    }
```

Code 9-9 Eine spezielle Methode zum Eröffnen von Sparkonten

Der Einfachheit halber wird angenommen, dass der Dispositionskredit für die Banken fest in einer Konstanten mit 1000€ vorgegeben ist und der Sollzinssatz das Doppelte des Zinssatzes beträgt. Girokontoinhaber erhalten keine Prämie als Eröffnungsgeld.

```
public void girokontoEroeffnen(String kunde){
    if(kontoSuchen(kunde) != null){
        System.out.println("\n" + kunde
            + " hat schon ein Konto auf der "
            + institut + ".\n");
        return;
    }

    if(anzahl >= MAX_KONTEN){
        System.out.println("\nKeine Konten mehr frei.\n");
        return;
    }

    konten[anzahl] = new Konto(Konto.GIROKONTO, kunde, 0,
            zinssatz, DISPOSITIONSKREDIT, zinssatz * 2);

    System.out.println("\nDas Konto für " + kunde
                    + " auf der " + institut
                    + " wurde angelegt.\n");
    anzahl++;
}
```

Code 9-10 Eine spezielle Methode zum Eröffnen von Girokonten

Die bisherige Einzahlung und Abhebung durch den Kunden bleibt unverändert und modelliert, dass sowohl auf Spar- als auch Girokonten direkt am Bankschalter eingezahlt oder von ihnen abgehoben werden kann. D h. bisherigen Methoden *einzahlen(kunde, betrag)* und *abheben(kunde, betrag)* werden unverändert beibehalten.

Darüber hinaus kann von einem Bankautomaten aus mit Hilfe der Kontonummer und der PIN auf Girokonten eingezahlt oder von ihnen abgehoben werden. Dazu wird zunächst eine neue Methode *kontoSuchen(kontonr, pin)* benötigt. Diese Methode sucht mit Hilfe der Kontonummer und der PIN nach einem Girokonto. Dabei wird zunächst geprüft, ob das Konto die gesuchte Kontonummer hat, wenn ja, ob es sich bei dem Konto tatsächlich um ein Girokonto handelt und schließlich, ob dieses Girokonto die eingegebene PIN hat.

```
private Konto kontoSuchen(int kontonr, int pin){
    for(int i = 0; i < anzahl; i++)
        if(konten[i].getKontonr() == kontonr
                && konten[i].getKontoart() ==
Konto.GIROKONTO
                && konten[i].pruefen(pin))
            return konten[i];
    return null;
}
```

Code 9-11 Zusätzliche Methode für Girokonten kontoSuchen(kontonr, pin)

Diese Methode wird von den zwei neuen Methoden *einzahlen(kontonr, pin, betrag)* und *abheben(kontonr, pin, betrag)* genutzt. Beide Methoden sind analog den Methoden *einzahlen(kunde, betrag)* und *abheben(kunde betrag)* aufgebaut und suchen nun mit Hilfe der Kontonummer und der PIN nach einem Konto.

```
public void einzahlen(int kontonr, int pin, float betrag){
    Konto konto = kontoSuchen(kontonr, pin);
    if(konto == null){
        System.out.println("\nDas Girokonto mit der Nummer
"
            + kontonr + " auf der " + institut
            + "wurde nicht gefunden oder verifiziert.\n");
        return;
    }

    konto.gutschreiben(betrag);
    System.out.println(betrag + "€ wurden auf das Konto "
                + kontonr + " auf der "
                + institut + " eingezahlt");
}
...
public float abheben(int kontonr, int pin, float betrag){
    Konto konto = kontoSuchen(kontonr, pin);
    if(konto == null){
      System.out.println("\nDas Girokonto mit der Nummer "
            + kontonr + " auf der " + institut
            + "wurde nicht gefunden oder verifiziert.\n");
        return 0;
    }
```

```
        float entnommen = konto.entnehmen(betrag);
        System.out.println(entnommen + "€ wurden von dem Konto "
                        + kontonr  + " auf der "
                        + institut + " abgehoben");
        return entnommen;
        }
    ...
}
```

Code 9-12 Zusätzliche Methoden für Girokonten einzahlen() und abheben()

Im Beispielprogramm werden diese neuen Kontoarten folgendermaßen genutzt:

```
public class Kundeninteraktion {

    public static void main(String[] args){
        Bank ersteBank = new Bank("Stadtbank", 3.0f, 5.0f);
        Bank zweiteBank = new Bank("Kreisbank", 5.5f, 8.0f);

        ersteBank.girokontoEroeffnen("Thomas Kessel");
        ersteBank.einzahlen("Thomas Kessel", 100);

        zweiteBank.sparkontoEroeffnen("Thomas Kessel");

        float betrag = ersteBank.abheben("Thomas Kessel", 70);
        zweiteBank.einzahlen("Thomas Kessel", betrag);
        ...
    }

}
```

Code 9-13 Verwendung der zwei Kontoarten

Das Konto mit der Nummer 1000000 wurde angelegt. Ihre private PIN ist 3158.	Aufruf des Kontruktors für das *Konto*
Das Konto für Thomas Kessel wurde auf der Stadtbank angelegt.	Abschluss der Methode *girokontoEroeffnen()*
Thomas Kessel hat 100.0€ eingezahlt	Aufruf der Methode *einzahlen()*
Das Konto mit der Nummer 1000001 wurde angelegt. Ihre private PIN ist 5266.	Aufruf des Kontruktors für das *Konto*
Das Konto für Thomas Kessel wurde auf der Kreisbank angelegt.	Abschluss der Methode *sparkontoEroeffnen()*
Thomas Kessel hat 70.0€ abgehoben Thomas Kessel hat 70.0€ eingezahlt ...	Aufruf der Methoden *abheben()* und *einzahlen()*

Code 9-14 Resultat der zwei Kontoarten

An dieser Lösung – die funktioniert – können mehrere Dinge beobachten werden:

- Beim Erzeugen des neuen Kontos muss die Art des Kontos mitgegeben werden (*Konto.GIROKONTO* oder *Konto.SPARKONTO*).
- Beim Erzeugen des neuen Kontos muss man immer einen Dispositionskredit und den Sollzinssatz mitgeben; für Sparkonten ist er irrelevant – es kann deshalb eine beliebige Zahl verwendet werden.
- Für Sparkonten wird ebenfalls eine PIN erzeugt, obwohl sie gar nicht verwendet werden kann.
- Die Konten verhalten sich entsprechend ihres Typs unterschiedlich: Sparkonten können bis auf Null geleert werden, Girokonten darüber hinaus bis zur Höhe ihres Dispositionskredits.
- Das übrige Verhalten ist gleich.

Das UML-Diagramm für diese Lösung sieht folgendermaßen aus: (siehe Abbildung 9-1)

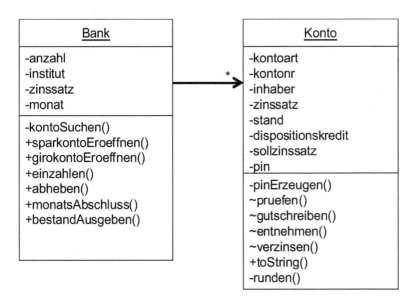

Abbildung 9-1 UML-Diagramm für die „Fallunterscheidung"

Störend an dieser Lösung ist, dass die Eigenschaften des Girokontos in das Sparkonto hinein-reichen: PIN und der Dispositionskredit können (und müssen) für alle Kontoarten berück-sichtigt werden, obwohl sie nur für das Girokonto relevant sind.

Um die unnötigen Eingaben für das Sparkonto zu vermeiden, könnte man das Programm so abändern, dass man zwei Konstruktoren zur Verfügung stellt: einen mit einem Dispositions-kredit und Sollzinssatz und einen ohne. In diesem Fall kann sogar auf die Angabe des Typs im Konstruktor verzichtet werden, da der Konstruktor eindeutig durch die unterschiedlichen Parameter bestimmt wird. Dies sähe so aus:

```
public Konto(String inhaber, float stand, float zinssatz){
    this.kontoart = SPARKONTO;

    this.inhaber = inhaber;
    this.stand = stand;
    this.zinssatz = zinssatz;

    this.kontonr = kontonummern;
    kontonummern++;

    System.out.println("Das Konto mit der Nummer "
            + this.kontonr + " wurde angelegt.");
}
```

```
public Konto(String inhaber, float zinssatz,
        float dispositionskredit, float sollzinssatz){
    this.kontoart = GIROKONTO;

    this.inhaber = inhaber;
    this.stand = 0;
    this.zinssatz = zinssatz;

    this.kontonr = kontonummern;
    kontonummern++;

    this.dispositionskredit = dispositionskredit;
    this.sollzinssatz = sollzinssatz;

    this.pin = pinErzeugen();

    System.out.println("Das Konto mit der Nummer "
            + this.kontonr + " wurde angelegt.");
    System.out.println("Ihre private PIN ist "
            + this.pin + ".");
}
```

Code 9-15 Unterschiedliche Konstruktoren für Spar- und Girokonto in der Klasse Konto

Auch hier ist wieder zu beachten, dass der Konstruktor *Konto* überladen wird. Die Konstruktoren werden durch ihre Parameter unterschieden (*String, float, float* und *String float, float, float*). Die Erzeugung von Spar- oder Girokonto würde nun automatisch vom richtigen Konstruktor gesteuert:

```
public void sparkontoEroeffnen(String kunde){
    ...
    konten[anzahl] = new Konto(kunde, praemie, zinssatz);
    ...
}

public void girokontoEroeffnen(String kunde){
    ...
    konten[anzahl] = new Konto(kunde, zinssatz / 2,
                    DISPOSITIONSKREDIT, zinssatz * 2);
    ...
}
```

Code 9-16 Verwendung der unterschiedlichen Konstruktoren in der Klasse Bank

Dies erscheint auf den ersten Blick sehr raffiniert – erweist sich aber auf den zweiten Blick als nachteilig:

- Der spätere Typ des Kontos ist bei der Benutzung nicht sichtbar – ein Programmierer, der diese Klasse verwendet, muss sehr gründlich in der Dokumentation nachschauen, um den Unterschied zu entdecken; damit entsteht eine hohe Fehleranfälligkeit.
- Die verschiedenen Typen sind sehr eng miteinander verbunden. Die Änderung an der Funktionalität für einen Typen berührt immer auch den anderen Typ – auch hier entsteht eine hohe Fehleranfälligkeit.
- Wird nun beschlossen, einen dritten Typ einzuführen, z.B. ein Langzeitkonto, das sich vom Sparkonto in einer Kündigungsfrist unterscheidet, dann wären die Konstruktoren nicht mehr unterschiedlich und man müsste wieder den Typ in den Konstruktor einsetzen. Im schlimmsten Fall wäre zusätzlich eine Fallunterscheidung im Konstruktor notwendig. Darüber hinaus müsste wieder die Methode *auszahlen()* angepasst werden, um mit dem neuen Typ umzugehen; jede Anpassung birgt aber auch hier die Gefahr, dass wir Fehler in bereits funktionierende Teile einführen.

Grundsätzlich wäre also eine Lösung mit diesen Mitteln möglich. Diese Lösung würde aber mit zunehmenden Details immer komplizierter und fehleranfälliger werden.

9.1.2 Zweiter Versuch: „Strikte Trennung"

Der umgekehrte Ansatz ist, alle Teile strikt zu trennen, so dass kein wechselseitiger Einfluss mehr möglich wäre. In diesem Fall erhält man zwei Klassen, eine für Sparkonten und eine für Girokonten. Diese Lösung sieht folgendermaßen aus:

- Die Klasse *Sparkonto* wird wie die ursprüngliche Klasse *Konto* (ohne die Typunterscheidung) implementiert.
- Die Klasse *Girokonto* wird wie das ursprüngliche Konto implementiert, ergänzt um die speziellen Teile des Girokontos – natürlich nun ohne *switch* oder *if*, da es sich ja explizit um Girokonto-Objekte handelt.
- Da nun Objekte von unterschiedlichen Klassen vorliegen, muss die Bank die beiden Klassen auch in jeweils unterschiedlichen Arrays verwalten und deshalb, neben der expliziten Eröffnung von Spar- und Girokonten, auch eigene Suchfunktionen *sparkontoSuchen()* und *girokontoSuchen()* zur Verfügung stellen.

Das UML-Diagramm für diese Lösung sieht folgendermaßen aus (siehe Abbildung 9-2):

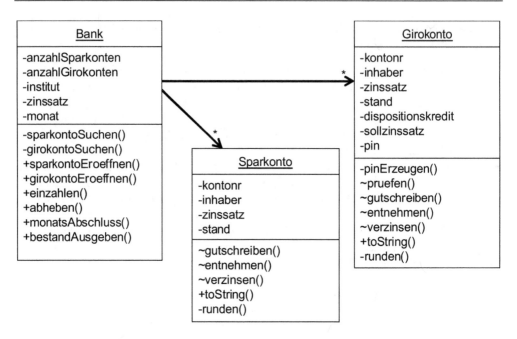

Abbildung 9-2 UML-Diagramm für die „Strikte Trennung"

Im Folgenden ist ein Ausschnitt aus der Klasse *Girokonto* zu sehen, die nun ausschließlich die Funktionalität für ein Girokonto bereits stellt:

```
public class Girokonto {
    ...
public Girokonto(String inhaber, float zinssatz,
         float dispositionskredit, float sollzinssatz) {

       this.inhaber = inhaber;
       this.stand = 0;
       this.zinssatz = zinssatz;

       this.kontonr = kontonummern;
       kontonummern++;

       this.dispositionskredit = dispositionskredit;
       this.sollzinssatz = sollzinssatz;

       this.pin = pinErzeugen();

       System.out.println("Das Konto mit der Nummer "
              + this.kontonr + " wurde angelegt.");
       System.out.println("Ihre private PIN ist "
```

```
                    + this.pin + ".");
    }
...
    void gutschreiben(float betrag){
        stand = stand + betrag;
    }

    float entnehmen(float betrag){
        float entnommen =
                Math.min(stand + dispositionskredit, betrag);
        stand = stand - entnommen;
        return entnommen;
    }

    void verzinsen(){
        float zinsen = 0;
        if(stand > 0)
            zinsen = (stand * zinssatz / 12 / 100);
        else
            zinsen = (stand * sollzinssatz / 12 / 100);

        stand = runden(stand + zinsen, 2);
    }

...
}
```

Code 9-17 Die Klasse Girokonto

Statt die Fallunterscheidung in der Klasse *Konto* zu machen, wird nun die unterschiedliche Behandlung vollständig auf die Bank abgewälzt. Da *Girokonto* und *Sparkonto* zwei unterschiedliche Typen sind, müssen sie in der Bank auch unterschiedlich verwaltet werden.

```
public class Bank {

    public static final int MAX_KONTEN = 100;
```

Zunächst werden zwei Arrays für Spar- und Girokonten angelegt und mit Hilfe der Variablen *anzahlSparkonten* und *anzahlGirokonten* verwaltet:

```
    private int anzahlSparkonten = 0;
    private int anzahlGirokonten = 0;

    ////////////// Tresor //////////////
    private Sparkonto[] sparkonten =
                        new Sparkonto[MAX_KONTEN];
```

```
private Girokonto[] girokonten =
                        new Girokonto[MAX_KONTEN];
/////////////////////////////////////////
```

Da die Konten in unterschiedlichen Arrays verwaltet werden, werden nun auch unterschiedliche Methoden benötigt, die in den jeweiligen Arrays suchen. Die Methode *sparkontoSuchen()* sucht mit Hilfe des Kundennamen nach einem passenden Sparkonto.

```
private Sparkonto sparkontoSuchen(String kunde){
    for(int i = 0; i < anzahlSparkonten; i++)
        if(sparkonten[i].getInhaber().equals(kunde))
            return sparkonten[i];
    return null;
}
```

Die Methode *girokontoSuchen(kunde)* sucht mit Hilfe des Kundennamen nach einem passenden Girokonto. Die Methode *girokontoSuchen(kontonr, pin)* sucht dagegen mit Hilfe der Kontonummer und PIN nach einem Girokonto.

```
private Girokonto girokontoSuchen(String kunde){
    for(int i = 0; i < anzahlGirokonten; i++)
        if(girokonten[i].getInhaber().equals(kunde))
            return girokonten[i];
    return null;
}
```

```
private Girokonto girokontoSuchen(int kontonr, int pin){
    for(int i = 0; i < anzahlGirokonten; i++)
        if(girokonten[i].getKontonr() == kontonr
                && girokonten[i].pruefen(pin))
            return girokonten[i];
    return null;
}
```

Ein neues Sparkonto wird in der Methode *sparkontoEroeffnen()* mit Hilfe seines Konstruktors erzeugt.

```
public void sparkontoEroeffnen(String kunde){
    if(sparkontoSuchen(kunde) != null){
        System.out.println("\n" + kunde
                    + " hat schon ein Konto auf der "
                    + institut + ".\n");
        return;
    }

    if(anzahlSparkonten >= MAX_KONTEN){
```

```
            System.out.println("\nKeine Konten mehr frei.\n");
            return;
        }

        sparkonten[anzahlSparkonten] =
                new Sparkonto(kunde, praemie, zinssatz);

        System.out.println("\nDas Konto für " + kunde +
            " auf der " + institut + " wurde angelegt.\n");
        anzahlSparkonten++;
    }
```

Ein neues *Girokonto* wird in der Methode *girokontoEroeffnen()* mit Hilfe des *Girokonto*-Konstruktors erzeugt. Anders als in der vorigen Lösung wird hier jeweils ein eigener Konstruktor für Spar- und Girokonto genutzt.

```
    public void girokontoEroeffnen(String kunde){
        if(girokontoSuchen(kunde) != null){
            System.out.println("\n" + kunde
                        + " hat schon ein Konto auf der "
                        + institut + ".\n");
            return;
        }

        if(anzahlGirokonten >= MAX_KONTEN){
            System.out.println("\nKeine Konten mehr frei.\n");
            return;
        }

        girokonten[anzahlGirokonten] =
            new Girokonto(kunde, zinssatz, 1000, zinssatz * 2);

        System.out.println("\nDas Konto für " + kunde +
            " auf der " + institut + " wurde angelegt.\n");
        anzahlGirokonten++;
    }
```

Beim Einzahlen über den Namen muss nun ggfs. zweimal nach einem passenden Konto gesucht werden. Zuerst wird in den Sparkonten gesucht. Falls dort nichts gefunden wurde, wird bei den Girokonten gesucht. Zu beachten ist, dass das Programm evtl. fehlerhaft arbeitet, wenn sowohl ein Spar- als auch ein Girokonto unter demselben Namen angelegt worden ist. Dies könnte in den Methoden zur Kontoeröffnung verhindert werden, wurde hier aber nicht umgesetzt.

```
public void einzahlen(String kunde, float betrag){
    Sparkonto sparkonto = sparkontoSuchen(kunde);
    if(sparkonto != null){
        sparkonto.gutschreiben(betrag);
        System.out.println(kunde + " hat " + betrag
                            + "€ auf der " + institut
                            + " eingezahlt");
        return;
    }

    Girokonto girokonto = girokontoSuchen(kunde);
    if(girokonto != null){
        girokonto.gutschreiben(betrag);
        System.out.println(kunde + " hat " + betrag
                            + "€ auf der " + institut
                            + " eingezahlt");
        return;
    }

    System.out.println("\n" + kunde + " hat kein Konto
                        auf der " + institut + ".\n");
}
```

Das Einzahlen über die Kontonummer betrifft ausschließlich Girokonten. Aus diesem Grund wird nun ausschließlich dort gesucht:

```
public void einzahlen(int kontonr, int pin, float betrag){
    Girokonto girokonto = girokontoSuchen(kontonr, pin);
    if(girokonto == null){
        System.out.println("\nDas Girokonto mit der Nummer "
            + kontonr + " auf der " + institut
            + "wurde nicht gefunden oder verifiziert.\n");
        return;
    }

    girokonto.gutschreiben(betrag);
    System.out.println(betrag + "€ wurden auf das Konto "
        + kontonr + " auf der " + institut + " eingezahlt");
}
```

Das Abheben über den Kundennamen und die Kontonumer geschieht analog zur Einzahlung. Bei der Ausgabe des aktuellen Stands und bei der Durchführung des Monatsabschlusses müssen nun jeweils beide Arrays durchwandert werden:

```
    public void abschlussDurchfuehren(){
        for(int i = 0; i < anzahlSparkonten; i++)
            sparkonten[i].verzinsen();
        for(int i = 0; i < anzahlGirokonten; i++)
            girokonten[i].verzinsen();
        monat++;
    }

    public void bestandAusgeben(){
        System.out.println("\nNach dem " + monat +
            ". Monat befinden sich folgende Beträge
            auf den Konten der " + institut + ":");
        float summe = 0;
        for(int i = 0; i < anzahlSparkonten; i++){
            System.out.println(sparkonten[i]);
            summe = summe + sparkonten[i].getStand();
        }
        for(int i = 0; i < anzahlGirokonten; i++){
            System.out.println(girokonten[i]);
            summe = summe + girokonten[i].getStand();
        }
        System.out.println("===========================");
        System.out.println("zusammen " + summe + "€\n");
    }
}
```

Code 9-18 Die Klasse Bank mit Spar- und Girokonten

Auch diese Lösung funktioniert und sie vermeidet durch die strikte Trennung die Probleme der vorigen Lösung: die Konten sind vollständig unabhängig, eine Änderung in einem Konto hat keine Auswirkungen auf die andere Kontoklasse. Die Lösung bringt aber neue Schwierigkeiten mit sich:

- Viele Programmteile, die prinzipiell gleich sind, müssen doppelt programmiert werden. Im *Sparkonto* und *Girokonto* werden die gleichen Variablen *inhaber*, *stand*, *zinssatz* und *kontonr* genutzt. Die Methoden *gutschreiben()* und *runden()* müssen zweimal vollkommen gleich implementiert werden. Die Konstruktoren und die Methoden *entnehmen()*, *verzinsen()* und *toString()* sind zwar unterschiedlich, enthalten aber sehr ähnliche Teile.
- In der Bank wächst der Aufwand, die beiden unterschiedlichen Klassen zu verwalten. Die Objekte müssen in unterschiedlichen Arrays untergebracht werden, dies zieht eigene Suchfunktionen nach sich, die wiederum in den Methoden zum Einzahlen und Abheben beide genutzt werden müssen.

Grundsätzlich bedeuten diese Schwächen, dass bei möglichen Erweiterungen des Programms mit zunehmenden Details und zunehmender Redundanz umzugehen ist. Dinge, die eine Erweiterung kompliziert und fehleranfällig machen.

Möchte man z.B. das Programm erweitern und zusätzlich mit Langzeitkonten einführen, müsste man zwar die bisherigen Konten nicht ändern, in der Bank wären aber zahlreiche Änderungen notwendig:

- Es müsste eine Klasse *Langzeitkonto* erzeugt werden, die wiederum sehr ähnlich zu den anderen Kontoklassen ist
- In der Bank müsste ein drittes Array *langzeitkonten* angelegt werden.
- Es müssten Methoden *langzeitkontoEroeffnen()* und *langzeitkontoSuchen()* angelegt werden
- Die Methoden *abheben(kunde)* und *einzahlen(kunde)* müssten um die Suche in den Langzeitkonten ergänzt werden.
- Die Methoden *abschlussDurchfuehren()* und *bestandAusgeben()* müssten zusätzlich die *langzeitkonten* durchwandern.

Mit Hilfe der im folgenden Abschnitt vorgestellten Vererbung wird es möglich werden, das erste der Probleme – nämlich doppelten Programmcode – zu lösen. Das zweite Problem – doppelter Verwaltungsaufwand – wird erst mit den Überlegungen zum Polymorphismus im darauf folgenden Kapitel gelöst werden können.

9.2   Lösung mit Hilfe von Vererbung

Ähnlich wie bei der Motivation zur Einführung von Objekten, soll auch hier die Doppelarbeit vermieden werden, da sie fast immer zu Fehlern führt und Änderungen sehr aufwändig und ebenfalls fehlerträchtig sind.

Objektorientierte Programmiersprachen – und damit auch Java – erlauben es Gemeinsamkeiten von Klassen an einer Stelle in einer eigenen Klasse zusammenzufassen und nur noch die Unterschiede in einer neuen Klasse zu formulieren. Damit ist es einerseits möglich die Gemeinsamkeiten nur einmal zu formulieren, die Unterschiede aber klar von einander zu trennen. Dieser Mechanismus wird „Vererbung" genannt – dies ist ein weiteres, zentrales Konzept der objektorientierten Programmierung (neben der Kapselung und Erzeugung von Objekten).

In Java wird die Vererbung mit dem Schlüsselwort *extends* dargestellt; also z.B. *GiroKonto extends Konto* – eine Klasse (die sog. Unterklasse) erweitert eine andere Klasse (die sog. Oberklasse). Von einer Oberklasse können Instanzmethoden, Instanzvariablen und Klassenmethoden geerbt werden. Die Vererbung zwischen zwei Klassen wird in UML durch einen Pfeil mit geschlossener Spitze von den Unterklassen zur Oberklasse dargestellt (siehe Abbildung 9-3).

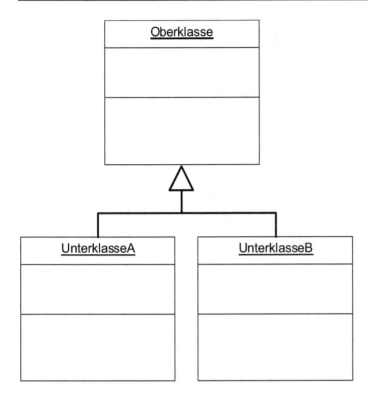

Abbildung 9-3 UML-Digramm zur Darstellung der Vererbung

Variablen und Methoden, die in einer Oberklasse geerbt werden, können in den Unterklassen so verwendet werden, als ob sie direkt in dieser Unterklasse deklariert werden – der Vorteil ist, sie müssen nur an einer Stelle, nämlich der Oberklasse, definiert werden und müssen dann auch nur dort einmal geändert werden.

Hier wird nun das Problem aus Abschnitt 9.1.2 aufgegriffen: Die doppelten Programmteile in den Klassen *Girokonto* und *Sparkonto* sollen vermieden werden. Dazu werden diese doppelten Programmteile in einer neuen Klasse abgelegt. Diese Klasse wird *Konto* genannt.

> Vererbung wird mit Hilfe von *extends* in Java durchgeführt. Dabei erbt eine Unterklasse alle Variablen und alle Methoden, die nicht *private* sind.

Die neue Klasse *Konto* enthält den Zähler *kontonummern*, die Variablen *inhaber, stand, kontonr* und deren Getter-Methoden, die Variable *zinssatz* und die Methoden *gutschreiben()* und *runden()*. Der allgemeine Name für diese Klasse *Konto* reflektiert auch den Zweck dieser Klasse, allgemeine, für alle Kontoarten notwendige Elemente zur Verfügung zu stellen. *Konto* wird zur Oberklasse der bisherigen Klassen *Sparkonto* und *Girokonto*.

Die Klassen *Sparkonto* und *Girokonto* werden zu Unterklassen von *Konto*. Beide Klassen enthalten nur noch die unterschiedlichen Elemente:

- Die Unterklasse *Sparkonto* enthält die speziellen Methoden *entnehmen()*, *verzinsen()* und *toString()* sowie den Konstruktor *Sparkonto()*.
- Die Unterklasse *Girokonto* enthält die zusätzlichen Variablen *dispositionskredit, sollzinssatz* und *pin*. Sie enthält ebenfalls die speziellen Methoden *entnehmen()*, *verzinsen()* und *toString()* und die zusätzlichen Methoden *pinErzeugen()* und *pruefen()* sowie den Konstruktor *Girokonto()*.

Mit der Vererbung tritt nun ein Problem auf: Variablen, die als *private* deklariert sind, werden zwar geerbt, können aber aufgrund der *private*-Eigenschaft nicht in den erbenden Klassen verwendet werden. Aus diesem Grund muss die Sichtbarkeit etwas gelockert werden. Grundsätzlich wäre der *friendly*-Modifier geeignet, im Umfeld der Vererbung wird aber üblicherweise der *protected*-Modifier verwendet. Wie beim *friendly*-Modifier sind *protected*-Methoden und -Variablen sind für alle Klassen desselben Pakets sichtbar. Darüber hinaus sind sie auch noch für alle ihre Unterklassen sichtbar, auch wenn sie in einem anderen Paket liegen. Die vollständige Diskussion der Modifier finden Sie in Abschnitt 9.3, Methoden und Sichtbarkeit.

Dieser Ansatz ist noch nicht die endgültige Lösung – die Sichtbarkeit soll nachher wieder enger gezogen werden, im Augenblick soll diese Lösung aber genügen. Die Oberklasse *Konto* sieht damit folgendermaßen aus:

```
package bankenviertel;

public class Konto {

    protected static int kontonummern = 1000000;

    protected String inhaber;
    protected float stand;
    protected float zinssatz;
    protected int kontonr;

    protected String getInhaber() {
        return inhaber;
    }

    protected float getStand() {
        return stand;
    }

    protected int getKontonr() {
        return kontonr;
    }
```

```
protected void gutschreiben(float betrag){
    stand = stand + betrag;
}

protected float runden(float zahl, int stellen) {
    if(stellen == 0)
        return (int)(zahl + 0.51f);
    else
        return runden(zahl * 10, stellen - 1) / 10;
    }
}
```

Code 9-19 Die Klasse Konto

Das folgende UML-Diagramm zeigt diese Vererbungsstruktur: Der *protected*-Modifier wird dabei in UML mit # dargestellt (siehe Abbildung 9-4).

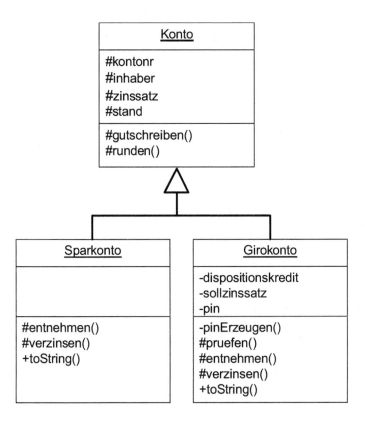

Abbildung 9-4 Die Konto-Hierarchie

Die Unterklassen erben die gemeinsamen Teile aus der Oberklasse und ergänzen nun nur noch die Besonderheiten; für die Klasse *Sparkonto* ist das der Konstruktor und die Methoden *entnehmen(), verzinsen()* und *toString()*. Da die Variablen *kontonummern, inhaber, zinssatz, kontonr* und *stand* als *protected* deklariert sind, kann auf sie zugegriffen werden. Gegenüber der Implementierung aus Abschnitt 9.1.2 hat sich an diesen speziellen Teilen (außer dem *protected*-Modifier) nichts geändert.

```
package bankenviertel;

public class Sparkonto extends Konto{

    private static int kontonummern = 1000000;

    protected Sparkonto(String inhaber, float stand,
                        float zinssatz) {
        this.inhaber = inhaber;
        this.stand = stand;
        this.zinssatz = zinssatz;

        this.kontonr = kontonummern;
        kontonummern++;

        System.out.println("Das Konto mit der Nummer "
                + this.kontonr + " wurde angelegt.");
    }

    protected float entnehmen(float betrag){
        float entnommen = Math.min(stand, betrag);
        stand = stand - entnommen;
        return entnommen;
    }

    protected void verzinsen(){
        float zinsen = (stand * zinssatz / 12 / 100);
        stand = runden(stand + zinsen, 2);
    }

    public String toString(){
        return "Sparkonto: " + inhaber + ": " + stand + "€";
    }
}
```

Code 9-20 Die Klasse Sparkonto als Unterklasse von Konto

Die Unterklasse *Girokonto* ergänzt ihrerseits die speziellen Teile: *pin, dispositionskredit, sollzinssatz, pinErzeugen(), pruefen(), entnehmen(), verzinsen()* und *toString()*. Auch hier hat sich gegenüber der Implementierung aus Abschnitt 9.1.2 an diesen speziellen Teilen (außer dem *protected*-Modifier) nichts geändert.

```
package bankenviertel;

public class Girokonto extends Konto{

    private int pin;
    private float dispositionskredit;
    private float sollzinssatz;

    protected Girokonto(String inhaber,
        float zinssatz, float dispositionskredit,
        float sollzinssatz) {

        this.inhaber = inhaber;
        this.stand = 0;
        this.zinssatz = zinssatz;

        this.kontonr = kontonummern;
        kontonummern++;

        this.dispositionskredit = dispositionskredit;
        this.sollzinssatz = sollzinssatz;

        this.pin = pinErzeugen();

        System.out.println("Das Konto mit der Nummer "
                + this.kontonr + " wurde angelegt.");
        System.out.println("Ihre private PIN ist "
                        + this.pin + ".");
    }

    private int pinErzeugen(){
        return (int)(Math.random() * 8999.0) + 1000;
    }

    protected boolean pruefen(int code){
        return pin == code;
    }

    protected float entnehmen(float betrag){
        float entnommen =
```

```
                    Math.min(stand + dispositionskredit, betrag);
        stand = stand - entnommen;
        return entnommen;
    }

    protected void verzinsen(){
        float zinsen = 0;
        if(stand > 0)
            zinsen = (stand * zinssatz / 12 / 100);
        else
            zinsen = (stand * sollzinssatz / 12 / 100);

        stand = runden(stand + zinsen, 2);
    }

    public String toString(){
        return  "Girokonto: " + inhaber + ": " + stand + "€";
    }
}
```

Code 9-21 Die Klasse Girokonto als Unterklasse von Konto

Vererbung ist auch über mehrere Stufen möglich, d h. eine Oberklasse kann wiederum eine Oberklasse haben usw. Die Unterklasse erbt in diesem Fall von allen Oberklassen. Jede Klasse in Java (mit einer Ausnahme, s.u.) muss eine Oberklasse besitzen. Wird in der Klasse keine explizite Oberklasse angegeben (so wie das in den bisherigen Abschnitten der Fall war) macht Java die Klasse automatisch zu einer Unterklasse von *Object*. *Object* ist eine vorgegebene Java-Klasse, die vor allem die Aufgabe hat, Oberklasse aller Klassen zu sein. *Object* ist die einzige Klasse, die keine Oberklasse besitzt. Jede Klasse (außer *Object*) hat in Java genau eine Oberklasse, nicht mehrere. Man spricht deshalb von „Einfachvererbung".[36]

Zu einer gewissen Verwirrung führt zu Beginn immer die Frage, wo die Variablen einer Klasse nun sind; dabei muss sehr genau zwischen der Beschreibung der Objekte in der Klasse und den eigentlichen Objekten, die aus der Klasse erzeugt werden, unterschieden werden:

- Die Variablen werden in der Oberklasse beschrieben. Diese Beschreibung und damit auch die Variablen werden von der Unterklasse geerbt. Es ist, als ob die Variablen in der Unterklasse definiert worden wären.

---

[36] Andere Programmiersprachen wie C++ erlauben auch sog. „Mehrfachvererbung", d.h. eine Klasse kann auch mehrere Oberklassen besitzen. Allerdings überdecken die Probleme und der zusätzliche Verwaltungsaufwand, die durch Mehrfachvererbung entstehen können, deren zusätzlichen Nutzen. Der Mechanismus der Interfaces in Java (siehe Abschnitt 10.2) erlaubt ähnliche Lösungen, jedoch ohne die Nachteile der Mehrfachvererbung.

- Ein Objekt, das von einer Unterklasse erzeugt wird, besitzt neben den Variablen und Methoden, die in seiner eigenen Klasse definiert wurden auch alle Variablen die durch seine Oberklassen definiert wurden
- Methoden können nur geerbt werden, wenn sie nicht *private* sind; auch hier ist es, als ob die Methoden in der Unterklasse definiert worden wären.
- *private*-Variablen werden zwar geerbt, allerdings kann das erbende Objekt dann nicht direkt darauf zugreifen. Um auf diese Variablen zugreifen zu können, muss es geeignete Getter- oder Setter-Methoden für diese Variablen erben, diese dürfen natürlich nicht *private* sein.

Mit dieser Lösung aus dem vorigen Abschnitt liegt zwar ein Programm vor, das keine doppelten Variablen oder Methoden enthält, nichts desto trotz enthalten immer noch einige Methodenteile z.B. die Konstruktoren doppelten Code, was – wie schon mehrfach diskutiert – potenziell fehlerträchtig ist. Ebenso wenig wurde die Verwaltung der Spar- und Girokonten in der Klasse *Bank* verändert.

9.3   Vererbung und Sichtbarkeit

Mit dem *protected*-Modifier aus dem vorigen Abschnitt liegen nun alle vier für die Sichtbarkeit relevanten Modifier vor. Grund genug, sie hier noch einmal zusammenfassen und ihre Auswirkungen auf die Variablen und Methoden zu diskutieren.

Es wird angenommen, dass eine Klasse A mit einer Variable und einer Methode mit je einem Modifier definiert ist; also:

```
public class A {
    ...
    modifier EinTyp eineVariable;
    modifier void eineMethode(...){
        ...
    }
}
```
Diese Variable oder Methode kann in derselben Klasse oder in einer anderen Klasse B unter folgenden Bedingungen verwendet werden:

Variable oder Methode kann verwendet werden von ...	Modifier			
	public	protected	–	private
derselben Klasse	ja	ja	ja	ja
einer Klasse B im gleichen Paket	ja	ja	ja	nein
einer Unterklasse von A in einem anderen Paket	ja	ja	nein	nein
einer Klasse B in einem anderen Paket; wobei B keine Unterklasse von A ist	ja	nein	nein	nein

Tabelle 9-1 Übesicht über die Modifier

Eine Besonderheit in Java ist, dass auch auf die *private*-Variablen von anderen Objekten derselben Klasse (nicht aber der Unterklasse) zugegriffen werden können. Das folgende Beispiel illustriert, wie innerhalb der Methode *zugriff()* auf die private Variable x eines anderen Objekts zugegriffen werden kann:

```java
public class A{
    private int x = 0;

    public int getX(){
        return x;
    }

    public void zugriff(A anderesObjekt, int wert){
        anderesObjekt.x = wert;
    }
}
public class Test{
    public static void main(String[] args){
        A a1 = new A(), a2 = new A();
        a1.zugriff(a2, 42);
        System.out.println(a2.getX());
    }
}
```

Code 9-22 Direkter Zugriff auf die privaten Daten eines anderen Objekts

Diese Besonderheit verletzt ein Stück weit den Schutz der *private*-Variablen. Diese Möglichkeit wird deshalb im Weiteren nicht genutzt werden.

Instanzvariablen werden grundsätzlich an Ihre Unterklassen vererbt – auch wenn sie *private* sind. Ein Objekt kann die *public* oder *protected*-Variablen, die es von einer Oberklasse erbt, so verwenden, als ob sie direkt bei ihm definiert worden wären. Die *private*-Variablen werden ebenfalls geerbt und sind dann zwar „da", können aber nicht direkt verwendet werden.

Möchte man auf eine geerbte *private*-Variable in einer Unterklasse zugreifen, so benötigt man eine (*public* oder *protected*) Getter- oder Setter-Methode, die von der Oberklasse bereitgestellt werden muss. Die typische Struktur ist dann:

```java
public class A {
    ...
    private int x;
    public void setX(int x){
        this.x = x;
    }
    public int getX(){
        return x;
    }
}


public class B extends A{
    ...
    public void eineMethode(){
        // Zugriff auf den eigenen Variablenwert
        int xWert = getX();
    }
}
```

Code 9-23 Verwendung geerbter Variablen vom Typ private

Diese Vorgehensweise ist dem „Öffnen" der Variablen mit *protected* oder *public* vorzuziehen, da über Getter und Setter die Verwendung besser kontrolliert werden kann. Wendet man diesen Ansatz auf die Konten an, so: werden die Variablen wieder von *protected* zu *private*. Die zusätzlichen Getter und Setter (*setInhaber(), getZinssatz(), setZinssatz(), setStand(), getStand*) sowie die Methode zum Erzeugen einer neuen Kontonummer werden *protected* deklariert, da sie nur von den Unterklassen verwendet werden sollen. Damit entsteht folgende Lösung:

```java
public class Konto {

    private static int kontonummern = 1000000;

    private String inhaber;
    private float stand;
    private float zinssatz;
    private int kontonr;

    protected void kontonummerErzeugen() {
        kontonr = kontonummern;
        kontonummern++;
    }
```

```
    protected float getStand() {
        return stand;
    }

    protected void setStand(float stand) {
        this.stand = stand;
    }
    ...
}
```

Code 9-24 Die Klasse Konto mit privaten Variablen und öffentlichen Zugriffsmethoden

Die Verwendung der Variablen in den Unterklassen wird nun mühsamer, da die Werte immer über die Getter gelesen und die Setter geschrieben werden müssen. Für die Klasse *Sparkonto* sieht das z.B. folgendermaßen aus:

```
public class Sparkonto extends Konto{

    protected Sparkonto(String inhaber, float stand, float
zinssatz) {
        setInhaber(inhaber);
        setStand(stand);
        setZinssatz(zinssatz);

        kontonummerErzeugen();

        System.out.println("Das Konto mit der Nummer "
                + getKontonr() + " wurde angelegt.");
    }

    protected float entnehmen(float betrag){
        float entnommen = Math.min(getStand(), betrag);
        float neuerStand = getStand() - entnommen;
        setStand(neuerStand);
        return entnommen;
    }
    ...
}
```

Code 9-25 Die Klasse Sparkonto, die Getter und Setter verwendet

Die Klasse Girokonto muss analog geändert werden.

> Mit Hilfe der Modifier *public*, *protected*, *friendly* und *private* lässt sich die Sichtbarkeit von Variablen und Methoden in Klassen und Paketen kontrollieren. Ziel sollte sein, die Sichtbarkeit so weit wie möglich einzuschränken.

Diese Lösung ist zunächst sicherer, da keine direkten Zugriffe auf die Variablen von außerhalb stattfinden können, aber auch wieder aufwändiger. In den folgenden Abschnitten wird gezeigt, wie es einfacher geht.

9.4   Methoden erweitern

Geerbte Methoden und Variablen können in einer Unterklasse überschrieben werden[37]. Wird eine Methode überschrieben, so wird in der Unterklasse eine Methode derselben Signatur angelegt (d.h. mit demselben Modifier, Namen, Ergebnistyp und Parametern).

Auch Variablen können überschrieben werden, indem eine Variable gleichen Namens in der Unterklasse angelegt wird. Der Fall, dass Variablen überschrieben werden ist selten anzutreffen, im Folgenden wird deshalb die Erweiterung von Methoden diskutiert; das Gesagte gilt aber in analoger Form auch für die Variablen.

Da die Idee der Oberklasse bedeutet, gemeinsame oder allgemeine Teile dort zu verankern, möchte man meist nicht die ganze Methode überschreiben, sondern auch noch die ursprüngliche Methode zu nutzen, um auf die dortigen allgemeinen Funktionen zuzugreifen. Für diesen Fall besteht die Möglichkeit, mit dem Aufruf *super* an die ursprüngliche, überschriebene Methode zu gelangen.

Bisher wurde eine eigene Methode mit

```
eineMethode()
```

oder ausführlicher mit

```
this.eineMethode()
```

aufgerufen.

Der Aufruf *super* wird folgendermaßen formuliert:

```
super.eineMethode()
```

---

[37] Überschreiben wird auch „überdecken" oder „redefinieren" und auf Englisch „override" (nicht aber „overwrite") genannt.

Dies führt dazu, dass das ausführende Objekt *eineMethode()* nicht in seiner eigenen Klasse sucht, sondern in seiner Oberklasse. Statt der eigenen Implementierung wird dann die Implementierung der Oberklasse ausgeführt.

Natürlich wäre es nicht sinnvoll, eine Methode zu überschreiben, und dann ausschließlich die überschriebene Methode der Oberklasse zu nutzen. Aus diesem Grund wird üblicherweise eine Kombination von beidem verwendet: in der Methode der Oberklasse werden allgemeine Teile implementiert, in der überschreibenden Methode der Unterklasse werden die speziellen Teile implementiert, die – bei Bedarf – auf die allgemeinen Teile der Oberklasse zurück zu greifen.

Für das Konto-Beispiel können mehrere solcher Situationen ausgemacht werden: Der einfachste Fall ist die Methode *toString()*, die in den beiden Klassen *Sparkonto* und *Girokonto* bisher folgendermaßen aussieht:

```
public class Sparkonto extends Konto{
...
    public String toString(){
        return "Sparkonto: " + getInhaber() + ": "
                            + getStand() + "€";
    }
...
}
```

```
public class Girokonto extends Konto{
...
    public String toString(){
        return  "Girokonto: " + getInhaber() + ": "
                            + getStand() + "€";
    }
...
}
```

Code 9-26 toString() im Spar- und Girokonto

In beiden Fällen wird mit der Anweisung

```
    return ... + getInhaber() + ": " + getStand() + "€";
```

ein Text erzeugt und zurück gegeben. Die Methoden unterscheiden sich lediglich in dem vorangestellten Kontotyp:

```
    "Sparkonto: " oder "Girokonto: "
```

Der allgemeine Teil wird in die Methode *toString()* der Oberklasse *Konto* verschoben. Die Implementierung der Methode sieht dort folgendermaßen aus. Dabei ist insbesondere zu beachten, dass jetzt wieder direkt auf die Variablen *inhaber* und *stand* zugegriffen werden kann, da diese ja in der Klasse *Konto* definiert worden waren.

```
public class Konto{
...
    public String toString(){
        return inhaber + ": " + stand + "€";
    }
...
}
```

Code 9-27 eine allgemeine Methode toString() im Konto

Die Klassen *Spar-* und *Girokonto* nutzen nun die Methode *toString()* der Oberklasse, um den gemeinsamen Textteil zu erstellen, der dann jeweils um die spezielle Kennung des Kontos erweitert wird.

```
public class Sparkonto extends Konto{
...
    public String toString(){
        return "Sparkonto: " + super.toString();
    }
...
}
```

Code 9-28 Die spezielle Methode toString() im Sparkonto

```
public class Girokonto extends Konto{
...
    public String toString(){
        return  "Girokonto: " + super.toString();
    }
...
}
```

Code 9-29 Die spezielle Methode toString() im Girokonto

Mit Hilfe dieses Ansatzes können nun gemeinsame Code-Teile in verschiedenen Unterklassen in eine Methode der Oberklasse ausgelagert werden. Der Code liegt damit nur noch einmal vor und muss, falls Änderungen notwendig sind, nur an einer Stelle geändert werden. Soll z.B. das Ausgabeformat der Methode *toString()* abgeändert werden, so muss dies nur noch in der Methode *toString()* der Klasse *Konto* durchgeführt werden.

Ähnlich verhält es sich mit der Methode *verzinsen()*. Im allgemeinen Fall wird der Zinssatz auf einen positiven Stand angewandt. Dieser Fall gilt unverändert für das Sparkonto. Für ein

Girokonto kommt noch der spezielle Fall hinzu, dass der Sollzinssatz auf einen negativen Stand angewandt wird. Bisher sahen die beiden Methoden so aus:

```
public class Sparkonto extends Konto {
    ...
    protected void verzinsen(){
        float zinsen = getStand()* getZinssatz() / 12 / 100;
        stand = runden(getStand() + zinsen, 2);
    }
}
```

Code 9-30 Die Methode verzinsen() im Sparkonto

```
public class Girokonto extends Konto{

    ...
    private float sollzinssatz;
    ...
    protected void verzinsen (){
        float zinsen = 0;
        if(getStand() > 0)
            zinsen = getStand() * getZinssatz() / 12 / 100;
        else
            zinsen = getStand() * sollzinssatz / 12 / 100;

        float neuerStand = runden(getStand() + zinsen, 2);
        setStand(neuerStand);
    }
}
```

Code 9-31 Die Methode verzinsen() im Girokonto

Verschiebt man nun den gemeinsamen Teil der Berechnung in die Oberklasse *Konto* sieht die dortige Methode folgendermaßen aus.

```
public class Konto {
    ...
    private float zinssatz;
    private float stand = 0;
    ...
    protected void verzinsen(){
        float zinsen = stand * zinssatz / 12 / 100;
        stand = runden(stand + zinsen, 2);
    }
}
```

Code 9-32 Die allgemeine Methode verzinsen() im Konto

Dabei ist auch hier wieder zu beobachten, dass jetzt wieder direkt auf die Variablen *stand* und *zinssatz* zugegriffen werden kann, da diese in der Klasse *Konto* definiert waren. Die Klasse *Sparkonto* benötigt jetzt keine eigene Methode mehr für den Monatsabschluss, sondern kann die geerbte Methode, so wie sie ist, verwenden.

Die Klasse *Sparkonto* muss die Methode nicht überschreiben, sondern kann sie unmittelbar so erben und verwenden. Die Klasse *Girokonto* kann, für den Fall, dass der Stand positiv ist, die Methode der Oberklasse verwenden. In diesem Fall wird die Methode *verzinsen()* mit Hilfe von *super* aufgerufen. Ist der Stand negativ, wird die spezielle Berechnung für die Sollzins angewandt.

```
public class Girokonto extends Konto{

   ...
   private float sollzinssatz;
   ...
   protected void verzinsen(){
     if(getStand() > 0)
         super.verzinsen();
     else{
         float zinsen = getStand() * sollzinssatz / 12 / 100;
         float neuerStand = runden(getStand() + zinsen, 2);
         setStand(neuerStand);
     }
   }
}
```

Code 9-33 Die speziellen Methode verzinsen() im Girokonto

Diese Lösung hat unmittelbare Vorteile:

*   Die Berechnung für positiven Kontostand muss nur einmal statt zweimal programmiert werden.
*   Die Berechnung kann wieder direkt auf die Variablen zugreifen.
*   Der Getter für den Zinssatz kann wieder entfernt werden, da er nur für diese Methode notwendig war.

Daneben gibt es noch langfristige Vorteile:

*   Durch den gelöschten Getter für den Zinssatz, ist die Anwendung sicherer geworden, da es keine Möglichkeit mehr gibt, den Zinssatz von außen zu lesen.
*   Durch die Konzentration der Berechnung an einer Stelle ist das Risiko für inkonsistente Änderungen verschwunden. Möchte man die Berechnungsform für den Zinssatz ändern (z.B. quartalsweise statt monatlich) so muss dies nur noch an einer einzigen Stelle durchgeführt werden.

Neben diesen Vorteilen gibt es einen prinzipiellen Nachteil: Die Funktionalität ist über mehrere Klassen hinweg verteilt. Möchte man das Programm lesen und verstehen, muss man mehrere Klassen betrachten und die Aufrufe nachvollziehen. Dies ist der Preis, den wir bezahlen, um Redundanz zu vermeiden.

Methoden der Oberklasse können durch eine Methode mit der gleichen Signatur in der Unterklasse überschrieben werden.

Um die ursprüngliche Methode aus der überschreibenden aufzurufen muss *super* verwendet werden.

Grundsätzlich ist aber die Vermeidung von Redundanz und die damit verbundene Gefahr von Fehlern und Inkonsistenzen wesentlich höher zu bewerten, als der zusätzliche Aufwand zum Verstehen des Programms.

Damit liegt nun ein ganz wesentlichen Aspekt der objektorientierten Programmierung vor uns: Redundanz und die Komplexität im Ablauf wird verringert zugunsten eines schlanken (aber strukturell verteilten) Programms.

Das UML-Diagramm am Ende dieses Abschnitts sieht für das Programm nun folgendermaßen aus (siehe Abbildung 9-5):

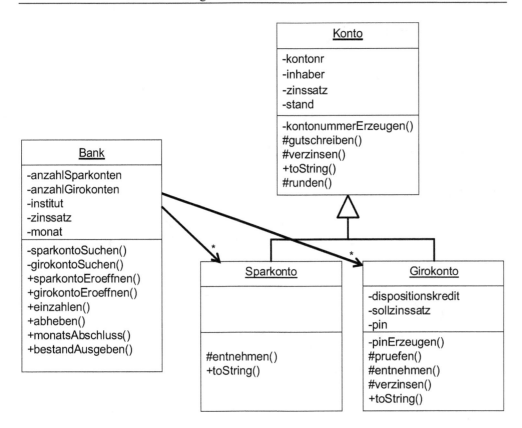

Abbildung 9-5 Verwendung von Spar- und Girokonto

9.5   Konstruktoren in der Vererbung

Die Vorgehensweise, per *super* Methoden der Oberklasse zu nutzen, kann auch – in abgewandelter Form – für Konstruktoren eingesetzt werden. Im Beispiel fällt auf, dass die Initialisierungen für *kontonummer*, *inhaber* und *zinssatz*, sowie die Meldung in den Klassen Sparkonto und Girokonto gleich sind.

```
public class Sparkonto extends Konto{

    public Sparkonto(String inhaber,
                     float stand, float zinssatz) {
        setInhaber(inhaber);
        setStand(stand);
        setZinssatz(zinssatz);
```

```
        kontonummerErzeugen();

        System.out.println("Das Konto mit der Nummer "
                + getKontonr() + " wurde angelegt.");
    }
    ...
}
```

Code 9-34 Konstruktor der Klasse Sparkonto

```
public class Girokonto extends Konto{

    public Girokonto(String inhaber, float zinssatz,
            float dispositionskredit, float sollzinssatz) {

        setInhaber(inhaber);
        setStand(0);
        setZinssatz(zinssatz);

        kontonummerErzeugen();

        this.dispositionskredit = dispositionskredit;
        this.sollzinssatz = sollzinssatz;

        this.pin = pinErzeugen();

        System.out.println("Das Konto mit der Nummer "
                + getKontonr() + " wurde angelegt.");
        System.out.println("Ihre private PIN ist "
                                + this.pin + ".");
    }
    ...
}
```

Code 9-35 Konstruktor der Klasse Girokonto

Ähnlich wie zuvor, sollen auch hier die gemeinsamen Teile in die Oberklasse *Konto* verschoben werden. Zunächst wird für die Klasse *Konto* ein Konstruktor realisiert, der die allgemeinen Initialisierungen, die sich im Übrigen auf Variablen der Oberklasse beziehen,
vornehmen kann.

```java
public class Konto {

    private static int kontonummern = 1000000;

    private String inhaber;
    private float stand;
    private float zinssatz;
    private int kontonr;

    public Konto(String inhaber, float stand, float zinssatz){
        this.inhaber = inhaber;
        this.stand = stand;
        this.zinssatz = zinssatz;
        kontonummerErzeugen();

        System.out.println("Das Konto mit der Nummer "
                + kontonr + " wurde angelegt.");
    }

    private void kontonummerErzeugen() {
        kontonr = kontonummern;
        kontonummern++;
    }
    ...
}
```

Code 9-36 Der Konstruktor der Klasse Konto

Es fällt auch hier auf, dass die Instanzvariablen nun wieder direkt angesprochen werden können. Die Methode *kontonummerErzeugen()* kann nun *private* werden, da sie nur noch von dem Konstruktor benötigt wird.

Der Konstruktor der Oberklasse kann mit der Methode *super(...)*[38] aufgerufen werden. Dabei müssen die Parameter zu einem der in der Oberklasse definierten Konstruktoren passen.

Die Konstruktor des Girokontos kann nun den Konstruktor des Kontos mit dem Befehl *super(inhaber, 0, zinssatz)* aufrufen. Das Ergebnis dieses Aufrufs ist eine neues Objekt, das, soweit der Konto-Konstruktor das konnte, initialisiert ist. Der Rest – die speziellen Teile der Klasse – müssen nun im Anschluss initialisiert werden.

Der Aufruf des *super*-Konstruktors muss immer in der ersten Zeile des eigenen Konstruktors stattfinden und darf auch nur einmal aufgerufen werden.

---

[38] Dieses *super(...)* ist nicht zu verwechseln mit *super* – auch wenn es in einem ähnlichen Zusammenhang eingesetzt wird.

Für die Klasse *Girokonto* sieht das dann so aus:

```
public class Girokonto extends Konto{

    private int pin;
    private float dispositionskredit;
    private float sollzinssatz;

    protected Girokonto(String inhaber, float stand,
                    float zinssatz, float dispositionskredit,
                    float sollzinssatz) {

        super(inhaber, stand, zinssatz);

        this.dispositionskredit = dispositionskredit;
        this.sollzinssatz = sollzinssatz;
        this.pin = pinErzeugen();
        System.out.println("Ihre private PIN ist "
                        + this.pin + ".");
    }
```

Code 9-37 Der Konstruktor der Klasse Girokonto

Für die Klasse *Sparkonto* ist eigentlich keine zusätzliche Initialisierung notwendig. Da Konstruktoren aber nicht vererbt werden, muss ein eigener Konstruktor implementiert werden der nur den Aufruf des *Konto*-Konstruktors enthält.

```
public class Sparkonto extends Konto {

    public Sparkonto(String inhaber, float stand,
                    float zinssatz) {
        super(inhaber, float stand, zinssatz);
    }
    ...
}
```

Code 9-38 Der Konstruktor der Klasse Sparkonto

Aufgrund dieser Lösung kann nun auf sämtliche Setter-Methoden für *inhaber* und *zinssatz* in der Klasse *Konto* verzichtet werden, da diese Variablen nur noch vom Konstruktor und den eigenen Verarbeitungsmethoden gesetzt werden. Dies macht die Klasse nach außen wieder ein Stück sicherer gegenüber unbefugtem Zugriff.

Grundsätzlich erwartet Java, dass als erste Anweisung eines Konstruktors genau ein Aufruf des Konstruktors der Oberklasse steht. Es ist also auch nicht möglich einen Konstruktor der

Oberklasse mehrmals oder verschiedene Konstruktoren aufzurufen. Damit soll sicher gestellt werden, dass ein Objekt bei der Erzeugung eindeutig initalisiert wird.

Auch die Klasse *Object* besitzt einen Konstruktor – nämlich den Konstruktor *Object()*. Aus diesem Grund müssen Klassen, die Unterklassen von *Object* sind in ihrem Konstruktor als erstes den Aufruf *super()* enthalten, mit dem der Konstruktor von *Object* aufgerufen wird. Fehlt dieser Aufruf, ergänzt ihn Java implizit. Explizit ausgeschrieben sieht dieser Aufruf in der Klasse *Konto* so aus:

```
public Konto(String inhaber, float stand, float zinssatz){
    super(); // Aufruf des Konstruktors von Object
    this.inhaber = inhaber;
    this.stand = stand;
    this.zinssatz = zinssatz;
    kontonummerErzeugen();

    System.out.println("Das Konto mit der Nummer "
            + kontonr + " wurde angelegt.");
}
```

Code 9-39 Der Konstruktor der Klasse Konto mit super()

Enthält eine Klasse keinen eigenen Konstruktor so wird von Java implizit der folgende Standardkonstruktor angelegt:

```
public class A {

    public A(){
        super();
    }
    ...
}
```

Code 9-40 Der implizit angelegte Konstruktor der Klasse A

Dieser Standardkonstruktor ist solange verfügbar, wie keine eigenen Konstruktoren definiert worden sind. Wurden eigene Konstruktoren erzeugt und möchte man trotzdem den Standardkonstruktor verwenden, muss man ihn in der Form wie oben explizit selbst programmieren.

Um auf einen anderen Konstruktor zuzugreifen, der in derselben Klasse implementiert ist, kann man die Methode *this(...)* verwenden. Ähnlich wie bei *super()* müssen die Parameter zu einem vorhandenen Konstruktor passen – diesmal aber in der gleichen Klasse. Wenn z.B. vorgesehen werden soll, dass ein *Konto* auch ohne Anfangsstand erzeugt werden kann, kann man den vorhandenen Konstruktor nutzen und den folgenden Konstruktor implementieren:

```
public class Konto {
...

    public Konto(String inhaber, float stand, float zinssatz){
        super();
        this.inhaber = inhaber;
        this.stand = stand;
        this.zinssatz = zinssatz;
        kontonummerErzeugen();

        System.out.println("Das Konto mit der Nummer "
                + kontonr + " wurde angelegt.");
    }
...

    public Konto(String inhaber, float zinssatz) {
        this(inhaber, 0, zinssatz);
    }
...
}
```

Code 9-41 Ein zusätzlicher Konstruktor, der auf dem vorhandenen aufbaut.

Auf den Konstruktor der Oberklasse kann im Konstruktor der Unterklasse mit *super(...)* zugegriffen werden. Dieser Aufruf muss der erste im Konstruktor sein.

Auf einen anderen Konstruktor derselben Klasse kann mit *this(...)* zugegriffen werden.

9.6   Abstrakte Klassen und Methoden

Mit Hilfe der zuvor beschriebenen Mechanismen wurden gemeinsame Code-Teile in die Klasse *Konto* verlagert. Verwendet im Programm werden aber ausschließlich Objekte der Klasse *Spar-* oder *Girokonto*. Es ist nicht sinnvoll, auch Objekte der Klasse *Konto* zu erstellen, diese Objekte wären „unvollständig", so fehlt beispielsweise die Möglichkeit, Beträge zu entnehmen, und in der *toString()*-Methode fehlt noch das Kennzeichen, das von den Unterklassen beigesteuert werden muss.

Solche Klassen, die nur den Zweck haben allgemeine Variablen und Methoden bereit zu stellen, von denen aber keine Objekte erzeugt werden sollen, werden abstrakt oder virtuell genannt. Java erlaubt solche Klassen mit dem Schlüsselwort *abstract* zu kennzeichnen. Von derart gekennzeichneten Klassen kann keine Instanz erzeugt werden. Der Versuch, ein Objekt einer abstrakten Klasse zu erzeugen, wird bereits beim Übersetzen vom Compiler als Fehler gemeldet.

Klassen, von denen eine Instanz erzeugt werden kann (also Klassen, die nicht als *abstract* gekennzeichnet sind), werden konkret genannt – alle bisherigen Klassen waren konkrete Klassen.

Die Klasse *Konto* wird folgendermaßen zu einer abstrakten Klasse:

```
public abstract class Konto {

    private static int kontonummern = 1000000;

    private String inhaber;
    private float stand;
    private float zinssatz;
    private int kontonr;
    ...
}
```

Code 9-42 Die abstrakte Klasse Konto

Diese Maßnahme bringt funktional keine Änderung, allerdings wird das Programm selbst wieder sicherer, da nun verhindert ist, dass (sinnlose) *Konto*-Objekte erzeugt werden können.

Abstrakte Klassen erlauben, sogenannte abstrakte Methoden zu definieren. Abstrakte Methoden sind Methoden für die zwar Modifier, Name, Parameter und Ergebnistyp festgelegt sind, nicht aber die konkrete Implementierung. Abstrakte Methoden dienen dazu, anzuzeigen, dass man zwar grundsätzlich weiß, dass es eine bestimmte Methode geben muss, der Inhalt der Methode kann aber im Rahmen der abstrakten Klassen noch nicht festgelegt werden.

Für die Konten ist z.B. bekannt, dass es immer eine Methode *entnehmen()* geben muss, wie sie konkret zu implementieren ist, hängt aber vom jeweiligen Kontotyp ab. Deshalb wird in der Klasse *Konto* die abstrakte Methode *entnehmen()* angelegt. Dabei ist zu beachten, dass eine abstrakte Methode das Schlüsselwort *abstract* enthält und mit einem „;" abgeschlossen wird.

```
public abstract class Konto {
    ...
    protected abstract float entnehmen(float betrag);
    ...
}
```

Programmierer, die nun eine (konkrete) Unterklasse von *Konto* erstellen, werden vom Compiler gezwungen eine vollständige Methode *entnehmen()* zu implementieren. Eine abstrakte Methode kann deshalb als Programmiervorgabe verstanden werden.

Abstrakte Klassen werden durch das Schlüsselwort *abstract* gekennzeichnet. Von abstrakten Klassen können keine Objekte erzeugt werden. Ihre zentrale Aufgabe ist es, allgemeine Teile für konkrete Unterklassen zur Verfügung zu stellen.

Abstrakte Klassen können abstrakte Methoden enthalten. Abstrakte Methoden haben nur eine Signatur, aber keine Implementierung. Diese muss in den konkreten Unterklassen gemacht werden.

Abstrakte Klassen und Methoden werden in UML kursiv dargestellt, also folgendermaßen (siehe Abbildung 9-6):

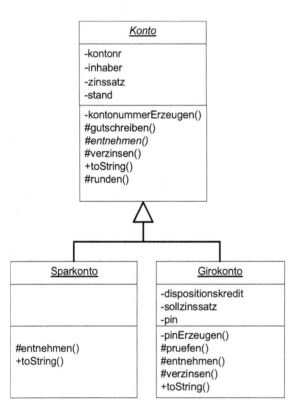

Abbildung 9-6 UML-Diagramm mit der abstrakten Klasse Konto und
der abstrakten Methode entnehmen()

9.7   Fazit

- Vererbung erlaubt, gleiche Elemente unterschiedlicher Klassen in einer Oberklasse zusammen zu fassen.
- Von einer Unterklasse werden alle Instanzvariablen einer Oberklasse geerbt. Allerdings kann nur auf *protected* oder *public*-Variablen direkt zugegriffen werden. *Private*-Variablen müssen mit Hilfe von geerbten Gettern und Settern bearbeitet werden.
- Von einer Unterklasse werden alle *public*- und *protected*-Instanzmethoden einer Oberklasse geerbt.[39]
- Geerbte Methoden können erweitert werden, indem man in der Unterklasse eine Methode gleichen Namens anlegt und per *super.name()* auf die geerbte Methode der Oberklasse zugreift und die dort realisierte Funktionalität nutzt. Der Programmcode für die zusätzliche Funktionalität wird in der Unterklasse implementiert.
- Auf Konstruktoren der Oberklasse kann mit Hilfe von *super()* zugegriffen werden.
- Klassen von denen keine Instanzen erzeugt werden sollen, werden als abstrakt deklariert. Abstrakte Klassen können auch abstrakte Methoden enthalten. Diese Methoden geben Namen, Parameter und Rückgabetyp einer in der Unterklasse zu realisierenden Methode vor.

9.8   Übungen

9.8.1   Aufgaben zur Vererbung

Erweiterung der Autovermietung

Erzeugen Sie drei Unterklassen der Klasse *Auto: Standardmodell, Limousine, Transporter.*

- Limousinen haben die Eigenschaft, dass ab dem zehnten Miettag die täglichen Mietkosten nur noch 50% der ursprünglichen Kosten betragen.
- Für Transporter muss bei der Ausleihe die geplante Ausleihdauer angegeben werden. Wird diese Dauer überschritten, kosten Transporter ab diesem Tag das Doppelte des ursprünglichen Mietpreises. Um diese zusätzliche Eigenschaft einzufügen, benötigt der Transporter ein zusätzliches Attribut *gepanteAusleihdauer.*
- Standardmodelle besitzen keine besonderen Eigenschaften, sondern realisieren das bisherige Auto-Verhalten.

Versuchen Sie in den Unterklassen möglichst, nur die zusätzlichen Informationen oder das zusätzliche Verhalten zu implementieren. Definieren Sie Variablen, auf die sie zugreifen müssen als *protected.*

---

[39] Grundsätzlich gilt das auch für *friendly*-Methoden und –Variablen, wenn die Unterklassen im gleichen Paket wie die Oberklasse liegen. Im Zusammenhang mit Vererbung wird üblicherweise nur *public*, *private* und *protected* verwendet.

Führen Sie drei Arrays ein, die Autos der drei Klassen jeweils verwalten können. Erstellen Sie die dazu passenden Methoden zur Erzeugung neuer Autos: also *neuerTransporter()*, *neueLimousine()* und *neuesStandardmodell()* und realisieren Sie entsprechende Methoden zum Ausleihen und Zurückgeben der Autos also *transporterAusleihen()* und *transporterZurueckGeben()* usw.

Erweitern Sie Ihr Testprogramm, so dass Sie diese neuen Klassen ausprobieren können; also z.B. in der folgenden Form:

```
public class Interaktion {

    public static void main(String[] args){

        Autovermietung vermietung = new Autovermietung();
        vermietung.neuerTransporter("VW Bully", 300);
        vermietung.neueLimousine("Mercedes S500", 300);
        vermietung.neuesStandardmodell("VW Passat", 90);

        //Transporter für zwei Tage ausleihen.
        Transporter auto1 = vermietung.transporterAusleihen(
                            "VW Bully", 2);

        vermietung.einTagVergeht();
        vermietung.einTagVergeht();
        // einen Tag überziehen
        vermietung.einTagVergeht();

        if(auto1 != null){
            int kosten1 =
                    vermietung.TransporterZurueckGeben(auto1);
            System.out.println("Kosten für " + auto1.getTyp()
                            + ": " + kosten1);
        }

        Limousine auto2 = vermietung.limousineAusleihen(
                            "Mercedes S500");
        for(int i = 0; i < 15; i++)
            vermietung.einTagVergeht();
        if(auto2 != null){
            int kosten1 =
                    vermietung.LimousineZurueckGeben(auto2);
            System.out.println("Kosten für " + auto2.getTyp()
                            + ": " + kosten1);
        }
// usw.
    }
}
```

Überarbeitung der Autovermietung

Überarbeiten Sie die Klassen *Auto*, *Standardmodell*, *Limousine*, *Transporter* aus der vorigen Aufgabe:

- Deklarieren Sie die alle Variablen *private* und machen Sie die Klasse *Auto* abstrakt. Falls Sie auf die privaten Attribute der Oberklasse zugreifen müssen, machen Sie das mit den geeigneten Gettern und Settern.
- Nutzen Sie möglichst das Standardverhalten der Oberklasse *Auto*, wo sie zusätzliche Funktionalität benötigen, versuchen Sie wo möglich vorhandene Methoden der Klasse *Auto* zu erweitern.
- Nutzen Sie zur Erzeugung neuer Autos den Konstruktor der Klasse *Auto*.

Die Klasse Autovermietung sollte unverändert bleiben; aus diesem Grund sollte auch das Testprogramm der vorigen Version unverändert funktionieren.

9.8.2 Verständnisfragen

- Was ist der Vorteil von Vererbung?
- Welche Probleme verursacht das Fehlen von Vererbung in sog. prozeduralen Programmiersprachen?
- Was ist der Unterschied zwischen *protected* und *friendly*?
- Wozu dienen abstrakte Klassen und Methoden?

9.9 Lösungen

9.9.1 Aufgaben zur Vererbung

Erweiterung der Autovermietung

```
package vermietung;

public class Auto extends Object{

    private String typ;
    private int miete;

    private boolean ausgeliehen = false;
    private int mietkosten = 0;

    protected Auto(String typ, int miete) {
        super();
        this.typ = typ;
```

```
        this.miete = miete;
    }

    protected String getTyp() {
        return typ;
    }

    protected boolean istAusgeliehen(){
        return ausgeliehen;
    }

    protected int getMiete() {
        return miete;
    }

    protected int getMietkosten() {
        return mietkosten;
    }

    protected void setMietkosten(int mietkosten) {
        this.mietkosten = mietkosten;
    }

    protected void ausleihen(){
        ausgeliehen = true;
    }

    protected void ausleihen(int geplanteDauer){
        ausgeliehen = true;
    }

    protected int zurueckgeben() {
        int kosten = mietkosten;
        mietkosten = 0;
        ausgeliehen = false;
        return kosten;
    }

    protected void kostenFuerEinenTag() {
        if(ausgeliehen)
            mietkosten = mietkosten + miete;
    }

    public String toString(){
        return typ;
```

```
        }

}

package vermietung;

public class Limousine extends Auto {

    private int tage = 0;

    protected Limousine(String typ, int miete) {
        super(typ, miete);
    }

    protected void kostenFuerEinenTag(){
        if(this.istAusgeliehen()){
            if(tage < 10)
                super.kostenFuerEinenTag();
            else {
                int kosten = this.getMietkosten() +
                                    this.getMiete()/2;
                this.setMietkosten(kosten);
            }
            tage++;
        }
    }

    protected int zurueckgeben() {
        int kosten = super.zurueckgeben();
        tage = 0;
        return kosten;
    }

    public String toString(){
        return super.toString() + " (Limousine)";
    }
}
```

Standardmodell und *Transporter* analog.

```
package vermietung;

//Hinweis: es sind jetzt mehrere
// Autos mit dem gleichen Typ möglich
public class Autovermietung {

    private static final int MAX_AUTOS = 100;
    private Transporter[] transporter = new
Transporter[MAX_AUTOS];
    private Limousine[] limousinen = new Limousine[MAX_AUTOS];
    private Standardmodell[] standardmodelle =
                    new Standardmodell[MAX_AUTOS];

    private int anz_transporter = 0, anz_limousinen = 0,
            anz_std = 0;

    // Liefert den nächsten freien Transporter
    private Transporter transporterSuchen(String typ){
        for(int i = 0; i < anz_transporter; i++)
            if(!transporter[i].istAusgeliehen()
                && transporter[i].getTyp().equals(typ)){
                return transporter[i];
            }
        return null;
    }
```

analog für *Limousine* und *Standardmodell*

```
    public void neuesStandardmodell(String typ, int miete) {
        standardmodelle[anz_std] =
                        new Standardmodell(typ, miete);
        anz_std++;
    }
```

analog für *Limousine* und *Standardmodell*

```
    public Transporter transporterAusleihen(
                    String typ, int geplanteDauer) {
        Transporter transporter = transporterSuchen(typ);
        if(transporter == null){
            System.out.println(typ + " ist nicht frei");
            return null;
        }
        transporter.ausleihen(geplanteDauer);
        return transporter;
    }
```

analog für *Limousine* und *Standardmodell*

```
public int transporterZurueckgeben(
                            Transporter transporter) {
    if(transporter != null)
        return transporter.zurueckgeben();
    else
        return 0;
}
```

analog für *Limousine* und *Standardmodell*

```
public void einTagVergeht() {
    for(int i = 0; i < anz_transporter; i++)
        transporter[i].kostenFuerEinenTag();
    for(int i = 0; i < anz_limousinen; i++)
        limousinen[i].kostenFuerEinenTag();
    for(int i = 0; i < anz_std; i++)
        standardmodelle[i].kostenFuerEinenTag();
}

public void uebersichtAusgeben() {
    for(int i = 0; i < anz_transporter; i++){
        System.out.print(transporter[i] + ": ");
        if(transporter[i].istAusgeliehen())
            System.out.println("ausgeliehen;
bisherige Leihkosten: "
                + transporter[i].getMietkosten());
        else
            System.out.println("nicht ausgeliehen");
    }
```

analog für *Limousine* und *Standardmodell*

```
    }
}
```

Überarbeitung der Autovermietung

```
package vermietung;

public abstract class Auto extends Object{

    private String typ;
    private int miete;

    private boolean ausgeliehen = false;
    private int mietkosten = 0;
```

```java
protected Auto(String typ, int miete) {
    super();
    this.typ = typ;
    this.miete = miete;
}

protected String getTyp() {
    return typ;
}

protected boolean istAusgeliehen(){
    return ausgeliehen;
}

protected int getMiete() {
    return miete;
}

protected int getMietkosten() {
    return mietkosten;
}

protected void setMietkosten(int mietkosten) {
    this.mietkosten = mietkosten;
}

protected void ausleihen(){
    ausgeliehen = true;
}

protected void ausleihen(int geplanteDauer){
    ausgeliehen = true;
}

protected int zurueckgeben() {
    int kosten = mietkosten;
    mietkosten = 0;
    ausgeliehen = false;
    return kosten;
}

protected void kostenFuerEinenTag() {
    if(ausgeliehen)
        mietkosten = mietkosten + miete;
```

```
    }

    public String toString(){
        return typ;
    }
}

package vermietung;

public class Limousine extends Auto {

    private int tage = 0;

    protected Limousine(String typ, int miete) {
        super(typ, miete);
    }

    protected void kostenFuerEinenTag(){
        if(this.istAusgeliehen()){
            if(tage < 10)
                super.kostenFuerEinenTag();
            else {
                int kosten = this.getMietkosten() +
                                    this.getMiete()/2;
                this.setMietkosten(kosten);
            }
            tage++;
        }
    }

    protected int zurueckgeben() {
        int kosten = super.zurueckgeben();
        tage = 0;
        return kosten;
    }

    public String toString(){
        return super.toString() + " (Limousine)";
    }
}
```

Standardmodell und *Transporter* analog.

9.9.2   Verständnisfragen

- *Was ist der Vorteil von Vererbung?* Gemeinsame Teile können zu einem gemeinsamen Konzept zusammengefasst werden.
- *Welche Probleme verursacht das Fehlen von Vererbung in sog. prozeduralen Programmiersprachen?* Doppelter Programmcode und Redundanz. Dies kann bei Änderungen leicht zu Fehlern führen.
- *Was ist der Unterschied zwischen protected und friendly?* Methoden und Variablen, die *friendly* sind (also ohne Modifier), können überall im selben Paket verwendet werden. Methoden und Variablen, die *protected* sind, können überall im selben Paket und in den Unterklassen der betreffenden Klasse verwendet werden.
- *Wozu dienen abstrakte Klassen und Methoden?* Abstrakte Methoden dienen zur Zusammenfassung gemeinsamer Code-Teile, ohne dass von dieser Klasse ein Objekt erzeugt werden kann. Abstrakte Methoden geben vor, welche Methoden in einer zukünftigen Unterklasse implementiert werden müssen.

10 Polymorphismus und Interfaces

Bisher wurde in allen Bearbeitungsschritten der Bank sehr genau zwischen Sparkonten und Girokonten unterschieden:

- Es gab die Arrays *sparkonten* und *girokonten* mit den entsprechenden Zählern.
- Es gab die Methoden sparkontoSuchen() und girokontoSuchen(), die nach einem passenden Konto im jeweiligen Array gesucht haben.
- Es gab die Methoden *sparkontoEroeffnen()* und *girokontoEroeffnen()*, die jeweils ein Konto mit dem entsprechenden Typ erzeugt und eingetragen haben.
- Es gab Methoden zum Einzahlen und Abheben, die auf die jeweiligen Konten Beträge eingezahlt oder abgehoben haben.
- Die Methoden *abschlussDurchfuehren()* und *bestandAusgeben()* haben jeweils beide Arrays durchwandert, um die entsprechende Aufgabe auszuführen.

In allen Fällen waren die Aufgaben aber relativ ähnlich:

- Es wurde ein Konto gesucht (Spar- oder Girokonto) und
- auf diesem Konto wurde eine Aktion ausgeführt: *verzinsen(), toString(), gutschreiben()* oder *entnehmen()*.
- Auch beim Anlegen eines neuen Kontos wurde zunächst geschaut, ob es irgendein anderes Konto gleichen Namens gibt.[40] Danach wurde ein neues Konto erzeugt und in ein Array eingetragen.

Meist geht es also um das „Konto an sich" nicht aber um die speziellen Aspekte, die ein Spar- oder Girokonto ausmachen. Java erlaubt mit Hilfe des sog. Polymorphismus, von diesen speziellen Aspekten zu verallgemeinern. Das Ziel dabei ist, dass sich ein Programmierer nicht um viele, unterschiedliche Elemente kümmern muss, sondern um wenige allgemeine – den Kopf also frei bekommt.

Im Folgenden Abschnitt wird zunächst der Polymorphismus zwischen Java-Klassen betrachtet. Im zweiten Abschnitt wird dieses Konzept mit Hilfe von sog. Interfaces noch weiter ausgedehnt.

---

[40] Tatsächlich wurde nur in dem jeweiligen Array nachgeschaut, was aber bei Spar- und Girokonten mit dem gleichen Besitzer beim Ein- und Auszahlen zu Problemen führen konnte.

Lernziele

Nach dem Lesen und Durcharbeiten dieses Kapitels kann man …

- Polymorphismus in Java nutzen
- Interfaces definieren und implementieren

Nach dem Lesen und Durcharbeiten dieses Kapitels kennt man …

- Das Konzept des Polymorphismus in Java (und anderen objektorientierten Programmiersprachen).

10.1   Polymorphismus von Klassen

Polymorphismus ist ein zentrales Konzept der objektorientierten Software-Entwicklung und macht die große Flexibilität der objektorientierten Programmierung aus. Wörtlich übersetzt bedeutet Polymorphismus: „viele Erscheinungsformen".

Die grundsätzliche Motivation besteht darin, dass mehrere Objekte, die zwar ähnlich aber nicht von derselben Klasse sind, mit demselben Methodenaufruf bearbeitet werden sollen. Beim Aufruf möchte man aber nicht auf die Besonderheiten des jeweiligen Objekts Rücksicht nehmen müssen.

Polymorphismus wird nicht durch ein neues Schlüsselwort eingeführt, sondern drückt sich in der Verwendung der bisherigen Sprachmittel aus. In Java wird dieses Prinzip dadurch angewandt, dass nun zwischen der Klasse und dem Typ eines Objekts unterschieden wird: jedes Objekt besitzt unveränderlich von Anfang an eine Klasse, aus der es erzeugt wurde. Das Objekt kann aber im Lauf seines Lebens unterschiedliche Typen annehmen – natürlich müssen diese Typen in irgendeiner Form zu der Klasse passen: so kann ein *String* nicht plötzlich als Zahl angesehen werden, sehr wohl kann aber ein *Girokonto* als allgemeines *Konto* verstanden werden.

Bisher wurden immer Variablen definiert, deren Typ gleich ihrer Klasse war; also z.B.:

```
Girokonto k =
      new Girokonto("Marcus Deininger", 3.5f, 1000, 7.0f);
System.out.println(k.getInhaber());
k.verzinsen();
System.out.println(k.toString());
if(k.pruefen(1234))
    System.out.println("richtige PIN");
else
    System.out.println("falsche PIN");
...
```

Code 10-1 Definition einer Variablen vom Typ Girokonto

Polymorphismus erlaubt nun dass Objekte einer Variablen zugewiesen werden, die von einem anderen Typ sind, als die Klasse des Objekts – dies geht natürlich nur, wenn der Typ der Variablen mit der Klasse des Objekts kompatibel ist. Das ist der Fall,

* wenn der Typ der Variablen eine Oberklasse der Klasse des Objekts ist (dieser Fall wird in diesem Abschnitt betrachtet) oder
* wenn der Typ ein Interface ist, das das Objekt implementiert (Interfaces werden im folgenden Abschnitt 10.2 vorgestellt).

In diesem Fall ist es möglich, eine Variable vom Typ *Konto* definieren, der ein Objekt von der Klasse *Girokonto* zugewiesen werden kann, da *Girokonto* eine Unterklasse von *Konto* ist. Dabei ist es völlig unerheblich, dass *Konto* eine abstrakte Klasse ist.

```
Konto k =
        new Girokonto("Marcus Deininger", 3.5f, 1000, 7.0f);
System.out.println(k.getInhaber());
k.verzinsen();
System.out.println(k.toString());
...
```

Code 10-2 Definition einer Variablen vom Typ Konto

Nach der Zuweisung befindet sich in *k* immer noch ein Objekt der Klasse *Girokonto*, es wird aber unter dem Typ *Konto* betrachtet. Die Konsequenz ist, dass nur noch die Methoden verwendet werden können, die in der Klasse Konto definiert sind, also die Methoden *gutschreiben()*, *entnehmen()*, *verzinsen()* und *toString()* sowie die dort definierten Getter- und Setter. Dabei ist es völlig unerheblich dass die Methode *entnehmen()* nur als abstrakte Methode definiert ist – wenn die entsprechende Methode ausgeführt wird, wird die Methode verwendet, die tatsächlich in der Klasse definiert worden war, nicht aber die Methode der Oberklasse. D.h. im Beispiel oben liefert *println(k.toString())* das Resultat:

```
Girokonto: Marcus Deininger: 5.0€
```

verwendet also die Implementierung des Girokontos. Nicht verwendet werden können die Methoden, die für das *Girokonto* zwar implementiert sind, aber nicht im *Konto* definiert sind; in diesem Fall die Methode *pruefen()*. Der Befehl

```
k.pruefen(1234);
```

würde deshalb zu einem Compiler-Fehler führen. Natürlich wird man nicht auf diese Funktionalität verzichten wollen. Weiter unten wird deshalb gezeigt, wie man es möglich macht, trotzdem wieder auf diese Methoden zuzugreifen.

Polymorphismus gestattet, dass Variablen eines Typs Objekte eines anderen Typs zugewiesen werden. Die Zuweisung ist möglich, wenn die Klasse des Objekts eine Unterklasse des Typs ist, oder wenn der der Typ ein Interface ist, das die Klasse des Objekts implementiert.

In der Bank-Anwendung soll nun Polymorphismus dazu genutzt werden, die Verwaltung von
Girokonto und *Sparkonto* zu verallgemeinern. Bisher wurden die beiden getrennt verwaltet:

```
public class Bank {
...

    private int anzahlSparkonten = 0;
    private int anzahlGirokonten = 0;

    ////////////// Tresor //////////////
    private Sparkonto[] sparkonten = new Sparkonto[MAX_KONTEN];
    private Girokonto[] girokonten = new Girokonto[MAX_KONTEN];
    ////////////////////////////////////
```

Code 10-3 Doppelte Verwaltung von Spar- und Girokonten

Aufgrund des Polymorphismus ist es nun möglich, ein Array *konten* vom Typ *Konto* zu
deklarieren, das sowohl *Spar-* als auch *Girokonten* aufnehmen kann. Damit gelangt man
letztendlich wieder zur ursprünglichen Deklaration (die damals allerdings nur den einen, dort
definierten konkreten Kontotyp aufnehmen konnte)

```
public class Bank {

    public static final int MAX_KONTEN = 100;
    private int anzahl = 0;

    ////////////// Tresor //////////////
    private Konto[] konten = new Konto[MAX_KONTEN];
    ////////////////////////////////////
...
```

Code 10-4 Polymorphe Verwaltung von Spar- und Girokonten

Der unmittelbare Vorteil zeigt sich in den Methoden *abschlussDurchfuehren()* und *bestand-
Ausgeben()*. Auch hier ist es möglich, zur ursprünglichen Implementierung zurückkehren, da
für ein *Konto* die beiden Methoden *verzinsen()* und *toString()* definiert sind und deshalb
verwendet werden können. Im jeweiligen Fall werden dann die passenden Methoden für
Sparkonten oder *Girokonten* ausgewählt.

```
public void abschlussDurchfuehren(){
    for(int i = 0; i < anzahl; i++)
        konten[i].verzinsen();
    monat++;
}

public void bestandAusgeben(){
    System.out.println("\nNach dem " + monat +
            ". Monat befinden sich folgende
                Beträge auf den Konten der "
            + institut + ":");
    float summe = 0;
    for(int i = 0; i < anzahl; i++){
        System.out.println(konten[i]);
        summe = summe + konten[i].getStand();
    }
    System.out.println("==========================");
    System.out.println("zusammen " + summe + "€\n");
}
```

Code 10-5 Polymorphe Verwendung der Konten

Später wird sicher gestellt werden, dass ein Kundenname nur einmal verwendet werden darf. Unter dieser Voraussetzung kann die Methode zum Suchen eines Kontos mit Hilfe des Namens folgendermaßen (wieder wie ursprünglich) realisiert werden. Insbesondere ist zu beachten, dass die Methoden ein Objekt vom Typ *Konto* zurückliefern.

```
private Konto kontoSuchen(String kunde){
    for(int i = 0; i < anzahl; i++)
        if(konten[i].getInhaber().equals(kunde))
            return konten[i];
    return null;
}
```

Code 10-6 Polymorphe Suche nach einem Konto mit Hilfe des Namens

Schwieriger erweist sich die Suche nach einem Girokonto mit Hilfe einer PIN. Diese Methode ist nur für Girokonten implementiert der folgende Aufruf führt zu einem Fehler, da für das *Konto* die Methode *pruefen()* nicht definiert ist.

```
private Konto kontoSuchen(int kontonr, int pin){
    for(int i = 0; i < anzahl; i++)
        if(konten[i].getKontonr() == kontonr
                && konten[i].pruefen(pin))
```

☒ Error: The Method pruefen(int) is undefined for the type Konto.

```
            return konten[i];
    return null;
}
```

Code 10-7 Polymorphe Suche nach einem Konto mit Hilfe von Namen und PIN

Dieser Fehler kann auf zwei Arten behoben werden. Die erste Lösungsmöglichkeit ist, das Objekt wieder unter seinem ursprünglichen Typ auftreten zu lassen. Dies kann man durch einen sog. *cast*-Befehl machen. Casting erlaubt, den Typ eines Objekts direkt umzuändern (nicht aber seine Klassenzugehörigkeit); dabei ist es allein in der Verantwortung des Programmierers, dass es in die richtige Klasse umgeändert wird. Casting wird durchgeführt indem man den gewünschten neuen Typ in Klammern vor das Objekt schreibt. Im Beispiel sähe das so aus:

```
private Konto kontoSuchen(int kontonr, int pin){
    for(int i = 0; i < anzahl; i++)
        if(konten[i].getKontonr() == kontonr
                && ((Girokonto)konten[i]).pruefen(pin))
            return konten[i];
    return null;
}
```

Code 10-8 Suche nach einem Konto mit Hilfe von Namen und PIN mit Casting

Neben der eher umständlichen Schreibweise sollte Casting vermieden werden, da es das das Programm grundsätzlich unsicher macht. Normalerweise prüft der Compiler zur Übersetzungszeit, ob ein Objekt einer Variablen zugewiesen werden darf oder nicht. Durch das Casting wird diese Prüfung während der Übersetzung ausgeschaltet und der Programmierer übernimmt die Verantwortung, dass während der Ausführung ein passendes Objekt gecastet wird. Befindet sich im Beispiel – unerwarteter Weise – kein Girokonto-Objekt in *konten[i]* stürzt das Programm mit einer *ClassCastException* ab.

Dieses Problem kann dadurch behoben werden, dass man zunächst prüft, ob ein *Girokonto*-Objekt vorliegt. In Java besteht die Möglichkeit, die Klasse eines Objekts mit der Methode *getClass()* abzufragen. Möchte man ermitteln, ob das aktuelle Konto ein Girokonto ist, ist das mit der folgenden Abfrage möglich

```
konten[i].getClass() == Girokonto.class
```

Java erwartet bei diesem Test keinen String o.ä., sondern die tatsächliche Klasse Girokonto, die, wenn sie im Programmtext erscheint, mit dem Attribut *class* dargestellt wird. Die sichere Suche nach dem Konto sieht demzufoge so aus:

```
private Konto kontoSuchen(int kontonr, int pin){
    for(int i = 0; i < anzahl; i++)
        if(konten[i].getKontonr() == kontonr
                && konten[i].getClass() == Girokonto.class
                && ((Girokonto)konten[i]).pruefen(pin))
            return konten[i];
    return null;
}
```

Code 10-9 Sichere Suche nach einem Konto mit Hilfe von Namen und PIN mit Casting

Hierbei ist zu beachten, dass es eine wesentliche Rolle spielt, dass && statt & in der Abfrage benutzt wird. Der Operator && bricht die Abfrage ab, wenn ein Ausdruck während der Auswertung *false* liefert. Ist das Objekt also kein Girokonto-Objekt, liefert die Abfrage *konten[i].getClass() == Girokonto.class* das Resultat *false* und die Auswertung des Ausdrucks wird hier abgebrochen. Liefert sie *true* kann das Casting korrekterweise durchgeführt werden. Der Operator & führt alle Abfragen durch und ermittelt erst am Ende das Resultat *true* oder *false*. Würde man also & nutzen, würde das Casting unabhängig von der Prüfung nach dem Typ durchgeführt werden – damit wäre die Typprüfung nutzlos.

Damit ist die Lösung wieder sicher, tatsächlich ist aber an dieser Stelle der Polymorphismus wieder aufgehoben: Statt allgemein um *Konten*, kümmert sich die Methode plötzlich wieder um spezielle Klassen, nämlich *Girokonten*. Dass an einer bestimmten Stelle wieder Details betrachtet werden müssen, lässt meist auf einen unsauberen Aufbau der Klassen schließen.

Damit soll eine zweite, besseren Lösung dieses Problems umgesetzt werden, die den Polymorphismus beibehält: Auf Casting wird verzichtet, stattdessen werden alle Methoden, die verwendet werden sollen in der Oberklasse definiert – entweder mit einem Verhalten oder zumindest abstrakt. Gelingt auch dies nicht, ist evtl. die Oberklasse nicht richtig gewählt, also der Programmentwurf noch einmal zu überdenken.

Für diesem Fall bedeutet das: Es wird eine allgemeine Methode *pruefen()* in der Oberklasse *Konto* realisiert. Diese Methode liefert auf oberster Ebene grundsätzlich *false* (weil es eigentlich nichts zu prüfen gibt) und wird vom *Girokonto* mit der bereits implementierten Prüfung überschieben. Damit sehen die Klassen *Konto*, *Girokonto* und *Bank* für diesen Aspekt folgendermaßen aus:

```
public abstract class Konto {
...

    protected boolean pruefen(int code){
        return false;
    }
...
}


public class Girokonto extends Konto{
...
```

```
    protected boolean pruefen(int code){
        return pin == code;
    }
    ...
}

public class Bank {
    ...

    private int anzahl = 0;

    ////////////////// Tresor //////////////////
    private Konto[] konten = new Konto[MAX_KONTEN];
    /////////////////////////////////////////////

    ...

    private Konto kontoSuchen(int kontonr, int pin){
        for(int i = 0; i < anzahl; i++)
            if(konten[i].getKontonr() == kontonr
                    && (konten[i].pruefen(pin)))
                return konten[i];
        return null;
    }
    ...
}
```

Code 10-10 Polymorphe Suche nach Konten mit einer allgemeinen Prüfung

---

Casting sollte vermieden werden, da es das Konzept des Polymorphismus unterläuft. Stattdessen sollten Klassen so allgemein angelegt werden, dass alle notwendigen Methoden angelegt sind – evtl. auch nur als einfache Standard-Implementierung. Gelingt dies nicht, ist evtl. der Programmentwurf falsch.

Mit Hilfe dieser Lösung ist das Programm sicher: Findet man (was eigentlich nicht vorkommen sollte) ein Sparkonto mit der gesuchten Kontonummer so wird die Prüfung auf jeden Fall *false* liefern. Das *Konto* würde also nicht als vermeintliches *Girokonto* zurück gegeben. Wenn tatsächlich ein *Girokonto*-Objekt vorliegt, wird die ursprüngliche Prüfmethode verwendet, die die PIN verifizieren kann.

Für die bisherigen Methoden *sparkontoEroeffnen()*, *girokontoEroeffnen()*, *einzahlen()* und *abheben()* ändert sich lediglich, dass auch hier polymorph auf die *konten* zugegriffen und allgemein Variablen vom Typ *Konto* verwendet werden, wie die folgenden beiden Beispiele zeigen:

```
public void girokontoEroeffnen(String kunde){
    if(kontoSuchen(kunde) != null){
        System.out.println("\n" + kunde
                    + " hat schon ein Konto auf der "
                    + institut + ".\n");
        return;
    }

    if(anzahl >= MAX_KONTEN){
        System.out.println("\nKeine Konten mehr frei.\n");
        return;
    }

    konten[anzahl] = new Girokonto(kunde, zinssatz,
                    DISPOSITIONSKREDIT, zinssatz * 2);

    System.out.println("\nDas Konto für " + kunde
                    + " auf der " + institut
                    + " wurde angelegt.\n");
    anzahl++;
}
...
public float abheben(int kontonr, int pin, float betrag){
    Konto konto = kontoSuchen(kontonr, pin);
    if(konto == null){
        System.out.println("\nDas Girokonto
                            mit der Nummer "
                + kontonr + " auf der " + institut
                + "wurde nicht gefunden oder verifiziert.\n");
        return 0;
    }

    float entnommen = konto.entnehmen(betrag);
    System.out.println(entnommen + "€ wurden von dem Konto "
                    + kontonr + " auf der " + institut
                    + " abgehoben");
    return entnommen;
}
```

Code 10-11 Polymorphe Verwendung von Konten

Die einzige Stelle wo tatsächlich noch zwischen Girokonto und Sparkonto unterschieden wird ist in den Methoden *girokontoEroeffnen()* und *sparkontoEroeffnen()*. Dies ist richtig und muss so gelöst werden, da an dieser Stelle die Objekte erzeugt werden müssen – dazu ist natürlich die Klasse notwendig.

Das UML-Diagramm für das Programm nach dieser Reorganisation sieht folgendermaßen aus (siehe Abbildung 10-1):

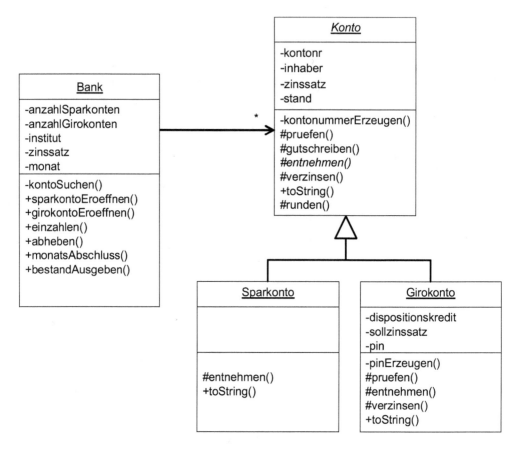

Abbildung 10-1 Polymorphe Verwendung von Konto, Spar- und Girokonto in der Bank

Insbesondere ist zu beachten, dass nun nur noch eine Beziehung zu der abstrakten Klasse Konto vorliegt.

Mit dem Polymorphismus schließt sich der Kreis und liefert zum Schluss eine Lösung, die beinahe so aussieht wie am Ausgangspunkt in Abschnitt 8.8 bevor verschiedene Kontoklassen eingefügt wurden. Die folgende Abbildung 10-2 zeigt noch einmal das ursprüngliche UML-Diagramm:

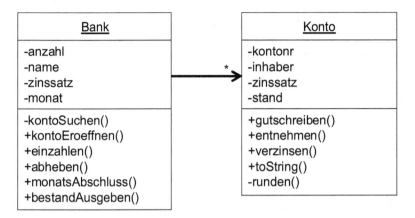

Abbildung 10-2 Ursprüngliche Definition von Konto und Bank

Man sieht hieran, dass polymorphe Programme die besondere Eigenschaft haben, dass sie leicht erweitert werden können: Soll nun z.B. eine weiter Kontoart *Langzeitkonto* eingeführt werden, so muss lediglich eine neue Unterklasse zum Konto und eine Methode *langzeitkontoEroeffnen()* erzeugt werden. Ein Langzeitkonto unterscheidet sich insbesondere darin, dass ein eingezahlter Betrag erst nach einem bestimmten Zeitraum wieder entnommen werden darf – dies hätte also Auswirkungen auf die Methoden *verzinsen()* und *entnehmen()*, die in dieser Klasse speziell definiert werden müssten.

Neben dem zuvor beschriebenen, sog. universellen Polymorphismus gibt es noch das Konzept des sog. „Ad-hoc-Polymorphismus". Unter diesem Konzept wird in Java (und anderen Programmiersprachen) das bereits zu vor beschriebene „Überladen" oder „Overloading" verstanden. (siehe auch Kapitel 7.3, Signatur und Overloading).

10.2   Interfaces

Interfaces sind das letzte neue Java-Konstrukt, das in diesem Rahmen betrachtet wird: Interfaces erlauben eine noch weitergehende Flexibilität beim Polymorphismus. Bisher waren Typen kompatibel, wenn sie in einer Vererbungsbeziehung standen. So konnten z.B. Girokonten und Sparkonten einer Variablen vom Typ *Konto* zugewiesen werden, weil *Girokonto* und *Sparkonto* Unterklassen von *Konto* waren.

Interfaces erlauben nun, Klassen Typkompatibel zu machen, ohne dass sie in einer Vererbungsbeziehung stehen müssen. Das Interface definiert dazu einen Typnamen und die Namen und Parameter der Methoden, die die jeweiligen Klassen zur Verfügung stellen müssen. Ein Interface wird wie eine Klasse definiert (mit dem Schlüsselwort *interface* statt *class*). Es darf ausschließlich abstrakte Instanzmethoden besitzen (und zusätzlich noch Konstanten).

Möchte eine Klasse zu einem solchen Typ kompatibel sein, muss es das „Interface implementieren", d h. sie muss alle Methoden, die das Interface vorschreibt realisieren. Dies wird
zu Beginn der Klasse mit dem Schlüsselwort *implements* und dem Namen des Interfaces
angezeigt. Grundsätzlich kann eine Klasse beliebig viele Interfaces implementieren.

Das folgende Beispiel zeigt die Definition eines Interfaces *IF* und dessen Implementierung
durch die Klassen *A* und *B*:

```java
public interface IF {

    public void m1();

    public void m2(int n);

}
public class A implements IF {

    public void m1() {
        System.out.println("M1 von A");
    }

    public void m2(int n) {
        System.out.println("M2 von A mit Parameter " + n);
    }

    public void m3() {
        System.out.println("M3 von A");
    }

}

public class B implements IF {

    public void m1() {
        System.out.println("M1 von B");
    }

    public void m2(int n) {
        System.out.println("M2 von B mit Parameter " + n);
    }

}
```

Code 10-12 Definition und Implementierung eines Interfaces IF und
Implementierung durch die Klassen A und B

Variablen können nun auch von einem Interface definiert werden. Implementiert eine Klasse dieses Interface, so kann ein Objekt dieser Klasse der Variablen zugewiesen werden, Natürlich können für diese Variablen nur die Methoden aufgerufen werden, die im Interface deklariert waren; also

```
...
IF var = new A();
var.m1();
var = new B();
var.m2(1);
```

Code 10-13 Verwendung des Interfaces

Interfaces sind (wie Klassen) ein Typ, von dem Variable deklariert werden können. Eine Klasse implementiert ein Interface durch das Schlüsselwort *implements*. Interfaces geben abstrakte Methoden vor, die von einer Klasse realisiert werden müssen, wenn sie das Interface implementieren.

Folgende Gründe kann es geben, warum man unterschiedliche Objekte unter einem Interface ansprechen möchte:

- Die Objekte haben eine ähnliche Eigenschaft (die sich in gleichen Methodennamen ausdrückt), allerdings ist es inhaltlich nicht sinnvoll, sie unter einer gemeinsamen Oberklasse zu gruppieren.
- Man möchte Objekte mehreren Oberklassen gleichzeitig zuordnen (was in Java aufgrund der Einfachvererbung nicht geht). In diesem Fall kann man ersatzweise ein oder mehrere Interfaces implementieren.
- Interfaces können als eine Art Vertrag zwischen Klassen verstanden werden: das Interface gibt die Bedingungen vor, die ein Programmierer einhalten muss, wenn er das Interface implementiert. Interfaces können als Vorgaben für den Programmierer verwendet werden, d h. man definiert ein neues System mit Hilfe von Interfaces („setzt Verträge auf") und läßt die Programmierer „gegen diese Schnittstellen" programmieren.

Interfaces können keine static Methoden oder Konstruktoren definieren – zur Erzeugung der Objekte müssen echte, konkrete Klassen verwendet werden.[41]

In UML werden Interfaces und die Implementierung von Interfaces wie folgt dargestellt (siehe Abbildung 10-3):

---

[41] Zusätzlich können aber noch Variablen vom Typ *public static final*, also Konstante, definiert werden.

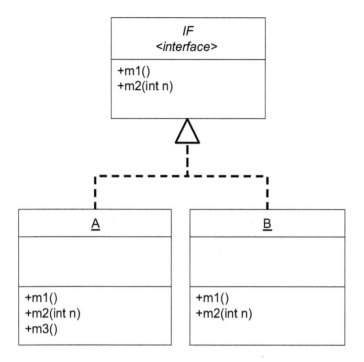

Abbildung 10-3 UML-Diagramm zur Implementierung eines Interfaces

Das Interface wird mit dem Kennzeichen <interface> versehen; die Implementierung durch eine Klasse wird mit einem Pfeil (mit geschlossener Spitze) und einer gestrichelten Line von der implementierenden Klasse zum Interface gezeichnet.

Für die Bank soll nun zusätzlich angenommen werden, dass sie Kredite verwaltet. Kredite haben ähnliche Eigenschaften wie Konten: sie haben einen Besitzer, sie haben einen Stand, sie werden verzinst und man kann einzahlen – grundsätzlich sind sie aber etwas anderes als Konten.

Es wird deshalb ein Interface *BankGeschaeft* angelegt, das die Methoden *getInhaber()*, *getStand()*, *getKontoNummer()*, *gutschreiben()* und *verzinsen()* definiert. Um das Programm kompatibel zu machen, werden außerdem die die Methoden *pruefen()* und *entnehmen()* definiert. Das Interface sieht damit folgendermaßen aus:

```
public interface BankGeschaeft {

    public abstract String getInhaber();

    public abstract float getStand();

    public abstract int getKontonr();
```

```
    public abstract boolean pruefen(int code);

    public abstract void gutschreiben(float betrag);

    public abstract float entnehmen(float betrag);

    public abstract void verzinsen();
}
```

Code 10-14 Das Interface BankGeschaeft

Für Interfaces gilt eine Besonderheit: die Methoden des Interfaces müssen *public* sein, die Sichtbarkeit muss deshalb später in den Klassen geändert werden.

Klassen, die diesen Aspekt nutzen wollen, müssen das Interface „implementieren" und alle dort vorgesehenen, abstrakten Funktionen umsetzen. Die Klasse *Kredit* sieht damit folgendermaßen aus:

```
public class Kredit implements BankGeschaeft {

    private static int kontonummern = 500000;
    private String inhaber;
    private float stand;
    private float zinssatz;
    private int kontonr;

    public Kredit(String inhaber, float kredit,
                             float zinssatz) {
        super();
        this.inhaber = inhaber;
        this.stand = -kredit;
        this.zinssatz = zinssatz;
        this.kontonr = kontonummern++;
        System.out.println("Der Kredit in Hoehe von " + kredit
                        + "€ wurde ausgezahlt");
    }

    public String getInhaber() {
        return inhaber;
    }

    public float getStand() {
        return stand;
    }

    public int getKontonr() {
```

```
            return kontonr;
    }

    public float entnehmen(float betrag) {
        return 0;
    }

    public void gutschreiben(float betrag) {
        if(stand < 0)
            stand = stand + betrag;
    }

    public boolean pruefen(int code) {
        return false;
    }

    public void verzinsen() {
        float zinsen = stand * zinssatz / 12 / 100;
        stand = stand + zinsen;
    }

}
```

Code 10-15 Die Klasse Kredit

Das *Konto* soll diesen Aspekt ebenfalls implementieren, da alle Methoden schon vorliegen
müssen lediglich die Sichtbarkeit der entsprechenden Methoden auf *public* geändert und die
implements-Anweisung eingefügt werden, also

```
public abstract class Konto implements BanbkGeschaeft{
...
    public float getStand() {
        return stand;
    }
...
    public String toString(){
        return this.kontotyp() + ": " + inhaber
                            + ": " + stand + "€";
    }
}
```

Code 10-16 Die Klasse Konto

Die Bank soll nun statt Konten Geschäftsarten verwalten. Dazu wird überall die Klasse *Konto* in *BankGeschaeft* abgeändert.

```
public class Bank{

    public static final int MAX_KONTEN = 100;
    private int anzahl = 0;
    private int bestZaehler = 0;

    ////////////// Tresor //////////////
    private BankGeschaeft[] konten =
                    new BankGeschaeft[MAX_KONTEN];
    //////////////////////////////////////

...
    private BankGeschaeft kontoSuchen(String kunde){
        for(int i = 0; i < anzahl; i++)
            if(konten[i].getInhaber().equals(kunde))
                return konten[i];
        return null;
    }
}
```

Code 10-17 Die Klasse Bank mit Bankgeschäften

Wenn ein neuer Kredit ausgegeben wird, wird er analog zu den Konten erstellt und eingetragen. Um zu erlauben, dass ein Kontoinhaber auch einen Kredit erhalten kann, wird an den Namen des Kunden „(KREDIT)" angehängt, um den Namen vom normalen Konto zu unterscheiden.[42]

```
    public void kreditAuszahlen(String kunde, float kredit){
        kunde = kunde + " (KREDIT)";
        if(kontoSuchen(kunde) != null){
            System.out.println("\n" + kunde +
                            " hat schon einen Kredit auf der "
                            + institut + ".\n");
            return;
        }

        if(anzahl >= MAX_KONTEN){
            System.out.println("\nKeine Konten mehr frei.\n");
            return;
        }

        konten[anzahl] =
                    new Kredit(kunde, kredit, zinssatz * 5);
```

---

[42] Statt *konten* sollte nur eigentlich der Name *geschaefte* gewählt werden, ebenso sollten die Namen der Methoden verallgemeinert werden (z.B. *suchen* statt *kontoSuchen*). Die alten Namen wurden beibehalten, um die Nachvollziehbarkeit der Beispiele zu erleichtern.

```
        System.out.println("\nDer Kredit für " + kunde +
                           " auf der " + institut +
                           " wurde ausgezahlt.\n");

        anzahl++;
    }
```

Code 10-18 Anlegen eines neuen Kredits

In UML sieht das fertige System folgendermaßen aus. Insbesondere ist zu beachten, dass das Array *BankGeschaeft[] konten* durch eine Beziehung zwischen *Bank* und dem Interface repräsentiert wird (siehe Abbildung 10-4).

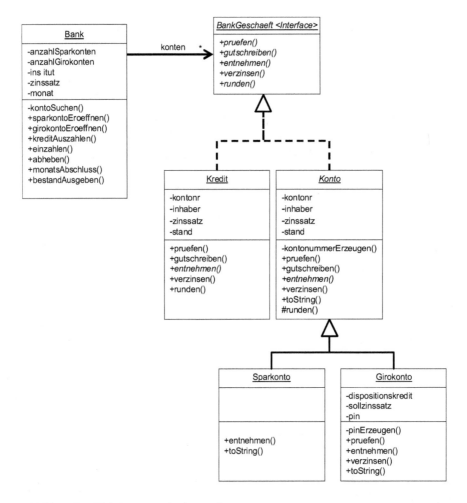

Abbildung 10-4 UML-Diagramm des fertigen Programms

10.3   Fazit

- Polymorphismus erlaubt Objekte unterschiedlicher Klassen zu Typen zusammen zu fassen. Dazu müssen diese Objekte entweder eine gemeinsame Oberklasse besitzen oder dasselbe Interface implementieren.
- Im ersten Fall ist der Typ der Oberklasse der gemeinsame Typ, im zweiten Fall ist es das Interface.
- Mit Hilfe von Polymorphismus können ähnliche Objekte nach außen hin gleich angesprochen werden.

10.4   Übungen

10.4.1   Aufgaben zum Polymorphismus

Überarbeitung der Autovermietung

Verwalten Sie nun alle Autos in einem einzigen Array vom Typ *Auto*. Die Methoden zur Erzeugung neuer Autos: *neuerTransporter()*, *neueLimousine()* und *neuesStandardmodell()* fügen nun neue Objekte in dieses eine Array ein.

- Zum Ausleihen einer Limousine oder eines Standardmodells soll nun die Methode *ausleihen(String typ)* genutzt werden, die ein Auto-Objekt zurück gibt.
- Zum Ausleihen eines Transporters soll die Methode *ausleihen(String typ, int geplanteDauer)* genutzt werden, die ebenfalls ein Auto-Objekt zurück gibt.
- Die Rückgabe soll mit Hilfe einer Methode zurueckgeben(Auto einAuto) möglich sein.

Hinweis: Sie müssen hier feststellen, um was für einen Autotyp es sich handelt, um sicherzustellen, dass eine zulässige Methode genutzt wird. Sie können dies einerseits mit der oben beschriebenen Methode *getClass()* machen. Ein eleganterer (und objektorientierter) Ansatz ist der Folgende:

- Definieren Sie in der Oberklasse *Auto* die „Auskunftsmethoden" *istStandardmodell()*, *istLimousine()* und *istTransporter()*, die keinen Parameter besitzen, als Rückgabetyp *boolean* haben und die allesamt *false* zurück geben; also

```
abstract public class Auto{
...
    public boolean istLimousine(){
        return false;
    }
...
...
}
```

- In den Unterklassen überschreiben Sie die jeweils zugehörige Methode mit einer neuen, die den Wert true zurück gibt; also

```
public class Limousine{
...
    public boolean istLimousine(){
        return true;
    }
...
}
```

Ändern Sie Ihr Testprogramm, so dass Sie nun neuen Methoden ausprobieren können; deklarieren Sie insbesondere Variablen vom Typ Auto, also

```
public class Interaktion {

    public static void main(String[] args){

        Autovermietung vermietung = new Autovermietung();
        vermietung.neuerTransporter("VW Bully", 300);
        vermietung.neueLimousine("Mercedes S500", 300);
        vermietung.neuesStandardmodell("VW Passat", 90);

        //Transporter für zwei Tage ausleihen.
        Auto auto1 = vermietung.ausleihen("VW Bully", 2);

        vermietung.einTagVergeht();
        vermietung.einTagVergeht();
        // einen Tag überziehen
        vermietung.einTagVergeht();

        if(auto1 != null){
            int kosten1 = vermietung.zurueckgeben(auto1);
            System.out.println("Kosten für " + auto1.getTyp()
                            + ": " + kosten1);
        }

        Auto auto2 = vermietung.ausleihen("Mercedes S500");
        for(int i = 0; i < 15; i++)
            vermietung.einTagVergeht();
        if(auto2 != null){
            int kosten1 = vermietung.zurueckgeben(auto2);
            System.out.println("Kosten für "
                            + auto2.getTyp() + ": " + kosten1);
```

```
        }
// usw.
    }
}
```

10.4.2   Aufgaben zum Interface

Erweiterung der Autovermietung

Die Autovermietung möchte nun zusätzlich Kindersitze verleihen. Kindersitze haben pauschal den Typnamen „KINDERSITZ". Kindersitze kosten 10€ Leihkosten, unabhängig von der Ausleihdauer. Wie zuvor auch wird der Preis bei der Rückgabe fällig.

Führen Sie ein Interface namens *Ausleihbar* ein. Das Interface soll die Methoden *getTyp()*, *ausleihen()*, *zurueckgeben()* und *mieteFuerEinenTag()* sowie die benötigten Auskunftsmethoden *ist...()* vorschreiben. Sorgen Sie dafür, dass Ihre Autos dieses Interface implementieren und realisieren Sie die Klasse *Kindersitz*, die ebenfalls dieses Interface implementieren soll.

Verwalten Sie nun in Ihrer Autovermietung Elemente vom Typ *Ausleihbar*. Ein Testprogramm, das nun Interfaces verwendet könnte folgendermaßen aussehen:

```java
public class Interaktion {

    public static void main(String[] args){

        Autovermietung vermietung = new Autovermietung();
        for(int i = 0; i < 10; i++)
            vermietung.neuerKindersitz();
        vermietung.neuerTransporter("VW Bully", 300);
        vermietung.neueLimousine("Mercedes S500", 300);
        vermietung.neuesStandardmodell("VW Passat", 90);

        //Transporter für zwei Tage ausleihen.
        Ausleihbar auto1 =
                    vermietung.ausleihen("VW Bully", 2);
        Ausleihbar ks = vermietung.ausleihen();
            // liefert einen Kindersitz

        vermietung.einTagVergeht();
        vermietung.einTagVergeht();
        // einen Tag überziehen
        vermietung.einTagVergeht();

        if(auto1 != null){
            int kosten1 = vermietung.zurueckgeben(auto1);
            System.out.println("Kosten für " + auto1.getTyp()
```

```
                                    + ": " + kosten1);
        }

        Ausleihbar auto2 =
                    vermietung.ausleihen("Mercedes S500");
        for(int i = 0; i < 15; i++)
            vermietung.einTagVergeht();
        if(auto2 != null){
            int kosten1 = vermietung.zurueckgeben(auto2);
            System.out.println("Kosten für " + auto2.getTyp()
                            + ": " + kosten1);
        }
// usw.
    }
}
```

10.4.3   Verständnisfragen

- Was ist das Prinzip des Polymorphismus?
- Was ist der Vorteil von Polymorphismus?
- Warum sollte Casting vermieden werden und wie kann es vermieden werden?
- Was ist der Unterschied von Interfaces und abstrakten Klassen?

10.5   Lösungen

10.5.1   Aufgaben zum Polymorphismus

Überarbeitung der Autovermietung

```
package vermietung;

public abstract class Auto extends Object{

    private String typ;
    private int miete;

    private boolean ausgeliehen = false;
    private int mietkosten = 0;

    protected Auto(String typ, int miete) {
        super();
        this.typ = typ;
        this.miete = miete;
```

```java
    }

    protected String getTyp() {
        return typ;
    }

    protected boolean istAusgeliehen(){
        return ausgeliehen;
    }

    protected int getMiete() {
        return miete;
    }

    protected int getMietkosten() {
        return mietkosten;
    }

    protected void setMietkosten(int mietkosten) {
        this.mietkosten = mietkosten;
    }

    protected boolean istTransporter(){
        return false;
    }

    protected boolean istLimousine(){
        return false;
    }

    protected boolean istStandardModell(){
        return false;
    }

    protected void ausleihen(){
        ausgeliehen = true;
    }

    protected void ausleihen(int geplanteDauer){
        ausgeliehen = true;
    }

    protected int zurueckGeben() {
        int kosten = mietkosten;
        mietkosten = 0;
```

```java
        ausgeliehen = false;
        return kosten;
    }

    protected void kostenFuerEinenTag() {
        if(ausgeliehen)
            mietkosten = mietkosten + miete;
    }

    public String toString(){
        return typ;
    }

}

package vermietung;

public class Limousine extends Auto {

    private int tage = 0;

    protected Limousine(String typ, int miete) {
        super(typ, miete);
    }

    protected boolean istLimousine(){
        return true;
    }

    protected void kostenFuerEinenTag(){
        if(this.istAusgeliehen()){
            if(tage < 10)
                super.kostenFuerEinenTag();
            else {
                int kosten = this.getMietkosten()
                                + this.getMiete()/2;
                this.setMietkosten(kosten);
            }
            tage++;
        }
    }

    protected int zurueckGeben() {
        int kosten = super.zurueckGeben();
        tage = 0;
```

```
            return kosten;
    }

    public String toString(){
        return super.toString() + " (Limousine)";
    }
}
```

Standardmodell und *Transporter* analog.

```
package vermietung;

public class Autovermietung {

    private static final int MAX_AUTOS = 100;
    private Auto[] autos = new Auto[MAX_AUTOS];

    private int anzahl = 0;

    // Liefert das nächste freie Auto
    private Auto autoSuchen(String typ){
        for(int i = 0; i < anzahl; i++)
            if(autos[i].getTyp().equals(typ)
                    && !autos[i].istAusgeliehen()){
                return autos[i];
            }
        return null;

    }

    public void neuesStandardmodell(String typ, int miete) {
        autos[anzahl] = new Standardmodell(typ, miete);
        anzahl++;
    }

    public void neueLimousine(String typ, int miete) {
        autos[anzahl] = new Limousine(typ, miete);
        anzahl++;
    }

    public void neuerTransporter(String typ, int miete) {
        autos[anzahl] = new Transporter(typ, miete);
        anzahl++;
    }
```

```java
public Auto ausleihen(String typ) {
    Auto auto = autoSuchen(typ);
    if(auto == null){
        System.out.println(typ +
                " gibt es nicht oder ist nicht frei");
        return null;
    }
    if(auto.istTransporter()){
        System.out.println(typ +
                            " geplante Dauer erwartet");
        return null;
    }
    auto.ausleihen();
    return auto;
}

public Auto ausleihen(String typ, int geplanteDauer) {
    Auto auto = autoSuchen(typ);
    if(auto == null){
        System.out.println(typ +
                " gibt es nicht oder ist nicht frei");
        return null;
    }
    auto.ausleihen(geplanteDauer);
    return auto;
}

public int zurueckGeben(Auto auto) {
    if(auto != null)
        return auto.zurueckGeben();
    else
        return 0;
}

public void einTagVergeht() {
    for(int i = 0; i < anzahl; i++)
        autos[i].kostenFuerEinenTag();
}

public void uebersichtAusgeben() {
    for(int i = 0; i < anzahl; i++){
        System.out.print(autos[i].getTyp() + ": ");
        if(autos[i].istAusgeliehen())
            System.out.println("ausgeliehen; bisherige
                Leihkosten: " + autos[i].getMietkosten());
```

```
        else
            System.out.println("nicht ausgeliehen");
    }
    System.out.println();

    }

}
```

10.5.2   Aufgaben zum Interface

Erweiterung der Autovermietung

```
package vermietung;

public interface Ausleihbar {

    public String getTyp();

    public boolean istAusgeliehen();

    public boolean istTransporter();

    public void ausleihen();

    public void ausleihen(int geplanteDauer);

    public int zurueckgeben();

    public void kostenFuerEinenTag();

    public int getMietkosten();

}
```

```
public abstract class Auto extends Object implements
Ausleihbar{
```

ansonsten wie bisher

```
}
```

Limousine, Standardmodell und *Transporter* wie bisher

```java
package vermietung;

public class Kindersitz implements Ausleihbar{

    private boolean ausgeliehen = false;

    public void ausleihen() {
        ausgeliehen = true;
    }

    public void ausleihen(int geplanteDauer) {
        this.ausleihen();
    }

    public int getMietkosten() {
        if(ausgeliehen)
            return 10;
        else
            return 0;
    }

    public String getTyp() {
        return "KINDERSITZ";
    }

    public boolean istAusgeliehen() {
        return ausgeliehen;
    }

    public boolean istTransporter() {
        return false;
    }

    public void kostenFuerEinenTag() {
    }

    public int zurueckgeben() {
        int kosten = this.getMietkosten();
        ausgeliehen = false;
        return kosten;
    }

    public String toString(){
        return "Kindersitz";
    }
```

```
}

package vermietung;

public class Autovermietung {

    private static final int MAX_ELEMENTE = 100;
    private Ausleihbar[] elemente = new
Ausleihbar[MAX_ELEMENTE];

    private int anzahl = 0;

    private Ausleihbar suchen(String typ){
        for(int i = 0; i < anzahl; i++)
            if(elemente[i].getTyp().equals(typ)
                    && !elemente[i].istAusgeliehen()){
                return elemente[i];
            }
        return null;

    }

    public void neuerKindersitz() {
        elemente[anzahl] = new Kindersitz();
        anzahl++;
    }
```

wie bisher

```
    public Ausleihbar ausleihen(String typ) {
        Ausleihbar element = suchen(typ);
        if(element == null){
            System.out.println(typ +
                    " gibt es nicht oder ist nicht frei");
            return null;
        }
        if(element.istTransporter()){
            System.out.println(typ +
                                " geplante Dauer erwartet");
            return null;
        }
        element.ausleihen();
        return element;
    }
```

wie bisher mit *Ausleihbar* statt *Auto*

}

10.5.3   Verständnisfragen

- *Was ist das Prinzip des Polymorphismus?* Elemente mit einem gleichen Typ (entweder eine gemeinsame Oberklasse oder ein gemeinsames Interface) können in einer Variablen dieses Typs gespeichert werden. Dadurch kann die Variable Elemente aus unterschiedlichen Klassen (die vom selben Typ sind) aufnehmen. Für die Variable können lediglich die Methoden verwendet werden, die auch in dem Typ bekann sind.
- *Was ist der Vorteil von Polymorphismus?* Unterschiedliche Elemente können gleich behandelt werden. Dies erlaubt eine abstraktere Sichtweise.
- *Warum sollte Casting vermieden werden und wie kann es vermieden werden?* Casting kann zu Laufzeitfehlern führen. Casting ist normalerweise notwendig, wenn man auf eine Methode einer Klasse zugreifen möchte, die der Typ der Variablen nicht bereitstellt. Casting lässt sich meist vermeiden, wenn man den Typ erweitert und die benötigten Methoden dort (zumindest abstrakt) implementiert.
- *Was ist der Unterschied von Interfaces und abstrakten Klassen?* Interfaces stellen ausschließlich abstrakte Methoden zur Verfügung, abstrakte Klassen können auch konkrete Methoden enthalten. Eine Klasse kann mehrere Interfaces implementieren aber nur von einer (abstrakten) Klasse erben.

11   Zeichenketten (Strings)

Eine Zeichenkette ist eine endliche Sequenz oder Reihenfolge von Zeichen. Die Bearbeitung von Zeichenketten gehört mit zu den wichtigsten und häufigsten Aufgaben in einer Java-Anwendung, z.B. bei der Eingabe von Adressdaten, dem Einlesen von Kundendaten aus einer Datei oder der Bearbeitung von Namensinformationen.

Es gibt mehrere Java-Klassen, die sich mit Zeichenketten beschäftigen, wobei die wichtigsten *String*, *StringBuffer* und *StringTokenizer*[43] sind. Aus diesem Grunde ist es sehr wichtig, sich mit den Eigenschaften der entsprechenden Klassen auseinander zu setzen, um so besser die Vor- bzw. Nachteile der verschiedenen Arten von Zeichenketten zu bewerten. Der Begriff *String* bezeichnet übrigens das englische Wort für eine Zeichenkette und viele weitere Klassen, die Zeichenketten verarbeiten, führen ihn entsprechend als Präfix im Namen, z.B. *StringBuffer* oder *StringTokenizer*.

Die Klasse *String* ist dabei die zentrale Klasse zur Erzeugung einer unveränderlichen Zeichenkette, der Suche innerhalb einer Zeichenkette und dem Vergleich zwischen zwei Zeichenketten.

Die Klasse *StringBuffer* erlaubt im Gegensatz zur Klasse *String* eine unmittelbar *veränderbare* Zeichenkette, d.h. es können weitere Zeichen hinzugefügt oder aus der Zeichenkette entfernt werden.

Die einfache Zerlegung einer Zeichenkette in die einzelnen Bestandteile kann durch die Klasse *StringTokenizer* erfolgen.

Lernziele
Nach dem Lesen und Durcharbeiten dieses Kapitels kann man …

- zwischen den Klassen *String*, *StringBuffer* und *StringTokenizer* unterscheiden.
- Zeichenketten erzeugen.
- Innerhalb von Zeichenketten suchen und Zeichen in Zeichenketten ersetzen.
- Zeichenketten miteinander vergleichen.
- das Vorkommen eines Zeichens in der Zeichenkette ermitteln.
- Zeichenketten verändern, indem Zeichen gelöscht, eingefügt oder ersetzt werden.
- Zeichenketten in ihre Bestandteile zerlegen.

---

[43] Die Klasse *Scanner*, die wie die Klasse *StringTokenizer* die syntaktische Zerlegung einer Zeichenkette ermöglicht, wird nicht in diesem Kapitel besprochen.

11.1   Grundlagen

Die Klassen *String* und *StringBuffer* gehören zum unmittelbaren Sprachumfang von Java, während die Klasse *StringTokenizer* hingegen in das *java.util* Paket ausgelagert wurde, in dem sich u. a. auch die Datenstrukturen und die Daten- und Zeitformate befinden.

Sobald es um die Verarbeitung von Zeichenketten geht, sind *String* und *StringBuffer* erforderlich. Im Gegensatz zum einfachen Datentyp *char*, der nur *ein* einzelnes Zeichen (in *einfachen* Anführungszeichen, z.B. 'a') enthält, umfasst ein *String* eine ganze Sequenz von Zeichen (in *doppelten* Anführungszeichen, z.B. "Hallo"), die Zeichenkette genannt wird.[44]

```
char c = 'a';
String t = ""; // leere Zeichenkette
String s = "Dies ist eine Zeichenkette.";
```

Code 11-1 Beispiele von Zeichenketten

Die Zeichenkette von *String* bleibt, sobald sie einmal definiert wurde, unverändert (denn jede Operation damit erzeugt jeweils eine neue Zeichenkette). Die Zeichenkette von *StringBuffer* hingegen kann beliebig oft verändert werden. Bei der Funktionalität unterscheiden sich die Klassen darin, dass *String* die Extraktion von einzelnen Zeichen oder ganzer Sub-Zeichenketten und den Vergleich zwischen Zeichenketten erlaubt, während die Klasse *StringBuffer* eine Veränderung der Zeichenketten durch das Löschen bzw. Einfügen einzelner Zeichen oder Zeichenketten ermöglicht.

Die Klasse *StringTokenizer* wiederum ermöglicht die komfortable Erkennung von Zeichenkettenmustern und daraus folgend die Zerlegung der Zeichenkette. Dies erlaubt z.B. die Bearbeitung von Benutzereingaben oder die Identifizierung einzelner Schlüsselwörter.

Weiterhin existieren noch eine Reihe von Sonderzeichen, wie z.B. \n (für den Zeilenvorschub), \r (für den Wagenrücklauf), \t (für den Tabulator), \\ (für \ ) und \" (für "), die es erlauben, die in den Klammern aufgeführten Zeichen innerhalb eines *Strings* darzustellen. Es ist darauf hinzuweisen, dass diese oben genannten Sonderzeichen nur jeweils ein Zeichen darstellen.

---

[44]   Sowohl *char* als auch *String* werden im Unicode-Zeichensatz gespeichert, womit auch länderspezifische Sonderzeichen, z.B. ü, ö, ä, ß (im Deutschen), dargestellt und verarbeitet werden können.

> Ein char besteht nur aus *einem* Zeichen und wird in '*einfachen*' Anführungszeichen gesetzt, ein String hingegen kann aus *mehreren* Zeichen bestehen und wird in "*doppelten*" Anführungszeichen gesetzt. Die Zeichenkette eines Strings ist unveränderlich, die des StringBuffers hingegen ist variabel.

11.2   Strings

In den folgenden Abschnitten werden die unterschiedlichen Funktionalitäten der Klasse *String* genauer untersucht, insbesondere

- die Instanziierung der Klasse *String*
- der Vergleich von Zeichenketten
- der Zugriff auf einzelne Zeichen oder Teilen der Zeichenketten
- die Konvertierung elementarer Datentypen in einen *String* (und umgekehrt)

11.2.1   Konstruktoren

Die einfachste Art eine Zeichenkette zu erzeugen, erfolgt über die Verwendung doppelter Anführungszeichen und der anschließenden Zuweisung an eine Variable vom Typ *String*, z.B. String s = "Hallo Welt"[45].

Neben dem oben erwähnten Ansatz existieren noch weitere Konstruktoren:

- Erzeugung einer leeren Zeichenkette: *String ()*
- Erzeugung einer Zeichenkette: *String (String s)*

```
String s; // Deklaration der Variablen s vom Typ String
s = "Hallo Welt"; // übliche Vorgehensweise
s = new String("Hallo Welt"); // umständlicher Ansatz
s = new String(); // Erzeugung einer leeren Zeichenkette
s = ""; // leerer String
s = null; // noch nicht initialisierte Variable vom Typ String
```

Code 11-2 Erzeugung von Strings

---

[45] Eine andere, äquivalente Vorgehensweise ist die explizite Benutzung des Konstruktors der Klasse *String*, was insgesamt aber umständlicher ist, letztlich jedoch zum selben Ergebnis führt, z.B. String s = new String("Hallo Welt") Dem aufmerksamen Leser fällt hierbei natürlich auf, dass das Argument selbst schon ein String ist. Aufgrund der aufwändigeren Handhabung und des höheren Schreibaufwands des letzten Ansatzes wird normalerweise die erste Vorgehensweise bevorzugt.

Die obigen Beispiele sollten nach den vorhergehenden Erklärungen nachvollziehbar sein. Zuerst wird die Variable s als vom Typ *String* definiert, dann wird die Zeichenkette zugewiesen, was der einfachste und direkteste Weg ist. Danach erfolgt der Aufruf über einen Konstruktor, bei dem die Zeichenkette als Argument übergeben wird bzw. es wird kein Argument übergeben (dritter Fall, bei dem eine leere Zeichenkette erzeugt wird).

Der einfachste Weg eine Zeichenkette zu definieren, ist die direkte Zuweisung der Zeichenkette an die Variable. Andere Ansätze bestehen darin, ein schon existierendes Objekt der Klasse String oder StringBuffer als Argument für die zu erzeugende Zeichenkette zu nehmen.

11.2.2   Vergleich von Zeichenketten

Eine der wichtigsten und häufigsten Aufgaben ist der Vergleich von Zeichenketten. Dies tritt dann ein, wenn z.B. Benutzereingaben mit bestehenden Antworten abgeglichen werden müssen, wenn nach Einträgen in einer Tabelle gesucht wird oder Produkt- bzw. Kundennamen sortiert werden müssen. Diese sehr unterschiedlichen Anforderungen an den Vergleich von Zeichenketten werden jeweils durch eine bestimmte Methode abgedeckt. Aus diesem Grund gibt es mehrere Kategorien von Vergleichsmethoden, die im Folgenden vorgestellt werden:

- Test auf die Identität von Zeichenketten (= =)
- Test auf den Inhalt von Zeichenketten (*equals*)
- Test auf die Ungleichheit der Inhalte von Zeichenketten *(!s.equals(t))*
- Test der Zeichenketten unabhängig von Klein- und Großschreibung (*equalsIgnoreCase*)
- Test, ob eine Zeichenkette innerhalb einer anderen vorkommt (*startsWith, endsWith*)
- Test, ob eine Zeichenkette lexikalisch gleich bzw. größer ist (*compareTo*)

Im ersten Fall, beim Test auf die Identität von Zeichenketten durch den = = Operator, wird geprüft, ob zwei Objekte der Klasse *String* identisch sind, d.h. ob die beiden Referenzen jeweils auf *dasselbe* Objekt zeigen. Diese Anforderung ist erheblich schärfer als der Test auf die Gleichheit der Inhalte!

```
String s = "Hallo Welt"; String t = "Hallo Welt";
boolean b = (s == t); // Ergebnis: false
```

Code 11-3 Test auf die Identität der Zeichenketten bzw. der Referenzen

Obwohl die *Werte* "Hallo Welt" die den Variablen s bzw. t zugewiesen werden, hier gleich sind, sind die beiden *Objekte* s und t *unterschiedlich* und damit fällt auch der Test auf die Identität der beiden Referenzen negativ aus. Nur durch die Zuweisung s=t wird die Identität (d.h. der Test auf s==t ergibt *true*) hergestellt.

Beim zweiten Vergleich wird mittels der *equals()*-Methode geprüft, ob die Inhalte der Zeichenketten übereinstimmen. Im Gegensatz zum bisherigen Vorgehen werden bei der *equals()*-Methode nur die jeweiligen Werte überprüft. Dieser Ansatz entspricht eher unserem intuitiven Verständnis, dass die Zeichenketten gleich sind, wenn sie dieselben Inhalte haben.

```
String s = "Hallo Welt"; String t = "Hallo Welt";
boolean b = s.equals(t); // Ergebnis: true
b = t.equals(s); // Ergebnis: true
```

Code 11-4 Test der Inhalte auf Gleichheit

In diesem Fall ist das Ergebnis *true*, da die Werte der beiden Zeichenketten gleich sind.

In den vorhergehenden Beispielen wurden die Zeichenketten jeweils gleich geschrieben. Häufig möchte man aber unabhängig von der Groß- und Kleinschreibung auf Gleichheit testen, da Benutzer z. T. unterschiedliche Schreibweisen verwenden. In diesem Fall bietet es sich an, auf die spezifische Gleichheitsmethode *equalsIgnoreCase()* zurück zugreifen[46].

```
String s = "Hallo Welt"; String t = "HALLO welt";
boolean b = s.equalsIgnoreCase(t); // Ergebnis: true
b = s.equals(t); // Ergebnis: false
```

Code 11-5 Test auf Gleichheit unabhängig von Groß-/Kleinschreibung

Die beiden Zeichenketten werden, trotz unterschiedlicher Klein- und Großschreibung als gleich gewertet, da die Klein- und Großschreibung nicht berücksichtigt wird.

Bei den beiden folgenden Vergleichsoperationen geht es darum festzustellen, ob eine Zeichenkette am Anfang oder am Ende einer anderen Zeichenkette vorkommt. Wenn ein Zeichenkettenobjekt s die Methode *startsWith(x)* bzw. *endsWith(y)* aufruft, dann wird geprüft, ob s mit x beginnt bzw. mit y endet. Falls dies der Fall ist, dann wird *true* geliefert, ansonsten *false*. Bitte beachten Sie hierbei, dass die Klein- und Großschreibung berücksichtigt wird.

```
String s ="Hallo Welt"; String x ="Hallo"; String y ="Welt";
boolean b = s.startsWith(x); // Ergebnis: true
b = s.endsWith(y); // Ergebnis: true
```

Code 11-6 Test, wie die Zeichenkette beginnt oder endet

Die Ergebnisse sind für beide Tests positiv, d h. *true*, da "Hallo Welt" mit dem Wort "Hallo" (= x) beginnt und mit "Welt" (= y) endet.

Die Vergleichsmethode *compareTo()* implementiert einen lexikalischen Vergleich zwischen zwei Zeichenketten. Dies bedeutet, dass jedes Zeichen des Strings einem Wert (des zugrun-

---

[46] Alternativ könnte man über die Methoden *toLowerCase* oder *toUpperCase* die Zeichenketten auf Klein- bzw. Großschreibung setzen und dann per *equals* vergleichen. Dies wäre aber aufwändiger als diese Lösung.

deliegenden Zeichensatzes Unicode) entspricht und diese miteinander (von links nach rechts) verglichen werden. Angenommen der Aufruf der Methode *compareTo()* sei wie folgt: *s1.compareTo(s2)*. Wenn die Zeichenkette *s1* lexikalisch kleiner als *s2* ist, dann ist der Rückgabewert <0, wenn beide Zeichenketten identisch sind, dann ist der Wert 0 und ansonsten >0.[47]

```
String s ="Hallo Welt"; String t ="G"; String u ="I";
String s1 ="10"; String s2 ="0"; String s3 ="2";
s.compareTo(t); // Ergebnis: 1
s.compareTo(u); // Ergebnis:-1
s1.compareTo(s2); // Ergebnis: 1
s1.compareTo(s3); // Ergebnis: -1
```

Code 11-7 Lexikalischer Vergleich zweier Zeichenketten

Bei einem Vergleich der beiden Zeichenketten s und t, werden zuerst die beiden Zeichen „H" und „G" miteinander verglichen. Da „H" lexikalisch gesehen nach „G" kommt, ist somit s größer als t und das Ergebnis ist 1. Im nachfolgenden Beispiel ist es umgekehrt, denn der Buchstabe „I" ist größer als „H" und damit ist der Rückgabewert -1.

Bei einem lexikalischen Vergleich von Zahlen kann es hingegen zu überraschenden Ergebnissen kommen. Wenn man „0" und „10" vergleicht, dann ist klar, dass 0 sowohl lexikalisch als auch numerisch kleiner als 10 ist, aber es ist schwerer zu verstehen warum „10" geringer als „2" eingeordnet wird. Der Grund liegt einfach darin, dass das Zeichen „1" kleiner als „2" ist, damit ist der Vergleichswert <0 und dann ist die Vergleichsberechnung beendet. Aufgrund dieser Probleme werden deshalb häufiger die Ausdrücke „01", „02", „03" usw. für „0", „1", „2" usw. verwendet.

Bemerkungen:
Die Methode *compareToIgnoreCase()* erlaubt einen lexikalischen Vergleich, ohne dabei die Groß- und Kleinschreibung zu berücksichtigen, analog zu der Methode *equalsIgnoreCase()*.

Ein typischer Fehler ist der Versuch, mittels dem Operator == zwei Zeichenketten zu vergleichen. Hierbei ist allerdings zu beachten, dass dann die jeweiligen Referenzen auf Gleichheit geprüft werden, diese sind aber nur dann gleich, wenn beide Referenzen auf das identische Objekt zeigen. Der Test auf Gleichheit der Werte der Zeichenketten erfolgt hingegen über die Methode *equals()*.

Leider kann im *switch*-Konstrukt der *case*-Anweisung nicht auf Zeichenketten geprüft werden (sondern nur auf ganze Zahlen oder Zeichen), so dass in einem solchen Fall eine Schachtelung verschiedener *if*-Verzweigungen notwendig ist.

---

[47] In der aktuellen JVM Implementierung werden als Rückgabewerte -1 (für < 0) und 1 (für > 0) geliefert.

> Es gibt *verschiedene* Methoden um Zeichenketten miteinander zu vergleichen. Die restriktivste Form ist der normale Vergleichsoperator = =, der auf den Vergleich von *Objektreferenzen* basiert. Die nächste Stufe ist der Vergleich von *Inhalten* der Zeichenketten mittels equals. Die Methode *equalsIgnoreCase()* erlaubt dann die Inhalte *unabhängig von Klein- und Großschreibung* zu vergleichen. Der *lexikalische* Vergleich wird implementiert durch *compareTo()* bzw. *compareToIgnoreCase()*.

11.2.3   Zugriff auf einzelne Zeichen und Teilzeichenketten

Die Bearbeitung von Zeichenketten konzentriert sich in der Regel nur auf einzelne Teile der Zeichenkette. Dies führt dazu, dass einzelne Zeichen oder Teilzeichenketten aus der Gesamtzeichenkette extrahiert werden müssen. Je nachdem, ob es sich um einzelne Zeichen oder um Teilzeichenketten handelt wird die Methode *charAt()* bzw. *substring()* verwendet. Für die Methode *substring()* gilt: es ist zu beachten, dass bei der Verwendung jeweils ein neuer String produziert wird.

Beim Zugriff auf einzelne Zeichen des Strings wird die Position des Zeichens innerhalb der Zeichenkette, der sogenannte Index, verwendet. Es ist dabei zu beachten, dass der Index – wie in Java üblich – immer bei 0 beginnt[48].

Die Besonderheit der Methode *substring()* ist, dass die Teilzeichenkette durch zwei Positionen bestimmt wird, wobei die zweite Position, die den rechten Rand markiert, immer um eins höher sein muss als die gewünschte Position, da die gelieferte Teilzeichenkette nur vom linken Index bis zum rechten Index-1 geht.

Eine sehr wichtige Methode ist *length()*[49], welche die Länge der Zeichenkette zurückgibt.

```
String s = "Hallo Welt";
s.charAt(0); // Ergebnis: H
s.charAt(1); // Ergebnis: a
s.substring(1,5); // Ergebnis: allo
s.substring(6); // Ergebnis: Welt
s.length(); // Ergebnis: 10
```

Code 11-8 Extraktion einzelner Zeichen oder Teilstrings

Bemerkungen:
- Bei dem Beispiel *s.substring(1,5)* ist darauf hinzuweisen, dass hier nur die Zeichen an den Positionen 1 bis 4 zurückgegeben werden.

---

[48]   Eine ähnliche Zählweise findet man z.B. auch bei der Indizierung der Arrays, die auch mit 0 beginnt.

[49]   Die Methode *length()* sollte nicht mit der Eigenschaft *length* eines Arrays verwechselt werden.

- Die Methode *substring*(<Index>) dient der Bequemlichkeit und Einfachheit; sie könnte genauso gut durch den äquivalenten Ausdruck *substring*(<Index>, <Länge der Zeichenkette>) ersetzt werden.
- Bei der Verwendung von *charAt()* bzw. *substring()* ist es immer erforderlich die Position zu kennen, an der sich das Zeichen bzw. der Teilstring befinden. Wenn man aber nur das Zeichen (statt der Position) kennt, dann muss man sich der *indexOf()* Methode bedienen, die genau diese Information liefert.

Der Zugriff auf ein einzelnes Zeichen bzw. einen Teilstring innerhalb der Zeichenkette erfolgt über die Methode *charAt()* bzw. *substring()* und unter Angabe der Position des Zeichens bzw. Teilstrings.

11.2.4   Suche in und Umwandlung von Zeichenketten

In diesem Abschnitt geht es darum, innerhalb einer Zeichenkette nach dem Vorkommen eines Zeichens zu suchen oder eine veränderte Version der Zeichenkette zu erzeugen. In letzterem Fall ist es aber so, dass die Original-Zeichenkette unverändert bleibt und deshalb eine neue Instanz als Rückgabewert erzeugt wird. Die Veränderung betrifft die Umwandlung aller Zeichen in Groß- oder Kleinschreibung.

Um das erste bzw. letzte Vorkommen eines Zeichens in der Zeichenkette zu berechnen, sind die Methoden *indexOf()* bzw. *lastIndexOf()* zu verwenden. Als Argument muss das entsprechende Zeichen an die Methode übergeben werden.

Die Methoden *toLowerCase()* und *toUpperCase()* liefern jeweils eine Kopie der Zeichenkette in Klein- bzw. Großschreibung.

Die Methode *trim()* liefert eine neue Zeichenkette, aus der die führenden und abschließenden Leerzeichen entfernt wurden.

```
String s = "Hallo Welt";
s.toLowerCase(); // Ergebnis: "hallo welt"
s.toUpperCase(); // Ergebnis: "HALLO WELT"
s.indexOf('l'); // Ergebnis: 2
s.lastIndexOf('l'); // Ergebnis: 8
```

Code 11-9 Suche nach Vorkommen von Zeichen und Umwandlung von Zeichenketten

Bemerkungen:
Die Methode *indexOf()* liefert immer nur das erste Vorkommen des Zeichens innerhalb der Zeichenkette. Wenn man also alle Vorkommen des Zeichens berechnen möchte, dann muss auf die verbleibende Teilzeichenkette zugreifen.

Falls das Zeichen überhaupt nicht im String vorkommt, dann wird der Wert -1 geliefert.

> Die Methoden *toLowerCase()* bzw. *toUpperCase()* liefern eine Kopie der Zeichenkette in
> Klein- bzw. Großschreibung aus. Mittels *indexOf()* bzw. *LastIndexOf()* kann man die ers-
> te bzw. letzte Position eines gegebenen Zeichens innerhalb des Strings ermitteln.

11.2.5 Konvertierung von elementaren Datentypen in Zeichenketten

Für die Darstellung von Ausgabewerten oder die einheitliche Repräsentation von Daten ist es
häufig erforderlich, Daten die nur in Form von elementaren Datentypen, z.B. als Zahlen,
vorliegen, in Zeichenketten umzuwandeln. Die *valueOf()* Methode ermöglicht eine solche
Umwandlung und der Parameter ist für alle elementaren Datentypen definiert.

Für jeden elementaren Datentyp (z.B. *boolean*, *byte*, *short*, *int*) gibt es eine entsprechende
sogenannte Wrapper-Klasse (z.B. *Boolean*, *Byte*, *Short*, *Integer*). Eine Wrapper-Klasse hilft
bei der Übersetzung von einem Datentyp in einen anderen. Die automatische Typwandlung
eines elementaren Datentyps in ein Objekt der entsprechenden Wrapper-Klasse wird als
Boxing bezeichnet. Die dazugehörige Rückwandlung, d.h. die Konvertierung eines Objekts
aus der Wrapper-Klasse in den elementaren Datentyp wird Unboxing genannt. Der Begriff
Autoboxing umfasst sowohl Boxing als auch Unboxing und meint damit die impliziten Typ-
wandlungen zwischen elementarem Datentyp und der entsprechenden Wrapper-Klasse.[50]

```
Integer i= 100; // Boxing: Wandlung von int in Integer
int ii = i; // Unboxing: Rückwandlung von Integer in int
```

Code 11-10 Boxing und Unboxing

Die Rückwandlung von Zahlen, die als Strings dargestellt werden, in den entsprechenden
Datentyp erfolgt mithilfe der Wrapper-Klasse und einer jeweils spezifischen *parse*()-
Methode, z.B. die Klasse *Integer* und die Methode *parseInt()* entsprechen dem Datentyp *int*.
Die Zuordnung des elementaren Datentyps zu der entsprechenden Wrapper-Klasse kann der
folgenden Tabelle entnommen werden. Eine Besonderheit beim Aufruf der *parse*()-
Methoden ist, dass bei Fehlern die *NumberFormatException* geworfen wird.

---

[50] Autoboxing ist erst seit der Version 5 des Java SDKs implementiert. Die Fähigkeiten des Autoboxings werden
insbesondere bei den Datenstrukturen benötigt, wenn dort mittels Generics der Datentyp, z.B. einer Liste, festgelegt wird. Es ist jedoch darauf hinzuweisen, dass bei der Deklaration nur die Wrapper-Klasse (und nicht der
elementare Datentyp) verwendet wird.

Elementarer Datentyp	Wrapper-Klasse und parse-Methode
boolean	Boolean, parseBoolean()
byte	Byte, parseByte()
short	Short, parseShort()
int	Integer, parseInt()
long	Long, parseLong()
float	Float, parseFloat()
double	Double, parseDouble()

Tabelle 11-1 Gegenüberstellung von elementaren Datentypen und Wrapper-Klassen

```
String t = String.valueOf(4711); // Ergebnis: "4711"
t = String.valueOf(true); // Ergebnis: "true"
t = String.valueOf(3.14f); // Ergebnis: "3.14f"
float f = Float.parseFloat("3.14f");
int i = Integer.parseInt("3");
```

Code 11-11 Unwandlung elementarer Datentypen in Zeichenketten

Bemerkungen:

- Die Methode *valueOf()* ist eine Klassenmethode, d.h. sie wird über den Klassennamen *String* aufgerufen.
- Der Parameter, der ein elementarer Datentyp ist, wird dann als neues Objekt der Klasse *String* erzeugt.

> Elementare Datentypen werden durch *valueOf()* in einen String überführt. Die Rückumwandlung erfolgt durch Wrapper-Klassen mit den entsprechenden *parse*-Methoden.

11.3   StringBuffer

Die Klasse *StringBuffer* dient dazu direkt Zeichenketten zu modifizieren. Dies ist erforderlich, wenn z.B. Benutzereingaben von einem Texteditor übernommen werden und jede weitere Interaktion, wie z.B. das Einfügen oder Löschen von Wörtern, direkt in der Zeichenkette vorgenommen wird. Ein solches Vorgehen ist erheblich effizienter, als bei jeder Änderung jeweils eine vollständige Kopie des Inhalts zu erzeugen.

Allerdings ist die Verwendung von *StringBuffer* sehr eng mit der Klasse *String* verbunden. Zum einen benötigt man eine Instanz von *String*, um überhaupt eine entsprechende *String-Buffer* Instanz zu erzeugen. Zum anderen muss in den meisten Fällen das *StringBuffer* Objekt wieder in einen *String* zurück verwandelt werden. Kurzum, die beiden Klassen hängen voneinander ab und verfügen jeweils über Methoden, um sich in die jeweils andere Klasse umzuwandeln.

Dies hat eine Reihe von Konsequenzen, was sich darin widerspiegelt, dass die Funktionalität der Klasse *StringBuffer* entsprechend auf das Löschen oder Ersetzen einzelner Zeichen bzw. von Teilzeichenketten begrenzt ist.

11.3.1 Konstruktoren

Es stehen zwei praxisrelevante Konstruktoren für die Klasse *StringBuffer* zur Verfügung. Der erste Konstruktor ist parameterlos und erlaubt die Erzeugung eines leeren *StringBuffers*. Weitere Zeichen können dann über die Funktionen, die in den folgenden Abschnitten beschrieben werden, in Form von Zeichenketten eingefügt bzw. angehängt werden.

Der zweite Konstruktor setzt als Parameter ein Objekt der Klasse *String* voraus. Dies ist der in der Praxis am häufigsten verwendete Konstruktor.[51] Ein *StringBuffer* wird also im Regelfall basierend auf einem *String* erzeugt.

```
StringBuffer sb0 = new StringBuffer(); // leerer StringBuffer
StringBuffer sb1 = new StringBuffer("Hallo Welt");
```

Code 11-12 Erzeugung eines StringBuffers

Bemerkung:
Die Verwendung des leeren Konstruktors ist nur dann sinnvoll, wenn man die *StringBuffer* Objekte initialisieren muss, ohne dass man ihnen einen ersten Wert zuweisen kann.

Der zweite Konstruktor ist der wichtigste und der in der Praxis gebräuchlichste Ansatz.

> Der Konstruktor von StringBuffer benötigt im Regelfall einen String als Ausgangsbasis. Ohne Parameter wird ein leerer StringBuffer erzeugt.

11.3.2 Einfügen von Zeichen und Strings

Eine Besonderheit der Klasse *StringBuffer* ist es, die vorhandene Zeichenkette durch weitere *Strings* oder elementare Datentypen zu ergänzen, indem diese am Ende (*append()*) oder an einer bestimmten Position (*insert()*) eingefügt werden, wobei in diesem Fall die Zeichen des *StringBuffers* dann nach rechts verschoben werden.

---

[51] Die Rückumwandlung einer *StringBuffer* Instanz in eine Zeichenkette erfolgt durch die Methode *toString()*, die parameterlos ist und als Ergebnis ein Objekt der Klasse *String* liefert.

```
StringBuffer sb = new StringBuffer("Hallo");
sb.append(" Welt"); // Ergebnis: "Hallo Welt"
sb.insert(5, " Neue"); // Ergebnis: "Hallo Neue Welt"
sb.append(11); // Ergebnis: "Hallo Neue Welt11"
```

Code 11-13 Einfügen einzelner Zeichen und eines Strings

Bemerkungen:

- Die Methode *append()* stellt dabei nur einen Spezialfall von *insert()* dar. Sie ist trotzdem sehr nützlich, denn oft sollen einfach nur weitere Zeichen ans Ende einer bestehenden Zeichenkette gehängt werden. In einem solchen Fall ist die Verwendung von *append()* deutlich einfacher (als von *insert()*).
- Die ersten beiden Methoden sind überladen mit elementaren Datentypen, dies bedeutet, dass sie auch mit den Typen *byte*, *short*, *int* usw. aufgerufen werden können.
- Es ist zu beachten, dass jede Einfüge-Operation eine unmittelbare Auswirkung auf die Länge der Zeichenkette hat, da sich die Länge um die Anzahl der eingefügten Zeichen erhöht.
- Das letzte Beispiel zeigt, dass auch Zahlen einfach angehängt bzw. eingefügt werden können.
- Eine Instanz des *StringBuffers* kann nicht einfach als Argument an *System.out.println()* übergeben werden, sondern die *StringBuffer*-Instanz muss zuerst in eine *String*-Instanz umgewandelt werden, bevor sie ausgegeben wird.

Die Methode *insert()* erlaubt das Einfügen eines Strings oder eines elementaren Datentyps an einer *beliebigen* Position in der Zeichenkette, im Gegensatz zu *append()*, die alles ans Ende hängt.

11.3.3 Löschen von Zeichen und Teilzeichenketten

Nachdem im vorhergehenden Kapitel das Einfügen von weiteren *Strings* beleuchtet wurde, geht es in dem aktuellen Abschnitt um das gezielte Löschen einzelner Zeichen oder Teilzeichenketten. Es gibt hierfür zwei spezialisierte Funktionen *deleteCharAt()* bzw. *delete()*, die ein einzelnes Zeichen bzw. ganze Bereiche aus dem aktuellen *StringBuffer* entfernen. Im ersten Fall ist der Parameter die Position des zu löschenden Zeichens. Im zweiten Fall hingegen wird mittels der Parameter *begin* und *end* der Bereich der zu entfernenden Zeichen festgelegt.

```
StringBuffer sb1 = new StringBuffer("Hallo Welt");
sb1.deleteCharAt(6); // entfernt das "W"
sb1.delete(5,9); // Ergebnis: "Hallo "
```

Code 11-14 Löschen einzelner Zeichen und von Teilstrings

Bemerkungen:

- Wenn mehrere Löschungen nacheinander erfolgen, dann ist darauf zu achten, dass sich die Länge des StringBuffers reduziert und somit entsprechend die Positionen für Löschungen anzupassen sind.
- Falls die Parameter außerhalb des Bereichs der Zeichenkette liegen, dann wird eine *StringIndexOutOfBoundsException* geworfen.

Einzelne Zeichen werden durch *deleteCharAt()* bzw. Teilzeichenketten werden anhand von *delete()* aus dem aktuellen StringBuffer-Objekt entfernt.

11.3.4   Umwandlung in einen String

Die Umwandlung einer *StringBuffer*-Instanz in einen *String* erfolgt durch den Aufruf der *toString()* Methode, die ein neues Objekt der Klasse *String* zurück liefert, welches den Inhalt des aktuellen *StringBuffers* enthält.

```
StringBuffer sb2 = new StringBuffer("Hallo Welt");
String s = sb2.toString();// Ergebnis: "Hallo Welt"
```

Code 11-15 Umwandlung eines StringBuffers in einen String

Bemerkungen:

- Die *toString()* Methode ist für alle Klassen in der API definiert und liefert eine „textuelle" Darstellung des Objekts als String, Sie kann insbesondere sinnvoll für die Ausgabe von Objekten genutzt werden.

Die Umwandlung des StringBufferinhalts in einen String wird mittels *toString*() durchgeführt.

11.4   StringTokenizer

Die Klasse *StringTokenizer* erlaubt die syntaktische Zerlegung einer längeren Zeichenkette anhand eines vorgegebenen Zeichens. Obwohl es mittlerweile mächtigere Methoden zur syntaktischen Analyse von Zeichenketten gibt, wie z.B. *split()* von *String* oder die Klasse *Scanner*, die alle auf der Auswertung von regulären Ausdrücken[52] basieren, so liegt doch der Charme der Klasse *StringTokenizer* in der Einfachheit ihrer Benutzung.

---

[52] Das Konzept der sogenannten regulären Ausdrücke in der Informatik ist sehr wichtig, soll aber an dieser Stelle nicht weiter vertieft werden.

Das Vorgehen ist dabei denkbar einfach:

- Die zu analysierende Zeichenkette muss an den Konstruktor von *StringTokenizer* übergeben werden.
- Das Zeichen, das die einzelnen Wörter syntaktisch voneinander abgrenzt, muss definiert werden. Als Standardzeichen werden das Leerzeichen, der Tabulator, sowie die Zeichen für den Zeilenvorschub (\n), den Wagenrücklauf (\r) und den Seitenvorschub (\f) verwendet.
- Die auszuwertende Zeichenkette wird schrittweise syntaktisch in einzelne Elemente, Tokens genannt, zerlegt.
- In Form einer Schleife wird dann geprüft, ob es noch weitere (verbleibende) Elemente gibt: falls ja, wird das nächste Element eingelesen, ansonsten wird die Schleife beendet.

Es werden zwei Konstruktoren angeboten: in der ersten Version *StringTokenizer(String str)* wird nur die zu zerlegende Zeichenkette übergeben und als Trennzeichen wird das Leerzeichen angenommen. In der zweiten Variante *StringTokenizer(String str, String delimiter)* wird zusätzlich das Trennzeichen als Parameter (delimiter) an den Konstruktor übergeben.
Mit der Methode *hasMoreElements()* kann geprüft werden, ob es noch weitere verbleibende Elemente gibt, und mittels *nextElement()* wird das aktuelle Element ausgelesen und dann auf das nächste Element weitergeschaltet.

```
import java.util.StringTokenizer;

public class GebrauchStringTokenizer {

    public static void main(String[] args) {
        String s =
    "dies.ist.ein.Versuch.den.StringTokenizer.zu.testen";
        StringTokenizer st = new StringTokenizer(s, ".");
        while (st.hasMoreElements()) {
            System.out.println(st.nextElement());
        }
    }
}
```

Code 11-16 Benutzung des StringTokenizers

Programmausgabe:
```
dies
ist
ein
Versuch
den
StringTokenizer
```

```
zu
testen
```

In dem vorliegenden Beispiel wird eine neue Instanz des *StringTokenizers* erzeugt, indem die zu zerlegende Zeichenkette und als syntaktisches Trennzeichen der Punkt '.' übergeben wird. Zu Beginn der *while*-Schleife wird immer getestet, ob es noch auszulesende Elemente gibt. Falls ja, wird das aktuelle Element ausgegeben und dann zum nächsten Element weitergegangen. Ansonsten wird die Schleife beendet.

Die Klasse StringTokenizer dient der syntaktischen Zerlegung von Zeichenketten in Wörter, als Trennzeichen dient normalerweise das Leerzeichen. Mit Hilfe der Methode *hasMoreElements()* wird geprüft, ob es noch weitere Wörter gibt und mit *nextElement()* wird das nächste Wort gelesen und weitergeschaltet.

11.5   Fazit

- Ein char besteht nur aus einem Zeichen und wird in 'einfachen' Anführungszeichen gesetzt, ein String hingegen kann aus mehreren Zeichen bestehen und wird in "doppelten" Anführungszeichen gesetzt. Die Zeichenkette eines Strings ist unveränderlich, die des StringBuffers hingegen ist variabel.
- Der einfachste Weg eine Zeichenkette zu definieren, ist die direkte Zuweisung der Zeichenkette an die Variable. Andere Ansätze bestehen darin, ein schon existierendes Objekt der Klasse String oder StringBuffer als Argument für die zu erzeugende Zeichenkette zu nehmen.
- Es gibt *verschiedene* Methoden, um Zeichenketten miteinander zu vergleichen. Die restriktivste Form ist der normale Vergleichsoperator = =, der auf den Vergleich von *Objektreferenzen* basiert. Die nächste Stufe ist der Vergleich von *Inhalten* der Zeichenketten mittels *equals()*. Die Methode *equalsIgnoreCase()* erlaubt dann die Inhalte *unabhängig* von *Klein- und Großschreibung* zu vergleichen. Der *lexikalische* Vergleich wird implementiert durch *compareTo()* bzw. *compareToIgnoreCase()*.
- Der Zugriff auf ein einzelnes Zeichen bzw. einen Teilstring innerhalb der Zeichenkette erfolgt über die Methode *charAt*() bzw. *substring()* und unter Angabe der Position des Zeichens bzw. Teilstrings.
- Die Methoden *toLowerCase()* bzw. *toUpperCase()* liefern eine Kopie der Zeichenkette in Klein- bzw. Großschreibung aus. Mittels *indexOf()* bzw. *lastIndexOf()* kann man die erste bzw. letzte Position eines gegebenen Zeichens innerhalb des *Strings* ermitteln.
- Elementare Datentypen werden durch *valueOf()* in einen *String* überführt. Die Rückumwandlung erfolgt durch Wrapper-Klassen mit den entsprechenden *parse()*-Methoden.
- Der Konstruktor von *StringBuffer* benötigt im Regelfall einen *String* als Ausgangsbasis. Ohne Parameter wird ein leerer *StringBuffer* erzeugt.

- Die Methode *insert()* erlaubt das Einfügen eines Strings oder eines elementaren Datentyps an einer *beliebigen* Position in der Zeichenkette, im Gegensatz zu *append()*, die alles ans Ende hängt.
- Einzelne Zeichen werden durch *deleteCharAt()* bzw. Teilzeichenketten anhand von *delete* aus dem aktuellen *StringBuffer*-Objekt entfernt.
- Die Umwandlung des *StringBuffer*-Inhalts in einen String wird mittels *toString*() durchgeführt.
- Die Klasse *StringTokenizer* dient der syntaktischen Zerlegung von Zeichenketten in Wörter, als Trennzeichen dient normalerweise das Leerzeichen. Mit Hilfe der Methode *hasMoreElements()* wird geprüft, ob es noch weitere Wörter gibt und mit *nextElement()* wird das nächste Wort gelesen und weitergeschaltet.

11.6   Übungen

Klassen für Zeichenketten (Strings)
1. Welche verschiedenen Java Klassen für Zeichenketten gibt es?
2. Was sind die wichtigen Unterschiede zwischen diesen Klassen?
3. Müssen die Klassen zur Bearbeitung von Zeichenketten importiert werden?
4. Was ist die Systematik, die hinter der Benennung der Klassen steht?

Erzeugung und Verknüpfung von String Instanzen
5. Erzeugen sie eine leere Instanz der Klasse *String* auf zwei Arten.
6. Generieren Sie auf beide Arten Instanzen von *String*, die jeweils als Wert „Raumschiff Enterprise" haben.
7. Sind zwei Objekte der Klasse *String*, die jeweils denselben Wert haben, als identisch anzusehen?
8. Verknüpfen Sie zwei beliebige *String* Instanzen und weisen Sie diese einer weiteren zu.
9. Welche Methode ist für die Verkettung zweier Zeichenketten zu verwenden? Was ist dabei zu beachten?

Vergleich von Strings
10. Was ist beim Vergleich von Zeichenketten zu beachten?
11. Was ist ein lexikalischer Vergleich?
12. Durch welche Methoden können Zeichenketten in eine einheitliche Groß- bzw. Kleinschreibung überführt werden?
13. Wie kann man beim Vergleich der Zeichenketten von der Groß- und Kleinschreibung abstrahieren?

Konvertierung elementarer Datentypen in Strings
14. Wofür wird die Umwandlung eines elementaren Datentyps in eine Zeichenkette benötigt?
15. Welche Methode übernimmt die Typumwandlung?
16. Wandeln Sie die elementaren Datentypen: (a) 4711, (b) 3.14 und (c) true, jeweils in einen String um.

17. Wandeln Sie die folgenden *Strings*: (a) "2001", (b) "11.99f" oder (c) "FALSE", wieder in die jeweiligen elementaren Datentypen um

Extraktion von Teilstrings
18. Wie kann man auf die Zeichen zwischen der Position 2 und 5 der Zeichenkette „Raumschiff Enterprise" zugreifen?
19. Bestimmen Sie alle Vorkommen des Zeichens „e" innerhalb von „Raumschiff Enterprise"? Wie kann man auch Vorkommen von „E" erkennen?
20. Was ist bei der Methode zu beachten, die Sub-Zeichenketten innerhalb einer Zeichenkette extrahiert?
21. Welche Methode liefert die Position eines gesuchten Zeichens innerhalb der Zeichenkette?

Palindrome
22. Codieren Sie eine Methode, die feststellt, ob ein gegebenes Wort ein Palindrom ist. Ein Palindrom ist ein Wort, das identisch ist, egal ob es von links oder von rechts gelesen wird. Beispiele für Palindrome sind Otto, Hannah oder Rotor.

Bestimmen Sie ein bzw. alle Vorkommen eines Zeichens in einem String
23. Erstellen Sie eine Methode, das für ein gegebenes Zeichen das erste Vorkommen in der Zeichenkette bestimmt.
24. Implementieren Sie ein Programm, das für ein gegebenes Zeichen alle Vorkommen in der Zeichenkette bestimmt.

Verdopplung der Zeichen eines Strings
25. Codieren Sie eine Methode, die mithilfe des *StringBuffers* jedes Zeichen der Zeichenkette „verdoppelt", d. h. neben jedem ursprünglichen Buchstaben wird eine Kopie des Buchstaben eingefügt. Aus dem Wort „Hallo" entsteht so „HHaalllloo".
26. Modifizieren Sie den vorherigen Code, so dass die Zeichen mehrfach (hintereinander) ausgegeben werden. Dies bedeutet, dass bei einer Verdreifachung aus „Hallo" das Wort „HHHaaallllllooo" abgeleitet werden kann.

Bestimmen Sie alle Wörter eines Strings
27. Schreiben Sie ein Programm, das alle Wörter der Zeichenkette bestimmt.
    Ändern Sie das Programm so ab, dass die Wörter nicht durch Leerzeichen sondern durch ein anderes Zeichen, z.B. das Tab-Zeichen, abgetrennt werden.

Suche nach einem Wort innerhalb des Strings
28. Erstellen Sie eine Methode, die innerhalb eines *Strings* nach einem Wort sucht.
    Erweitern Sie diese Aufgabe, indem Sie nach allen Vorkommen des Wortes suchen (und nicht nur nach dem ersten).

Ersetzen eines Wortes innerhalb des Strings
29. Implementieren Sie eine Lösung, die ein Wort durch ein anderes Wort ersetzt. Verändern Sie diese ursprüngliche Lösung so, dass es sich nun auf alle Vorkommen des Wortes bezieht.

Löschen aller „überflüssigen" Leerzeichen
30. Implementieren Sie die Löschung überflüssiger Leerzeichen, d h. wenn mehr als zwei Leerzeichen hintereinander vorkommen, dann wird das 2. und alle weiteren Leerzeichen entfernt.

11.7   Lösungen

Klassen für Zeichenketten (Strings)
1. Die wichtigen Stringklassen lauten *String*, *StringBuffer* und *StringTokenizer*.
2. Die Inhalte von *String* sind unveränderlich, die von *StringBuffer* hingegen können modifiziert werden. Die Klasse *StringTokenizer* dient der syntaktischen Analyse und Zerlegung von Zeichenketten.
3. Die Klassen *String* und *StringBuffer* gehören zum unmittelbaren Kern von Java, sie müssen also nicht importiert werden. Die Klasse *StringTokenizer* hingegen gehört zum java.util Paket und muss deshalb explizit importiert werden.
4. Alle Klassen beginnen als Präfix mit dem Wort *String*. Der Begriff Buffer bezeichnet den veränderbaren Teil, Tokenizer weist auf das syntaktische Token (= Zeichen, Symbol) hin, das die Unterscheidung zwischen den Wörtern innerhalb der Zeichenketten definiert und nach denen gesucht wird.

Erzeugung und Verknüpfung von String Instanzen
5. new String(); oder String s = "";
6. String s = "Raumschiff Enterprise"; oder String s = new String("Raumschiff Enterprise");
7. Nein, der Vergleichsoperator = = testet, ob die beiden String Instanzen identisch sind, also auf dieselbe Speicheradresse zeigen. Diese Anforderung ist deutlich restriktiver, als der Test, ob die beiden Inhalte (der Strings) identisch sind.
8. String s = "Raumschiff" + "Enterprise";
9. Der Operator + erlaubt die Verkettung zweier Strings. Hierbei ist allerdings zu beachten, dass das Ergenis einer neuen Variable zugewiesen werden muss und die ursprünglichen Variablen, die miteinander verknüpft werden, davon unbeeinflusst bleiben.

Vergleich von Strings
10. Die zentrale Frage ist hier, um *welche Art* des Vergleichs es sich handelt. Mit dem Operator = = wird die Gleichheit der Objekte geprüft, mit *equals()* werden hingegen die Inhalte getestet, wobei *equalsIgnoreCase()* die Groß- und Kleinschreibung ignoriert und *compareTo()* eine lexikalische Prüfung vornimmt.
11. Ein lexikalischer Vergleich funktioniert ähnlich wie ein größer/kleiner-Operator. Der lexikalische Vergleich liefert die Werte < 0, 0 oder > 0, je nachdem, ob die Referenzzeichenkette kleiner, gleich oder größer als die (andere) Zeichenkette ist, die als Argument verwendet wird. Bei der Implementierung wird in der Regel der Wert -1 bzw. 1 für < 0 bzw. > 0 verwendet.
12. Zeichenketten können „normalisiert" werden, indem man alle Zeichen prinzipiell klein (oder groß) schreibt und alle „überflüssigen" Leerzeichen entfernt.

13. Die Abstraktion kann erfolgen, indem man beim Vergleich Klein- bzw. Großschreibung ignoriert (oder alternativ eine Normierung vornimmt).

Konvertierung elementarer Datentypen in Strings

14. Die Umwandlung eines elementaren Datentyps in einen String wird dann benötigt, wenn der Wert ausgegeben oder mit anderen Strings weiterverarbeitet bzw. zusammengefügt werden soll.
15. Die Typumwandlung wird durch die Methode *valueOf()* vorgenommen.
16. (a) String.valueOf(4711), (b) String.valueOf(3.14) und (c) String.valueOf(true).
17. (a) Integer.parseInt("2001") , (b) Float.parseFloat ("11.99f") und (c) Boolean.parseBoolean("FALSE").

Extraktion von Teilstrings

18. Indem man die Methode *substring()* mit den Parametern 2 und 6 aufruft. Sei also s die Instanz des Strings „Raumschiff Enterprise", dann ist die Lösungs *s.substring*(2.6).
19. Zuerst wird mit *s.indexOf('e')* das erste Vorkommen von 'e' in s bestimmt und dann der Variable j zugewiesen. Dann wird in der Schleifenbedingung geprüft, ob j => 0 ist, also in der Zeichenkette s vorkommt. Falls ja, dann wird der Substring, ab dem Vorkommen bis zum Ende von s berechnet und in diesem Substring wird dann nach 'e' gesucht. Falls nein, wird die Schleife abgebrochen. Um das Zeichen 'E' zu erkennen, müsste in einer zweiten Schleife nach 'E' gesucht werden, oder die gesamte Zeichenkette müsste in die Kleinschreibung „normalisiert" werden.

```
s="Raumschiff Enterprise";
int j = s.indexOf('e');
while( j >= 0) {
    System.out.print(j + " ");
    s = s.substring(j+1);
    j = s.indexOf('e');
}
```

20. Bei der Methode *substring()* ist zu beachten, dass der zweite Index, der die Position des rechten Randes darstellt, um eins größer sein muss als die ursprünglich abzudeckende Position, da der Substring immer nur von beginn bis ende-1 geht.
21. Die Methode *indexOf()* liefert die Position eines gesuchten Zeichens innerhalb der Zeichenkette.

11.7.1   Lösungen zu den Programmierungsaufgaben

Palindrome
22.

```
public class Palindrom {

    public static boolean palindromTest(String s) {
        int ende = s.length();
        int mitte = (int) (ende / 2);
```

```
        /*
         * Mitte des Strings berechnet sich aus d. Hälfte,
         * bei ungerader Länge entfällt der Nachkommateil
         */
        String t1, t2;
        for (int i = 0; i < mitte; i++) {
            /*
             * das i-te Zeichen wird mit (ende-i-1)ten
             * geprüft man geht von außen nach innen vor
             * und überprüft die jeweils äußeren Zeichen
             * (links und rechts)
             */

            if (s.charAt(i) != s.charAt(ende - i - 1)) {
                return false;
            }
            /*
             * der Abbruch erfolgt, wenn zwei Zeichen
             * ungleich sind, der Rückgabwert ist false,
             *  es ist kein Palindrom.
             */
        }
        return true;
        /*
         * wenn alle Zeichen gleich sind, dann ist der
         * Rückgabwert true, d.h. es ist ein Palindrom.
         */
    }
}
```

Bestimmen Sie das erste Vorkommen eines Zeichens in einem String
23.

```
public class Aufgabe23 {

    public int findeZeichenInZeichenkette(char c, String s)
{
        int i = -1;
        if (s != null) {
            i = s.indexOf(c);
        }
        if ((0 <= i) && (i < s.length())) {
            return i;
            /* Vorkommen des Zeichens c an der Stelle i,
```

```
          * wird als Rückgabewert geliefert.
          */
      }
      else {
          return -1;
          /* Rückgabewert -1, wenn das Zeichen NICHT
           * im String s vorkommt.
           */
      }
  }
}
```

Bestimmen Sie das alle Vorkommen eines Zeichens in einem String
24.

```
public class Aufgabe24 {

    public void findeAlleVorkommenZeichenInZeichenkette
    (String s, char c) {
        String t = s;
        int i = 0;
        int akku = 0;
        // zählt mit, wo das Zeichen c auftaucht.

        /*
         * Abbruchkriterium: String t leer oder
         * kein Vorkommen mehr von c in t
         */
        while (((i=t.indexOf(c))>= 0)||(t.length()==0)) {
            System.out.println("Zeichen " + c +
            " kommt an Stelle "+(i+akku)+" vor.");
            t = t.substring(i + 1);
            akku += i;
        }
    }
}
```

Verdopplung der Zeichen eines Strings
25.

```
public class Aufgabe25 {

    public String verdoppeln(String s) {
```

```
        // Umwandlung des Strigs in StringBuffer
        StringBuffer sb = new StringBuffer(s);
        /* Schleife über die Länge der Zeichenkette,
         * jedes Zeichen wird zusätzlich hinter dem
         * Originalzeichen eingefügt
         */
        for(int i = 0; i < s.length(); i++)
        {
            sb.insert(2*i, s.charAt(i));
        }
        // Rückgabe des StringNuffers als String
        return sb.toString();
    }
}
```

26.

```
public class Aufgabe26 {

    public String mehrfachErzeugen(int n, String s) {
        // Umwandlung des Strigs in StringBuffer
        StringBuffer sb = new StringBuffer("");

        /* Schleife über die Länge der Zeichenkette,
         * innere Schleife fügt zusätzlich hinter dem
         * Originalzeichen weitere n Zeichen ein.
         * n*j ist die nächste Position des Zeichens
         */
        for (int i = 0; i < s.length(); i++) {
            for (int j = 0; j < n; j++) {
                sb.insert(n * i + j, s.charAt(i));
            }
        }
        // Rückgabe des StringNuffers als String
        return sb.toString();
    }
}
```

Bestimmen Sie alle Wörter eines Strings
27.

```
import java.util.StringTokenizer;

public class alleWörterInEinemSatz {
```

```java
public static void main(String[] args) {
        final int länge = 100;
        int belegt_index = 0;
        /* das Trennzeichen legt fest durch
         * welches Zeichen die Wörter
         * unterschieden werden; es ist als
         * String zu definieren!
         */
        String trennzeichen = "+";
        String feld[] = new String[länge];
        // der in Wörtern zu zerlegende Satz
        String satz =
        "Raumschiff+Enterprise+ist+eine+TV-Serie";
        /* die Überführung in eine
         * StringTokenizer-Instanz
         * zu beachten: das Trennzeichen
         * als Parameter
         */
        StringTokenizer st = new StringTokenizer(satz,
        trennzeichen);
        int i = 0;
        /* der Satz wird in einzelne Wörter zerlegt,
         * jedes Wort wird in jeweils einem
         *  Arrayelement abgelegt.
         */
        while (st.hasMoreElements()) {
                feld[i++] = (String) st.nextElement();
        }
        belegt_index = i;
        // Ausgabe aller Wörter (Arrayelemente)
        for (int j = 0; j < belegt_index; j++) {
                System.out.println(feld[j]);
        }
    }
}
}
```

Suche nach einem Wort innerhalb des Strings
28.

```java
import java.util.StringTokenizer;

public class SucheNachWortInSatz {

    /*  diese Methode berechnet die Position eines
     *  gegebenen Wortes innerhalb des Satzes, falls
```

```
      *   das Wort NICHT vorkommt wird der Wert 0 zurück
      *   geliefert
      */
   int berechnePositionVonWortInSatz
   (String wort, String satz) {
         // Zerlegung eines Satzes in Wörter + Vergleich
         // mit gesuchtem Wort
         String trennzeichen = " ";
         int position = 0;
         StringTokenizer st = new StringTokenizer(satz,
                     trennzeichen);
         while (st.hasMoreElements()) {
               String s = (String) st.nextElement();
               /* Vergleich aktuellen Satzelements
                * mit gesuchtem Wort
                */
               if (s.equals(wort)) {
                     return position;
               }
               // Aktualisierung der Position
               position += s.length();
         }
         /* Wenn die Position der Satzlänge-1 entspricht,
          * dann wurde das Wort NICHT innerhalb des Satzes
          * gefunden und der Wert -1 wird zurück geliefert!
          */
         // Wort nicht gefunden
         if (position == (satz.length() - 1)) {
               return -1;
         }
         {
               return position;
         } // Wort gefunden
   }
}
```

Ersetzen eines Wortes innerhalb des Strings
29.

```
import java.util.StringTokenizer;

public class ErsetzeWortInSatz {

   /*
     * diese Methode ersetzt im gegebenen Satz das
```

```
 * alte Wort durch das neue Wortu nd liefert den
 * neuen Satz zurück Falls das alte Wort also
 * nicht im Satz vorkommt, dann wird es auch
 * nicht ersetzt.
 */
String ersetzeWort(String altesWort, String neuesWort,
        String satz) {
  /* Zerlegung eines Satzes in Wörter +
   * Vergleich gesuchtem Wort
   */
  String trennzeichen = " ";
  String ergebnis = "";
  StringTokenizer st = new StringTokenizer(satz,
          trennzeichen);
  while(st.hasMoreElements()) {
      String s = (String) st.nextElement();
      /* Vergleich, ob aktuelles Satzelement ==
       * zu ersetzendes Wort
       */
      if (s.equals(altesWort))
      {
          ergebnis=ergebnis+trennzeichen+neuesWort;
          /*
           * falls nur einmaliges Ersetzen gewünscht,
           * die nächste Zeile auskommentieren!
           * return ergebnis;
           */
      }
      else
      {
          ergebnis =ergebnis + trennzeichen + s;
      }
  }
  return ergebnis;
}
}
```

Löschen aller „überflüssigen" Leerzeichen
30.

```
public class Aufgabe30 {

    public static String vereinfacheLeerzeichen
    (String s) {
```

```java
        // Umwandlung des Strings in einen StringBuffer
        StringBuffer sb = new StringBuffer(s);
        // Suche nach Vorkommen des Leerzeichens
        int i = sb.indexOf(" ");
        /* Test, ob Leerzeichen innerhalb der
         * Grenzen liegt, ab dieser Position werden
         * dann alle aufeinander folgenden Leerzeichen
         *  in innerer Schleife gelöscht
         */
        while ((0 <= i) && (i <= sb.length())) {
            while ((sb.charAt(i + 1) == ' ')) {
                sb.deleteCharAt(i + 1);
            }
            /* Berechnung d. nächsten Vorkommens
             * des Leerzeichens
             */
            i = sb.indexOf(" ", i + 1);
        }
        // Rückgabe des 'bereinigten' Strings
        return sb.toString();
    }
}
```

12 Datenstrukturen

In diesem Kapitel geht es um die elementaren Java-Datenstrukturen, die es erlauben eine große Anzahl von Objekten aufzunehmen und zu verwalten. Diese Datenstrukturen sind in Form von Java-Klassen implementiert und in der Klassenbibliothek *java.util* verfügbar, welche zum Java SDK gehört.

Die wichtigsten Datenstrukturen[53] sind:

- Listen (*ArrayList*, *LinkedList*)
- Schlangen (*Queue*, *LinkedList*)
- Assoziationslisten (*HashMap*, *TreeMap*)

Die Datenstruktur Liste zeichnet sich durch eine definierte Reihenfolge der Elemente aus, wobei Elemente durchaus mehrfach vorkommen können. Die Datenstruktur Schlange ist dabei ein Spezialfall einer linearen Datenstruktur, denn sie hat spezifische Zugriffsmethoden, die deutlich restriktiver sind als die normalen Zugriffsmethoden für Listen.

Assoziationslisten enthalten jeweils Paare von Schlüsseln und Werten. Dies bedeutet, dass ein Paar immer aus einem Schlüssel und dem zugehörigen Wert besteht, z.B. in Form von (<Schlüssel>, <Wert>). Man kann sich dies wie ein deutsch-englisches Wörterbuch vorstellen, in dem die deutschen Begriffe die Schlüssel und die englischen Vokabeln die Werte darstellen.

Eine Menge unterscheidet sich von einer Liste dadurch, dass jedes Element nur einmal vorkommen kann und keine Reihenfolge bzw. Ordnung vorausgesetzt wird.

Lernziele
Nach der Bearbeitung dieses Kapitels sind Sie in der Lage ...

- die verschiedenen Java Datenstrukturen zu verstehen und sinnvoll einzusetzen.
- die Bedeutung und Methoden von *ArrayList* und *LinkedList* richtig einzuschätzen.
- die Datenstruktur Schlange in ihren jeweiligen Java Implementierungen zu verstehen und in Ihren eigenen Anwendungen zu integrieren.
- die Assoziationslisten *HashMap* und *TreeMap* zu verwenden.

---

[53] Die ebenfalls bedeutende Datenstruktur Array wurde schon in einem eigenen Kapitel vorgestellt.

12.1   Motivation

Als Datenstrukturen bezeichnet man die von einer Programmiersprache zur Verfügung gestellten Strukturen zur Speicherung und Verwaltung von Daten. Es geht hierbei insbesondere um die Operationen zum Einfügen, Löschen und Lesen von Daten.

Das Array ist ein Beispiel für eine solche Datenstruktur, denn es erlaubt die Speicherung und den anschließenden Zugriff auf elementare Datentypen und Objekte. Die Vorteile des Arrays liegen dabei vor allem in der Einfachheit seines Aufbaus und seiner Handhabung, denn auf jedes indizierte Arrayelement kann direkt zugegriffen werden. Nachteilig sind jedoch die festgelegte Obergrenze eines Arrays zur Laufzeit und der hohe Aufwand für das Löschen und Einfügen von Elementen. Diese Nachteile motivieren die Entwicklung der neuen Datenstruktur Liste, welche die vorher genannten Beeinträchtigungen vermeidet und die im nächsten Abschnitt detailliert vorgestellt wird.

Die Datenstruktur Liste mit den Operationen einfügen, lesen und löschen wird auf den nächsten Seiten in Form von verschiedenen Implementierungsvarianten weiterentwickelt und erläutert, um die jeweiligen Vor- und Nachteile vorzustellen. Zuerst dient ein einfaches Array als Implementierungsgrundlage für die Liste, dessen Länge jedoch begrenzt, dessen Datentyp für die Elemente festgelegt ist und bei dem die Elemente nur am Ende eingefügt bzw. gelöscht werden können. Im nächsten Schritt können die Elemente an einer beliebigen Position eingefügt bzw. gelöscht werden, indem die zugrundeliegenden Methoden erweitert werden, wobei die Beschränkung bei der Länge des Arrays[54] bzw. des Datentyps bestehen bleiben. Abschließend wird die Umsetzung der Datenstruktur Liste auf die beiden Java-Klassen *ArrayList* und *LinkedList* erörtert.

12.2   Implementierung der Liste mittels eines Arrays bzw. einer ArrayList

Im vorliegenden Beispiel wird die Datenstruktur Liste mit den drei Operationen: Einfügen, Löschen und Lesen eines Elements, in der Klasse *ListeAlsArray* umgesetzt. Die Implementierung in Form einer Klasse bildet die einzelnen Listenelemente auf ein Array ab, ergänzt um die Information über den aktuellen Füllstand des Arrays. Die Besonderheit dieser Implementierung einer einfachen Liste ist, dass die Elemente immer nur am Ende eingefügt und gelöscht werden. Weiterhin ist die Anzahl der Listenelemente durch eine Obergrenze beschränkt.

Die Programmstruktur ist sehr übersichtlich. Zuerst wird die Konstante *FELDLÄNGE* deklariert und auf den Wert 100 gesetzt, dann wird die Instanzvariable *feld* deklariert, die ein Ar-

---

[54]   Hier handelt es sich um die Datenstruktur Array (siehe auch das entsprechende Kapitel) und nicht um die Klasse *Arrays*.

ray des elementaren Datentyps *int* ist. Im Konstruktor wird dann das Array erzeugt und die Länge auf *FELDLÄNGE* gesetzt.

In der Methode *einfügen(int wert)* wird der Parameter *wert* immer am Ende eingefügt, wobei vorher überprüft wird, ob die Position des Endes noch innerhalb der Grenzen des Arrays liegt Das Ende des Arrays wird durch die Instanzvariable *belegt_index* angezeigt. Bei Erreichen der oberen Schranke des Arrays wird eine Fehlermitteilung kommuniziert.

Mit *löschen()* wird der zuletzt eingetragene Wert entfernt, wobei hier einfach der Belegungsindex *belegt_index* um eins reduziert wird, zuvor muss allerdings noch geprüft werden, ob das Array nicht leer ist. In einem leeren Array bleibt *belegt_index* unverändert und würde nur eine entsprechende Fehlermeldung ausgeben.

Konsequenter setzt die Methode *löschen_alle()* den vorherigen Ansatz um und setzt dann den Belegungsindex *belegt_index*direkt auf 0. Ebenso wird bei der Frage ob das Array leer ist, implementiert durch die Methode *istLeer()*, nur getestet, ob *belegt_index* gleich 0 ist.

In *toString()* wird ein String erzeugt, der alle Listenelemente enthält und somit einfach auf dem Bildschirm angezeigt werden kann. Der Zugriff erfolgt hierbei über eine *for*-Schleife, die von Anfang bis Ende das Array durchläuft.

Abschließend erfolgt in der *main()-Methode*, die Erzeugung einer Instanz, der dann mehrere Zahlen hinzugefügt werden, die danach ausgegeben und z.T. wieder gelöscht werden.

```
public class ListeAlsArray {

        final static int FELDLÄNGE = 100; // Länges des Arrays
        int[] feld; // Deklaration des Arrays
        int belegt_index = 0; // tatsächliche Arraybelegung

        // Konstruktor
        public ListeAlsArray() {
                feld = new int[FELDLÄNGE]; // Erzeugung des Feldes
        }

        /*
         * fügt Wert am Ende des Arrays ein; es testet, ob sich
         * der Feldindex innerhalb der Feldgrenzen befindet.
         */
        void einfügen(int wert) {
                if (belegt_index < feld.length) {
                        feld[belegt_index] = wert;
                        belegt_index++;
                } else {
                        System.out.println(
                        "Fehlerfall, Array ist voll");
                }
```

```
    }

    // der zuletzt eingetragene Wert (am Ende) wird gelöscht
    void löschen() {
        if (belegt_index > 0) {
            belegt_index--;
        } else {
            System.out.println(
            "Fehlerfall, Array ist leer");
        }
    }

    // gibt alle Element hintereinander in einen String aus
    @Override
    public String toString() {
        String s = "";
        if (istLeer()) {
            return "Liste ist LEER";
        } else {
            for (int i = 0; i < belegt_index; i++) {
                s = s + (feld[i] + " ");
            }
            return s;
        }
    }

    // testet, ob die Liste leer ist, d.h. belegt_index==0
    boolean istLeer() {
        return (belegt_index == 0);
    }

    // löscht Array, indem belegt_index auf 0 gesetzt wird
    void löschenAlle() {
        belegt_index = 0;
    }

    public static void main(String[] args) {
        // Methode zum "Test" des Programms
        ListeAlsArray l = new ListeAlsArray();
        l.einfügen(1);
        l.einfügen(2);
        l.einfügen(3);
        l.einfügen(4);
        l.einfügen(5);
        l.einfügen(6);
```

```
            System.out.println(l);
            l.löschen();
            l.löschen();
            System.out.println(l);
            l.löschenAlle();
            System.out.println(l);
        }
}
```

Code 12-1   Klasse ListeAlsArray, Implementierung einer Liste als Array[55]

Programmausgabe:
```
1 2 3 4 5 6
1 2 3 4
Liste ist LEER
```

Die Schwachpunkte der Implementierung einer Liste basierend auf einem Array sind klar:

- die starre Arraylänge, die zur Laufzeit nicht mehr verändert werden kann
- Elemente einfügen oder löschen erfolgt nur am Ende des Arrays
- es können nur ganzzahlige Werte eingefügt werden

Der nächste konsequente Schritt ist nun die Verbesserung der Liste, indem nun Elemente an jeder beliebigen Position innerhalb des Arrays eingefügt oder gelöscht werden können. Außerdem soll die Begrenzung auf eine maximale Anzahl von Arrayelementen flexibler gehandhabt werden.

Die Problematik beim Löschen bzw. Einfügen eines Elements innerhalb des Arrays ist, dass eine Lücke entsteht bzw. Platz geschaffen werden muss. Im ersten Fall müssen die verbleibenden Arrayelemente nach links, zur aktuellen Position, verschoben werden, um die Lücke zu schließen. Im zweiten Fall müssen die Arrayelemente von der aktuellen Position weg, nach rechts bewegt werden, um dort das Element einzufügen.

Bei Erreichen der maximalen Anzahl von Elementen könnte man ein neues Array mit der doppelten Kapazität erzeugen und die bestehenden Elemente dorthin kopieren, so dass ein automatischer Anpassungsprozess eingeleitet wird.

Die verbesserte Klasse *ListeAlsFeld* wird von der Klasse *ListeAlsArray* abgeleitet, somit werden die bisherigen Methoden von der Klasse *ListeAlsArray* übernommen. Die Erweiterungen liegen in den neuen Methoden *einfügen(int position, int wert)*, die es erlaubt das Element *wert* an dem Index *position* abzuspeichern, oder *löschen(int position)*, die den Eintrag

---

[55]   In diesem und den folgenden Beispielen wurde, aus Gründen der besseren Lesbarkeit und Übersichtlichkeit, der Gebrauch von *public* und *private* Modifiern weitgehend vermieden.

an der Stelle *position* entfernt. Beide Methoden verwenden *verschieben(int position, int richtung)*, um die Elemente von dem Index *position* aus nach rechts bzw. links zu verlagern , je nachdem, ob der Parameter *richtung* rechts (= 1) bzw. links (= -1) ist.

```java
public class ListeAlsFeld extends ListeAlsArray{

    // Definition der Konstanten
    final int links  = -1;
    final int rechts = 1;

    public ListeAlsFeld() {
        super(); // Aufruf des Konstruktors der Oberklasse
    }

    // Wert wird an der Position eingefügt, Elemente werden
    // nach rechts verschoben, um Platz zu machen
    void einfügen(int position, int wert) {
        if((0 <= position) && (position <= belegt_index)) {
            // Verschieben nach rechts
            verschieben(position,rechts);
            feld[position] = wert;
            belegt_index++;
        } else {
            System.out.println("Fehler: Position falsch!");
        }
    }

    // löscht den Eintrag an der betreffenden Stelle position
    // die Elemente werden nach links verschoben,
    void löschen(int position) {
        verschieben(position,links); //Verschieben nach links
    }

    // verschiebt die Feldelemente nach "links" oder "rechts"
    void verschieben(int position, int richtung) {
        if (richtung == rechts) { // Verschieben nach rechts
            for(int i = belegt_index; i >= position; i-- ) {
            feld[i+1] = feld[i];
            }
        } else { // Verschieben nach links
            if (richtung == links) { // Verschieben nach links
            for(int i = position; i < belegt_index; i++ ) {
            feld[i] = feld[i+1];
            }
            belegt_index--;
```

```
                }
            }
        }
}
```

Code 12-2 Klasse ListeAlsFeld, verbesserte Implementierung einer Liste als Array

Die vorgestellten Methoden erweitern natürlich die Funktionalität der Klasse *ListeAlsFeld*, aber sie beseitigen nicht die grundlegende Problematik. Für jedes einzufügende oder zu löschende Element müssen in der Regel viele Einträge verändert werden. Das erforderliche Verschieben von Arrayelementen beim Einfügen und Löschen ist nämlich sehr aufwändig und reduziert deutlich die Einsetzbarkeit dieser Datenstruktur in der Praxis, da dies bei einigen Hunderten oder Tausenden Elementen zu erheblichen Leistungsverlusten führt.

> Die Nachteile eines Arrays sind, dass (1) es nicht dynamisch zur Laufzeit erweitert werden kann und (2) die Operationen Einfügen und Löschen von Elementen innerhalb des Arrays aufwändig sind, da die bereits bestehenden Elemente verschoben werden müssen.

Aufgrund der Schwächen des Arrays wurde eine Reihe neuer Datenstrukturen entwickelt, die zwar diese grundlegenden Funktionalitäten übernehmen, aber nicht deren prinzipielle Einschränkungen aufweisen. Die beiden wichtigsten Vertreter sind hierbei die Klassen *ArrayList* bzw. *LinkedList* im Paket *java.util*, wobei der aktuelle Fokus auf der ersten Klasse liegen soll.

In der vorliegenden Implementierung wird der bisherige Funktionsumfang einer solchen Liste auf die Datenstruktur *ArrayList* einfach abgebildet, in dem die schon vorhandenen Methoden direkt aufgerufen werden. Man kann dabei sehr gut sehen, dass alle Methoden schon in *ArrayList* vorhanden sind.

Zwei wichtige Eigenschaften von *ArrayList* sollen nochmals besonders hervorgehoben werden: eine *ArrayList* wächst automatisch mit, sie ist also von ihrer Länge nicht eingeschränkt und es müssen beim Einfügen bzw. Löschen von Elementen keine Einträge verschoben werden, denn alle diese „internen" Verwaltungsaufgaben werden direkt von der Klasse übernommen.

```
import java.util.ArrayList;

public class ListeAlsArrayList {
ArrayList<Integer> liste; //interne Datenstruktur

    //legt die interne Datenstruktur an
    public ListeAlsArrayList() {
        liste = new ArrayList<Integer>();
    }
```

```java
// Einfügen der Zahl am Ende
void einfügen(int wert) {
    liste.add(wert);
}

// Einfügen der Zahl an der Position in der Liste
void einfügen(int position, int wert) {
    liste.add(position, wert);
}

// Löschen des Elements an der Position
void löschen(int position){
    liste.remove(position);
}

// testet, ob die Liste leer ist
boolean istLeer() {
    return liste.isEmpty();
}

// Lesen an der Position
int lesen(int position) {
    return liste.get(position);
}

// löscht alle Elemente aus der Liste
void löschenAlle() {
    liste.clear();
}

void ausgeben() {
    for(int i=0; i < liste.size(); i++) {
        System.out.print(liste.get(i) + " ");
    }
    System.out.println();
}
}
```

Code 12-3 Klasse ListeAlsArrayList, Implementierung einer Liste als ArrayList

Neben der Klasse *ArrayList* wurde auch die vergleichbare Klasse *LinkedList* erwähnt, die eine ähnliche Funktionalität anbietet. Wenn man nun in der Implementierung die Klasse *ArrayList* durch *LinkedList* ersetzt, so kann man feststellen, dass nur der Typ der Instanzvariable *liste* von *ArrayList* zu *LinkedList* verändert werden muss, alle sonstigen Zugriffsmethoden können gleich bleiben.

```
import java.util.LinkedList;

public class ListeAlsLinkedList {
    LinkedList<Integer> liste; //interne Datenstruktur

    //legt die interne Datenstruktur an
    public ListeAlsLinkedList() {
    liste = new LinkedList<Integer>();
    }
...
}
```

Code 12-4 Klasse ListeAlsLinkedList, Implementierung einer Liste als LinkedList

Der einzige Unterschied zwischen der Umsetzung einer Liste mittels *ArrayList* bzw. *Linked-List*, besteht also nur darin, dass die Instanzvariable *liste* einmal vom Typ *ArrayList* bzw. *LinkedList* ist. Es gibt in diesem Beispiel also keine Auswirkungen auf die verwendeten Methoden, da diese sich auf das Interface *Collection* beschränken und dieses Interface jeweils von beiden Klassen implementiert wird. Aufgrund der besonderen Bedeutung dieses Interfaces für die Datenstrukturen wird es in dem folgenden Abschnitt näher erläutert.

12.3   Das Interface Collection

Das Interface *Collection* ist deshalb so wichtig, weil es den Java Datenstrukturen *ArrayList*, *LinkList*, *HashSet*, *TreeSet*, *Stack* und *Vector* zugrunde liegt. Dies bedeutet, dass die vorher genannten Klassen *alle* Methoden der Schnittstelle *Collection* anbieten. Aus diesem Grunde werden diese gemeinsamen Methoden hier sehr ausführlich besprochen, so dass in den entsprechenden Abschnitten der einzelnen Datenstruktur bzw. Klassen dann nur noch die spezifischen Methoden vorgestellt werden.

In Anlehnung an die Einführung der UML Notation wird das Interface *Collection* übersichtsartig in Form eines Diagramms (Abbildung 12-3) vorgestellt, wobei hier allerdings nur eine Auswahl der wichtigen Methoden vorgestellt wird.[56]

---

[56] Aus Gründen der Einfachheit und der besseren Lesbarkeit wird hier die Darstellung der Attribute im UML-Diagramm im Folgenden weg gelassen.

```
┌─────────────────────────────────────────────────────────┐
│                      Collection                          │
├─────────────────────────────────────────────────────────┤
│  + add(E e) : boolean                                    │
│  + addAll(Collection <? extends E> c) : boolean          │
│  + clear()                                               │
│  + contains(Object o) : boolean                          │
│  + containsAll(Collection<?> c) : boolean                │
│  + equals(Object o) : boolean                            │
│  + isEmpty() : boolean                                   │
│  + iterator() : Iterator<E>                              │
│  + remove(Object o) : boolean                            │
│  + removeAll(Collection <? > c) : boolean                │
│  + size() : size                                         │
│  + toArray() : Object[ ]                                 │
│  + toArray(T[ ] a) : <T> T[ ]                            │
└─────────────────────────────────────────────────────────┘
```

Abbildung 12-1 Übersicht der Methoden des Collection-Interface

Bevor die einzelnen Methoden angesprochen werden, sollten zuvor die auffälligsten Ausdrücke erläutert werden. Das Konstrukt *Collection <? extends E>* bedeutet, dass der Typ für alle Elemente einer *Collection* festgelegt werden kann, wobei dieser Typ eine beliebige Klasse sein kann. Der Ausdruck *Collection <? >* weist darauf hin, dass die Elemente zu einer *Collection* gehören und dass deren Typ durch eine Klasse definiert werden kann.

Die drei wichtigsten Kategorien von Methoden einer Datenstruktur sind (1) das Einfügen von, (2) das Löschen von und (3) das Lesen von Elementen. Weiterhin gibt es noch die Anzahl der vorhandenen Elemente, den Test auf Existenz eines Elements und die Umwandlung der Datenstruktur in ein Array.

Die Methode *add()* bzw. *addAll()* erlaubt das Einfügen eines einzelnen Elements bzw. einer ganzen *Collection*. Der Rückgabewert ist *true*, wenn das Element bzw. die Collection eingefügt werden, wobei darauf hinzuweisen ist, dass die Einfügeposition nicht spezifiziert ist.

Das Löschen aller Elemente der *Collection* erfolgt durch den Aufruf von *clear()*. Das gezielte Löschen eines einzelnen Elements bzw. mehrerer Elemente hingegen wird durch *remove()* bzw. *removeAll()* ausgeführt.

Der lesende Zugriff auf die Elemente der *Collection* wird durch den *iterator()* ermöglicht. Der Gebrauch eines allgemeinen Iterators und der beiden Iterator-Klassen *Iterator* und *ListIterator* im Besonderen wird in einem der späteren Abschnitte erläutert.

Der Test, ob ein Element bzw. mehrere Elemente schon in der *Collection* vorhanden sind wird durch *contains()* bzw. *containsAll()* umgesetzt. Der Typ für alle Elemente, auf die sich *containsAll()* bezieht, kann wie bei *addAll()* oder *removeAll()* definiert werden.

Die Methode *size()* liefert die Anzahl der aktuellen Elemente der *Collection*.

Alle Elemente der *Collection* können mittels *toArray()* in ein eigenes, neues Array umgewandelt werden, so dass sie dort weiter verarbeitet werden können.

Um den praktischen Gebrauch der Methoden von *Collection* zu veranschaulichen, müssen diese anhand einer Klasse demonstriert werden, die das Interface *Collection* implementiert. Aus diesem Grund werden in den folgenden Abschnitten die beiden Klassen *ArrayList* und *LinkedList* ausführlich behandelt.

> Das Interface *Collection* hat Methoden (1) zum Einfügen bzw. Löschen von Elementen bzw. *Collections* (von Elementen), (2) zum Test, ob ein Element bereits in einer *Collection* enthalten ist und (3) zum Durchlaufen der *Collection* mittels eines *Iterators*.

12.4   Listen: ArrayList und LinkedList

Die beiden Klassen *ArrayList* und *LinkedList* bilden die wichtigsten Datenstrukturen für Listen. Neben dem schon vorgestellten Interface *Collection* wird zusätzlich ebenfalls das Interface *List* implementiert.

Die Methoden der Klassen *ArrayList* und *LinkedList* sind in großen Bereichen weitgehend identisch, da beide Klassen dieselben Schnittstellen zur Verfügung stellen. Allerdings ist darauf hinzuweisen, dass *LinkedList* noch zusätzlich die Interfaces *Queue* und *Deque* implementiert, die im späteren Abschnitt 12.6 Schlange erläutert werden. Bevor auf die spezifischen Methoden von *ArrayList* eingegangen wird, wird zuerst eine Übersicht der Methoden des *List* Interfaces vorgestellt.

12.4.1   Übersicht der Methoden von List

Das Interface *List* ergänzt *Collection* um Methoden, die einen schreibenden oder lesenden Zugriff auf eine Position erlauben, denn es wird vorausgesetzt, dass die Listenelemente in einer Reihenfolge angeordnet sind. Die beiden Klassen *ArrayList* und *LinkedList* implementieren zusätzlich das *List* Interface.

Übersicht der Methoden von List

List
+ add(int index, E element) : boolean + addAll(int index, Collection<? Extends E> c) + get(int index) : E + listIterator() : ListIterator<E> + listIterator(int index) : ListIterator<E> + remove(int index) : E + set(int index, E element) : E + subList(int fromIndex, int toIndex) : List <E>

Abbildung 12-2 Übersicht der Methoden des List-Interfaces

Konsequenterweise bietet *List* deshalb (zusätzlich zur *Collection*) die bereits bekannten Methoden zum Einfügen (*add()*, *addAll()*) und Löschen (*remove()*) von Elementen an, jeweils erweitert um den Parameter *index*, der beschreibt, an welcher Position ein Element hinzugefügt bzw. eliminiert wird.

Weitere neue Methoden sind (1) das Lesen eines Listenelements an einer Position (*get()*), (2) die Erzeugung eines *ListIterators*, der eine Erweiterung des bisher bekannten *Iterators* ist (*listIterator()*), (3) das Ersetzen eines Elements an einer Position (*set()*) und (4) die Berechnung einer Teilliste, die durch zwei Positionen bestimmt wird (*subList()*).

Das Interface *List* besitzt Methoden (1) zum Lesen, Einfügen bzw. Löschen von Elementen an einer Position in der *List*, (2) zum Ersetzen von Teillisten und (3) für den *ListIterator* zum Durchlaufen der List in beiden Richtungen (vor- und rückwärts).

12.4.2   Festlegung des Typs einer Liste

Falls der Typ der Liste nicht definiert wird, sind alle Listenelemente automatisch vom Typ *Object*. Dies ist in der Praxis wenig sinnvoll, denn man möchte in der Regel den Typ der Listenelemente einschränken, um so zur Laufzeit eine Typprüfung beim Einfügen der Elemente vorzunehmen. Ein zusätzlicher Vorteil ist, dass ein gelesenes Listenelement automatisch in dem richtigen, d h. deklarierten Typ, zurück geliefert wird. Die Deklaration des Typs einer Liste, z.B. bei *ArrayList* oder *LinkedList*, wurde erst durch Generics möglich, die in Java 5 eingeführt wurden.

Dieser letzte Punkt trägt nicht unwesentlich zur Typsicherheit und damit zu einer erhöhten Zuverlässigkeit der Anwendung bei.

Aus den oben genannten Gründen wird deshalb bei der Deklaration einer Liste immer auch der Typ der Listenelemente angegeben. Dies geschieht indem der gewünschte Typname, d.h. die Klasse, zwischen die Zeichen ‚<' und ‚>' gesetzt wird und dann direkt hinter der Listenklasse positioniert wird.

Angenommen die Variable *aliste* soll eine Instanz der Klasse *ArrayList* sein und nur Elemente vom Typ *String* enthalten, dann sieht die Deklaration für die Liste wie folgt aus:

```
ArrayList<String> aliste
```

Wenn es sich bei dem gewünschten Typ um einen elementaren Datentyp, wie z.B. *int*, *long*, *float* oder *double* handelt, dann ist die entsprechende Wrapper-Klasse zu verwenden.[57]

```
ArrayList<Long> bliste
```

---

[57]   Eine entsprechende Gegenüberstellung von elementaren Datentypen zu den Wrapper-Klassen befindet sich im Kapitel Strings, im Abschnitt über die Umwandlung elementarer Datentypen in eine Zeichenkette.

Beispiele für die Typfestlegungen einer Liste sind im Folgenden aufgeführt:

```
ArrayList<String>
ArrayList<Integer>
ArrayList<Float>
ArrayList<Double>
ArrayList<Konto>
```

Code 12-5 Typenfestlegung bei einer Liste

12.4.3   Übersicht der Methoden von ArrayList

In diesem Abschnitt erhalten Sie einen kurzen Überblick über alle Methoden der Klasse *ArrayList*. Es sei nochmals daran erinnert, dass die Klasse *ArrayList* die beiden Interfaces *Collection* und *List* implementiert und somit deren vollständige Funktionalitäten anbietet. Darüber hinaus findet man noch eine Reihe von spezifischen Methoden, wie z.B. die Konstruktoren oder zur Verwaltung des zugrunde liegenden Arrays.

Übersicht der Methoden von ArrayList

ArrayList
+ ArrayList() + ArrayList(int i) + ArrayList(Collection c) **+** add(E e) : boolean + addAll(Collection <? extends E> c) : boolean + add(int index, E element) + addAll(int index, Collection<? Extends E> c): boolean + set(int index, E element): E + contains(Object o) : boolean + containsAll(Collection<?> c) : boolean + equals(Object o) : boolean + isEmpty() : boolean + get(int index) : E + iterator() : Iterator<E> + listIterator() : ListIterator<E> + listIterator(i nt index) : ListIterator<E> + subList(int fromIndex, int toIndex) : List<E> + remove(Object o) : boolean + remove(int index) : E + removeAll(Collection <? > c) : boolean + clear() + toArray() : Object [ ] + toArray(T[ ] a) : <T> T [ ] + size : int + trimToSize() + ensureCapacity(int i)

Abbildung 12-3 Übersicht der Methoden der Klasse ArrayList

Es ist sinnvoll, die Methoden nach Kategorien einzuordnen, aus diesem Grund sind hier die vorliegenden Methoden der Klasse *ArrayList* entsprechend strukturiert. Die wichtigsten Funktionen einer Datenstruktur sind hierbei das Erzeugen von Instanzen, das Einfügen, Lesen und Löschen von Elementen.

Zuerst sind die Konstruktoren aufgeführt, danach kommen die verschiedenen Versionen der Methode *add()* bzw. *addAll()*, die ein einzelnes bzw. mehrere Elemente in eine *ArrayList* einfügen.

Anschließend wird die *contains()* Methode aufgelistet, die testet, ob ein Element in einer ArrayList vorhanden ist. Dies wird ergänzt durch den lesenden Zugriff auf einzelne Elemente, sei es per Durchlauf der gesamten *ArrayList* mittels *Iterator* bzw. *ListIterator*[58] oder das direkte Auslesen eines Listenelements via Index mittels *get()*.

Das Löschen einzelner bzw. mehrer Elemente oder der gesamten Liste erfolgt durch *remove()* bzw. *removeAll()* oder per *clear()*.

Abschließend ermöglicht *toArray()* die Umwandlung der Liste in ein Array, wobei der Parameter den Datentyp des zurück gelieferten Arrays festlegt. Die Methoden *trimtoSize()* bzw. *ensureCapacity()* erlauben ein Schrumpfen bzw. Wachsen des zugrunde liegenden Arrays auf die eigentlich benötigte bzw. zu erwartende Anzahl von Elementen. Mit *size()* wird die aktuelle Anzahl der Listenelemente berechnet.

Die oben genannten Methoden werden in den kommenden Abschnitten aufgeführt, im Detail dort erläutert und anhand eines Beispiels vorgestellt.

Die Interfaces *Collection* und *List* werden von den Klassen *ArrayList* und *LinkedList* implementiert, dies bedeutet dass diese beiden Klassen alle Methoden der jeweiligen Interfaces anbieten.

12.4.4 Konstruktoren von ArrayList

Um ein *ArrayList*-Objekt zu erzeugen, benötigt man Konstruktoren, die in diesem Abschnitt vorgestellt werden. Wenn man auf die Festlegung des Typs einer *ArrayList* verzichtet, dann sind alle Listenelemente nur von der Klasse *Object*.[59] Der Vorteil den Typ aller Listenelemente zu definieren, ist zweifach, er besteht in Typprüfung beim Einfügen eines Eintrags und beim Auslesen eines Elements. Somit können frühzeitig inkompatible Listenelemente entdeckt werden und das fehlerträchtige Casten von Elementen beim Auslesen entfällt.

Übersicht der Konstruktoren von ArrayList

Konstruktoren: <u>ArrayList</u>
+ ArrayList()
+ ArrayList(int i)
+ ArrayList(Collection c)

Abbildung 12-4 Übersicht der Konstuktoren der Klasse ArrayList

---

[58] Die Aufgaben und die Nutzung der Iteratoren werden in einem späteren Abschnitt erklärt.

[59] Elementare Datentypen können zwar hinzugefügt werden, denn sie werden automatisch in ein Objekt der entsprechenden Wrapper-Klasse überführt, aber sie müssen beim Auslesen wieder in ihren ursprünglichen Datentyp gecastet werden.

Der einfachste Konstruktor *ArrayList()* erlaubt nur die Erzeugung einer leeren *ArrayList* Instanz ohne Listenelemente.

Der Konstruktor *ArrayList(int i)* erlaubt bereits auch die interne Kapazität der *Arraylist*, d.h. die benötigte Anzahl der Elemente, im voraus festzulegen, auch wenn diese im späteren Verlauf der Laufzeit wieder dynamisch angepasst werden muss.

Falls schon eine Liste existiert, dann kann diese bei der Erzeugung einer neuen *ArrayList* übernommen werden und so für den Aufbau einer weiteren Liste genutzt werden, wie vom dritten Konstruktor *ArrayList(Collection c)* gezeigt wird.

Bei einer Deklaration einer Instanz der *ArrayList* ohne Festlegung des Typs, sind alle Elemente der *ArrayList* vom Typ *Object*. Dies hat zur Konsequenz, dass ein Listenelement nur einer Variablen vom Typ Object zugewiesen werden kann. Durch die Nutzung von Generics beim Aufruf des Konstruktors kann man auch den Typ der Listenelemente einschränken und so zur Laufzeit, überprüfen, ob alle hinzugefügten Elemente diese Restriktion auch erfüllen. Aus diesem Grunde findet sich in den meisten praktischen Beispielen der Gebrauch von Generics wieder, da diese eine erhöhte Typsicherheit zulassen.

```
ArrayList<String> liste1 = new ArrayList<String>();
ArrayList<Integer> liste2 = new ArrayList<Integer>(100);
ArrayList<String> liste3 = new ArrayList<String>(liste1);
```

Code 12-6 Konstruktoren von ArrayList

Im ersten Beispiel wird eine Instanz der Klasse *ArrayList* erzeugt, wobei der Typ aller Listenelemente als *String* definiert wird, und dann der Variablen *liste1* zugewiesen wird.

Bei dem zweiten Beispiel wird wiederum die Klasse *ArrayList* instanziiert, hingegen werden der Typ auf *Integer* und die initiale Kapazität auf 1000 festgelegt. Dies ist somit ein Beispiel für den zweiten Konstruktor, bei dem die Anzahl der zu erwartenden Elemente definiert wird.

Das dritte Beispiel verwendet den dritten Konstruktor, indem es zur Erzeugung eine bereits vorhandene Liste verwendet, die als Parameter übergeben wird.

12.4.5   Einfügen und Löschen von Elementen

In diesem Abschnitt geht es sowohl um das Einfügen als auch um das Löschen von Elementen in einer Liste. Zuerst wird jeweils eine Übersicht der Methoden zum Einfügen und Löschen präsentiert, dann werden diese im Einzelnen erläutert und abschließend anhand eines Beispiels aufgezeigt.

Übersicht der Methoden zum Einfügen und Löschen von Elementen

ArrayList
+ add(E element():: boolean + add(E element, int i) + addAll(Collection c) : boolean + addAll(int i, Collection c) : boolean … + clear() + remove(int i) : E + remove(Object o) : boolean

Abbildung 12-5 Übersicht der Methoden zum Einfügen und Löschen von Elementen

Die Einfügemethode *add()* erlaubt ein *einzelnes* Element am Ende der Liste oder an einer bestimmten Position einzufügen. Im letzteren Fall werden die nachfolgenden Elemente jeweils um eine Postion nach rechts verschoben.

Die Methode *addAll()* hingegen ermöglicht analog das Einfügen *mehrerer* Elemente am Ende der Liste bzw. an einem bestimmten Index.

```
liste1.add("Hamburg");liste1.add("Düsseldorf");
liste1.add(1, "Köln");
System.out.println(liste1); // [Hamburg, Köln, Düsseldorf]
liste3.add("Frankfurt"); liste3.add(0, "Berlin");
liste3.add(2, "Stuttgart");
System.out.println(liste3); // [Berlin, Frankfurt, Stuttgart]
liste3.addAll(0, liste1);
System.out.println(liste3);
// [Hamburg, Köln, Düsseldorf, Berlin, Frankfurt, Stuttgart]
```

Code 12-7 Einfügen von Elementen von ArrayList

Die beiden ersten *add()*-Anweisungen hängen die Werte [60](Hamburg, Düsseldorf) an das Ende der Liste *liste1* an. Der dritte Befehl führt dazu, dass Köln an erster Position einfügt wird, also hinter Hamburg, mit der Position Null, und Düsseldorf wird an die zweite Position verschoben. Die Ausgabe der vollständigen Liste erfolgt durch die zweite Programmzeile.

Die Liste *liste3* wird analog zu *liste1* aufgebaut. Abschließend werden die Listenelemente von *liste1* an der Position mit dem Index 0, also zu Beginn, der Liste *liste3* eingefügt, die dortigen Werte werden entsprechend nach rechts verschoben.

---

[60]   Achtung: die Zählung der Positionen in einer Liste beginnt bei 0.

Vergleichbar zu den Einfügemethoden ist es mittels *remove()* möglich, direkt das zu löschende Objekt oder nur die Position, an der es sich befindet, anzugeben.[61] Die einfachste
Form alle Elemente auf einen Schlag zu löschen, ist mittels *clear()*.

```
// [Hamburg, Köln, Düsseldorf, Berlin, Frankfurt, Stuttgart]
liste3.remove("Berlin");
liste3.remove(4);
liste3.clear();
System.out.println(liste3); // []
```

Code 12-8 Löschen von Elementen

Der erste Befehl löscht das Wort *Berlin* aus der Liste, die zweite Anweisung entfernt das
Element an der vierten Position (*Stuttgart*, rückte wegen des Entfernens von Berlin um eins
nach links) und die letzte Anweisung löscht alle Listenelemente. Die letzte Zeile druckt dann
entsprechend eine leere Liste aus.

12.4.6   Zugriffe und Anfragen

Neben den Methoden zum Einfügen bzw. Löschen von Elementen ist es erforderlich, direkt
auf einzelne Elemente zu zugreifen, die Position von Elementen innerhalb der Liste abzufragen und festzustellen, ob ein Element in einer Liste enthalten ist.

Übersicht der Zugriffsmethoden und Anfragen

ArrayList
+ get(int i) : E
+ contains(Object o) : boolean
+ indexOf(Object o) : int
+ lastIndexOf(Object o) : int
+ isEmpty() : boolean

Abbildung 12-6 Übersicht der Zugriffsmethoden und Anfragen

Die zentrale lesende Zugriffsmethode ist *get(int i)*, denn sie liefert das Element zurück, das
sich an der jeweiligen Position i befindet. Es entspricht dem Zugriffsoperator des Arrays, ([ ]
), mithilfe dessen man auf eine beliebige Position innerhalb des Arrays zugreifen kann und
der eine Alternative zum *Iterator* bzw. *ListIterator* einer Liste ist. Der Typ des Rückgabewerts ist standardmäßig *Object* und entspricht ansonsten dem Typ, der für die gesamte ArrayList spezifiziert wurde.

---

[61]   Im ersten Fall wird über *equals* getestet, ob die beiden Objekte gleich sind.

Falls zwar das Objekt selbst bekannt ist, aber unklar ist, ob es sich in der Liste befindet bzw. an welcher Position es liegt, dann sind die Anfragen *contains(Object o)* bzw. *indexOf(Object o)* und *lastIndexOf(Object o)* sinnvoll. Die beiden letzten Methoden liefern jeweils die Position des ersten bzw. letzten Vorkommens des angegebenen Objekts.

Nicht unwichtig ist die Anfrage *isEmpty*, die berechnet, ob Listenelemente vorliegen oder die Liste an sich leer ist. Diese Frage sollte immer mit *false* beantwortet werden, bevor weitere Zugriffe auf die Listenelemente erfolgen.

```
// [Hamburg, Köln, Düsseldorf]
liste1.get(1); // Köln
liste1.contains("Köln"); // true
liste1.indexOf("Köln"); // 1
liste1.lastIndexOf("Köln"); // 1
liste1.isEmpty(); // false
```

Code 12-9 Lesen von Elementen

Der erste Befehl greift direkt auf die erste Position zu (Köln). In der zweiten Anweisung wird überprüft, ob Köln in der Liste auftaucht, was der Fall ist, und somit wird der boolesche Wert *true* berechnet. Die Methoden *indexOf()* und *lastIndexOf()* bestimmen das erste bzw. letzte Vorkommen von Köln in der Liste, was jeweils eins ergibt. Am Ende wird angefragt, ob die Liste leer ist, was ganz offensichtlich verneint werden muss und deshalb ein *false* liefert.

12.4.7   Umwandlung in Array

Manchmal kann es sinnvoll sein, eine Liste in ein Array umzuwandeln, um anschließend das Array von weiteren Methoden bearbeiten zu lassen. Die unten aufgeführten Methoden erlauben die Listenelemente in ein neu erzeugtes Array zu überführen, wobei insbesondere das umzuwandelnde Array angegeben werden kann.

Übersicht der Umwandlungsmethoden für ein Array

ArrayList
+ toArray() : Object [ ] + toArray(T[ ] a) : <T> T [ ]

Abbildung 12-7 Übersicht der Umwandlungsmethoden für ein Array

Die Methode *toArray()* wandelt die Listenelemente der Instanz, von der die Methode aufgerufen wird, in ein Array vom Typ *Object* um und liefert dieses als Ergebnis zurück. Die Listenelemente werden der Reihenfolge in das Array eingetragen, wie sie in der Liste vorlagen. Der Nachteil ist jedoch, dass der Typ *Object* zu allgemein ist und deshalb durch einen Type Cast auf eine sinnvolle Klasse angepasst werden muss.

Die zweite *toArray()* Methode erwartet als Parameter den Array eines bestimmten Typs T und liefert dann als Ergebnis die Listenelemente der Instanz, von der die Methode aufgerufen wird, in ein Array von diesem Typ T aus.

```
// Umwandlung der Liste in ein Array
// [Hamburg, Köln, Düsseldorf]
Object[] feld = liste1.toArray();
String[] s = liste1.toArray(new String[0]);
```

Code 12-10 Umwandlung einer ArrayList in ein Array

Die erste Codezeile liefert den Inhalt der Liste *liste1* in ein Array vom Typ *Object* aus. In der darauf folgenden Zeile werden die Listenelemente von *liste1* in der Eingangsreihenfolge in ein Array vom Typ *String* ausgegeben werden. Es ist darauf hinzuweisen, dass das Array, das als Parameter übergeben wird, den Typ des ausgegebenen Arrays festlegt, hier der Einfachheit halber ein leeres Feld ausreicht.

12.4.8   Verwaltung der Listenlänge

Für die Verwaltung von großen Datenstrukturen ist es wichtig, dass die internen Verwaltungsstrukturen an die Anzahl der zu verwaltenden Elemente angepasst werden, da ansonsten zuviel Speicherkapazität bereitgehalten wird, die nicht abgefragt wird oder nicht die nötige Leistung erbracht wird. Aus diesen Gründen ist es wichtig die interne Kapazität der Liste ggf. anzupassen, was mit den nachfolgenden Methoden passiert.

Übersicht der Methoden zur Administration der Listenlänge

ArrayList
+ size() : int + trimToSize() + ensureCapacity(int i)

Abbildung 12-8 Übersicht der Methoden zur Adminsitration

Die Methode *size()* liefert die aktuelle Länge der Liste, dies bedeutet die Anzahl der vorhandenen Listenelemente. Die interne Kapazität der Liste kann entsprechend durch *trimToSize()* angepasst werden. Durch *ensureCapacity()* wird die interne Kapazität der Liste, d.h. die Anzahl der zu erwartenden Elemente festgelegt. Die beiden letzten Methoden sind besonders sinnvoll für die Optimierung des Speicherplatzes einer *ArrayList*.

```
liste1.size(); // Anzahl der Elemente:
liste1.trimToSize(); //setzt Kapazität auf Anzahl d. Elemente:
liste1.ensureCapacity(50); // definiert Kapazität als 50
```

Code 12-11 Verwaltung der Liste

Die erste Anweisung liefert die Anzahl der Elemente in der Liste *liste1*. Der zweite Befehl passt die Kapazität der Liste auf die aktuelle Anzahl von Elementen an. Dies bedeutet insbesondere, dass überschüssige Kapazität (also wenn mehr Platz vorgehalten wird als tatsächlich benötigt wird) reduziert wird. Das Festlegen der Kapazität auf 50 der Instanz *liste1* erfolgt durch die Methodenaufruf *liste1.ensureCapacity(50)*.

Die Verwaltung der Listenlänge durch *ensureCapacity()* ist optional, d. h. wenn keine explizite Festlegung der Kapazität erfolgt, dann geschieht dies automatisch durch die JVM. Dies bedeutet insbesondere auch, dass die Liste auch nach dem Aufruf von *ensureCapacity()* weiter wachsen kann.

12.4.9   Beispiel für Collection

Das Beispiel verwendet nur Methoden des *Collection*-Interfaces.

```
import java.util.ArrayList;
import java.util.Collection;
import java.util.Iterator;


public class BeispielCollection {

public static void main(String[] args) {
      // Deklaration der Listen
      Collection<String> liste1 = new ArrayList<String>();
      Collection<String> liste2 = new ArrayList<String>();
      // Hinzufügen von Elementen am Ende der Liste1
      liste1.add("Eiche");
      liste1.add("Erle");
      liste1.add("Buche");
      // Hinzufügen von Elementen am Ende der Liste2
      liste2.add("Tanne");
      liste2.add("Esche");

      System.out.println(liste1); // [Eiche, Erle, Buche]
      System.out.println(liste2); // [Tanne, Esche]
      // Hinzufügen der liste1 am Ende von liste2
      liste2.addAll(liste1);
      // [Tanne, Esche, Eiche, Erle, Buche]
      // Lesender Zugriff auf alle Elemente über Iterator
```

```
Iterator lit = liste2.iterator();
// Durchlauf der Liste (Hinweg)
while (lit.hasNext()) {
System.out.println("Aktuelles Element:"+ lit.next());
}

// Test, ob Element bzw. Liste1 in Liste2 vorhanden
// sind
boolean vorhanden = liste2.contains("Eiche");
if (vorhanden) {
    System.out.println("Element ist vorhanden");
}
vorhanden = liste2.containsAll(liste1);
if (vorhanden) {
    System.out.println("Liste ist vorhanden");
}

// Länge der Listen ausgeben
System.out.println("Länge der Liste 1:"+ liste1.size());
System.out.println("Länge der Liste 2:"+ liste2.size());

// Umwandlung der Liste in ein Array
String[] feld = { "a", "b", "c" };
feld = liste2.toArray(feld);
System.out.println("Länge des Arrays: " + feld.length);

// Löschen einzelner Elemente
liste2.remove("Tanne"); //
liste2.removeAll(liste1);

// vollständiges Löschen der Listen
liste1.clear();
liste2.clear();
}
}
```

Code 12-12 Klasse BeispielCollection, Beispielimplementierung einer Collection

In dem vorliegenden Beispiel werden die beiden Instanzen *liste1* und *liste2* der Klasse *ArrayList* erzeugt. Sie sind beide leer, also müssen sie noch mit Elementen gefüllt werden. Die Kapazität wird jeweils auf den Wert 20 gesetzt, dies bedeutet, dass zuerst mit voraussichtlich 20 Listenelementen gerechnet wird.

Nun werden die Elemente „Eiche", „Erle", „Buche" am Ende der *liste1* bzw. „Tanne", „Esche" am Ende der *liste2* hinzugefügt. Dies bedeutet, dass die Listen wie folgt aussehen:

liste1: [Eiche, Erle, Buche], *liste2*: [Tanne, Esche]
Im nächsten Schritt wird dann die *liste2* an das Ende von *liste1* angehängt, was das folgende
Resultat ergibt: [Tanne, Esche, Eiche, Erle, Buche]

Das Durchlaufen der Liste *liste2* erfolgt dann über den Iterator. Zuerst muss über die Methode *iterator* der aktuelle Iterator der Liste erzeugt werden, dann wird in einer Schleife geprüft,
ob noch mindestens ein Listenelement existiert. Falls ja, wird dieses ausgegeben und es wird
zum nächsten Element weitergegangen. Falls nein, bricht die Schleife ab.

Beide Varianten der *contains()* Methode werden verwendet. Zum einen wird getestet, ob das
Element "Eiche" in der Liste vorhanden und zum anderen wird abgefragt, ob *liste1* vollständig in *liste2* enthalten ist. In beiden Fällen wird im positiven Fall der boolesche Wert *true*
zurück geliefert und im negativen Fall *false*.

Anschließend wird die Länge der beiden Listen ermittelt und dann ausgegeben. Die Erzeugung eines Arrays, das Auslesen aller Listenelemente und die darauffolgende Zuweisung an
das Array werden durch *toArray()* ausgeführt. Der verwendete Parameter dient nur dazu den
Typ des zurückliefernden Arrays festzulegen.

Das Löschen der Tanne erfolgt durch *remove()*, das Entfernen der gesamten *liste1* mittels
removeAll().

Abschließend werden die beiden Collections (*liste1*, *liste2*) gelöscht.

12.4.10   Beispiel für List

In dem vorliegenden Beispiel werden nur Methoden eingesetzt, die durch das Interface *List*
definiert werden.

```
import java.util.ArrayList;
import java.util.List;

public class BeispielList {

    public static void main(String[] args) {
        // Dekaration der Listen
        List<String> liste = new ArrayList<String>();
        // Hinzufügen von Elementen am Ende der Liste1
        liste.add(0,"Rock"); liste.add(0,"Jazz");
        liste.add(1,"Klassik");
        // Ausgabe der kompletten Liste
        System.out.println("Gesamtliste: "+ liste);
        // Einfügen  einer Liste an einer Position
        liste.addAll(1, liste);
        // Ausgabe der kompletten Liste
        System.out.println("Gesamtliste: "+ liste);
        // lesender Zugriff auf eine beliebige Position
```

```
        System.out.println(liste.get(1));
        // Löschen des Elements an Position 1
        liste.remove(1);
        // Ersetzen des Elements an Position 0
        liste.set(0, "Pop");
        // Ausgabe der Gesamtliste
        System.out.println("Gesamtliste:"+ liste);
        // Ausgabe einer Teilliste
        System.out.println("Teilliste:"+ liste.subList(0, 2));
        // Ausgabe der Gesamtliste
        System.out.println("Gesamtliste: "+ liste);
    }
}
```

Code 12-13 Klasse BeispielList, Beispielimplementierung einer List

Die Besonderheit in der Implementierung der Methoden von *List* ist, dass man direkt auf einzelne Positionen zugreifen kann. Dies bedeutet, dass die Operationen einfügen, löschen und lesen sich jeweils auf eine Position beziehen.

Zuerst wird eine Instanz der *ArrayList* vom Typ *String* erzeugt. Dann werden über die Methode *add()* die Instanzen Rock, Jazz und Klassik jeweils an den Positionen 0 bzw. 1 eingefügt. Danach wird die (Kopie der) Liste in der Liste selbst an der Position 1 eingesetzt.

Der Wert der Liste an der Position 1 wird (aus)gelesen, dann gelöscht und das Listenelement an der Position 0 wird durch „Pop" ersetzt. Eine Teilliste wird für die Positionen 0 bis 1 (einschließlich) angezeigt. Eine Besonderheit ist hierbei, dass die Position zwei die obere Schranke markiert, aber selbst nicht zur Teilliste gehört.

Abschließend wird die Gesamtliste auf dem Bildschirm ausgegeben.

12.4.11   Beispiele für ArrayList

```
import java.util.ArrayList;
import java.util.Iterator;
import java.util.ListIterator;

public class BeispielArrayList {

    public static void main(String[] args) {
    // Deklaration der Listen
    ArrayList<String> liste = new ArrayList<String>();

    // Hinzufügen einzelner Elemente
    liste.add("Eiche"); liste.add("Erle"); liste.add("Buche");
    liste.addAll(liste);
```

```java
        // Ausgabe der Liste liste
        System.out.println(liste);
        //[Eiche, Erle, Buche, Eiche, Erle, Buche]
        // Neue, verkürzte for-Schleife
        for(String s: liste)
        {
                System.out.print(s + ", ");
        }
        System.out.println();
        // Alternativ: Verwendung des Iterators
        Iterator lit = liste.iterator();
        while(lit.hasNext())
        {
            System.out.print(lit.next() + ", ");
        }
        System.out.println();
        // Alternativ: Verwenden einer for-Schleife
        lit = liste.iterator();
        for(String s: liste) {
          System.out.print(s + ", ");
        }
        System.out.println();
        ListIterator liter = liste.listIterator();
        // Liste wird ab hier rückwärts gelesen
        while(liter.hasPrevious())
        {
            System.out.println(liter.previous());
        }

        // Test auf Vorhandensein einzelner Elemente
        System.out.println(liste.contains("Buche"));
        System.out.println(liste.contains(liste) );
        System.out.println(liste.indexOf("Buche"));
        System.out.println(liste.lastIndexOf("Buche"));
        // Löschen einzelner Elemente
        liste.remove(1);
        liste.remove("Eiche");
        // Ausgabe der Liste liste
        System.out.println(liste);
        //[Buche, Eiche, Erle, Buche]
    }
}
```

Code 12-14 Klasse BeispielArrayList, Beispielimplementierung einer ArrayList

Wie üblich muss zuerst eine Instanz der *ArrayList* vom Typ *String* generiert werden und dann werden die Instanzen mittels *add()* „Eiche“, „Erle“ und „Buche“ angefügt.

Auf die einzelnen Listenelemente kann über *get()* oder alternativ über die beiden Iteratoren *Iterator* und *ListIterator* lesend zugegriffen werden.

Der Test, ob ein Element vorhanden ist, erfolgt durch *contains()* und die erste bzw. letzte Position, an der sich das Element befindet, wird durch *indexOf()* bzw. *lastIndexOf()* berechnet.

Das Löschen eines Elements kann entweder über die Position oder das Objekt selbst vorgenommen werden.

12.4.12 Übersicht der Methoden LinkedList

Wie eingangs schon erwähnt wurde, sind die angebotenen Funktionalitäten der beiden Klassen *ArrayList* und *LinkedList* weitgehend gleich, was einfach daran liegt, dass sie beide die Interfaces *Collection* und List *implementieren*.

Aus diesem Grund werden in den nachfolgenden Abschnitten nur die spezifischen Methoden der Klasse *LinkedList* aufgeführt. Dies betrifft zum einen natürlich die Konstruktoren, die für jede Klasse besonders sind, und zum anderen die besonderen Einfüge- und Zugriffsmethoden sowie die Löschmethoden.

12.4.13 Konstruktoren von LinkedList

Im Gegensatz zur *ArrayList*, wo es drei Konstruktoren gibt, bietet *LinkedList* nur zwei an. Der Unterschied ergibt sich aus der Tatsache, dass man bei *ArrayList* die initiale Kapazität, d h. die Anzahl der zu erwartenden Elemente, reservieren kann, was bei *LinkedList* nicht mölgich ist, weil der Speicher für ein Element erst zur Einfügezeit benötigt wird.

Übersicht der Konstruktoren von LinkedList

LinkedList
+ LinkedList()   + LinkedList(Collection c)

Abbildung 12-9 Übersicht der Konstruktoren von LinkedList

Es gibt nur zwei Konstruktoren von *LinkedList*: zum einen den parameterlosen Konstruktor *LinkedList()*, der eine leere *LinkedList* Instanz erzeugt und zum anderen den Konstruktor *LinkedList(Collection c)*, der aufbauend auf dem Parameter, die neue Instanz der *LinkedList* generiert.

12.4.14   Einfüge- und Zugriffsmethoden

Die Klasse *LinkedList* implementiert im Gegensatz zu *ArrayList* noch zusätzlich die Interfaces *Deque* und *Queue*.

Dies hat zur Konsequenz, dass es für dieselbe Funktionalität mehrere Methoden gibt. Das Interface *Deque* bedeutet „double-ended queue", also eine Schlange mit zwei Enden (und zwei Köpfen), im Unterschied zu einer normalen Schlange, bei der es nur einen Kopf und ein Ende gibt.[62]

Das Interface *Queue* verfügt über Methoden (1) zum Lesen und Löschen des ersten Elements und (2) zum Einfügen des letzten Elements.

In der folgenden Tabelle 12-1 sind die Methoden zum Einfügen, Löschen und Lesen von Elementen einer Schlange gegenüber gestellt. Die Besonderheit ist dabei, dass es jede Methode in zweifacher Ausführung gibt: eine, die bei Fehlern eine Exception wirft und eine andere, die in diesem Fall einen booleschen Wert zurückliefert. Weiterhin gibt es jeweils eine Methode, die auf den Kopf bzw. das Ende der Schlange zugreift. Dies führt dazu, dass die drei Grundfunktionalitäten einfügen, löschen und lesen sich in insgesamt zwölf Methoden niederschlagen, aufgrund der beiden zusätzlichen Variablen (Exception bzw. Spezialwert und Kopf bzw. Ende).

Übersicht der verfügbaren Methoden zum Einfügen, Löschen und Lesen

	Erstes Element (Kopf)		Letztes Element (Ende)	
	wirft Exception	besonderer Wert	wirft Exception	besonderer Wert
einfügen	addFirst(e)	offerFirst(e)	addLast(e)	offerLast(e)
entfernen	removeFirst()	pollFirst()	removeLast()	pollLast()
lesen	getFirst()	peekFirst()	getLast()	peekLast()

Tabelle 12-1 Gegenüberstellung der Zugriffsmethoden des Deque Interfaces

Als Beispiel für diese Vervierfachung sei die Funktionalität *einfügen* betrachtet, die sich in den Methoden *addFirst()*, *offerFirst()*, *addLast()* und *offerLast()* wieder findet. Die beiden ersten Methoden fügen ein Element am Kopf der Schlange ein, die beiden letzteren hingegen

---

[62] In einem späteren Abschnitt wird dann beschrieben wie die Datenstrukturen einfache Schlange und doppelte Schlange mittels dieser Methoden implementiert werden können.

am Ende. Die Methoden *addFirst()* und *addLast()* zeichnen sich dadurch aus, dass sie eine Exception werfen können, im Unterschied zu den Methoden *offerFirst()* und *offerLast()*, die im Fehlerfall den booleschen Wert *false* liefern.

Das Interface *Deque* verfügt über Methoden (1) zum Lesen und Löschen des ersten bzw. letzten Elements und (2) zum Einfügen des letzten bzw. ersten Elements.

In der folgenden Tabelle 12-2werden die Entsprechungen zwischen den Methoden des Interfaces *Queue* (linke Spalte) zu den des Interfaces *Deque* (rechte Spalte) aufgezeigt. Hier zeigt sich, dass es für jede Methode von *Queue* auch eine äquivalente Methode seitens *Deque* gibt.

Queue Methode	Deque Methode
add(e)	addLast(e)
offer(e)	offerLast(e)
remove()	removeFirst()
poll()	pollFirst()
element()	getFirst()
peek()	peekFirst()

Tabelle 12-2 Gegenüberstellung der Zugriffsmethoden des Deque und des Queue Interfaces

Das Benennungsschema für die Entsprechungen zwischen den *Queue* und den *Deque* Methoden ist offensichtlich: für die jeweilige *Queue* Methode wird die elementare Funktion für die Bezeichnung genommen und bei der entsprechenden *Deque* Methoden wird dann nur noch *First* bzw. *Last* angehängt.

Übersicht der Einfüge-, Lese- und Löschmethoden

LinkedList
+ offerFirst(Element e) : boolean
+ offert(E element), offerLast(E element) : boolean
+ peek(), peekFirst(), getFirst() : E
+ peekLast(), getLast() : E
...
+ poll(), pollFirst : E
+ pollLast() : E
+ remove(), removeFirst() : E
+ removeLast() : E
+ removeFirstOccurence(Object o) : boolean
+ removeLastOccurence(Object o) : boolean

Abbildung 12-10 Übersicht der Einfüge-, Lese- und Löschmethoden

Die Systematik bei den Einfüge- und Löschmethoden ist ähnlich. Mit *offerFirst*(E element) bzw. *offerLast*(E element) und *offer*(E element) wird das Element an der ersten bzw. an der letzten Position eingefügt.

Bei den *peek()* und *get()* Methoden ist die Benennungssystematik analog, also *peek()*, *peek-First*() und *getFirst*() liefern jeweils das erste Element der Liste und *peekLast*() und *getLast*() erhalten jeweils das letzte Element.

Es ist darauf hinzuweisen, dass dieselbe Funktionalität hier unter zwei verschiedenen Namen angeboten wird und dass die Systematik der Benennung leider nicht völlig konsequent ist, denn ansonsten hätten *offer()* und *peek()* (ohne das Kürzel *First* oder *Last*) jeweils auf dasselbe Element verweisen müssen.

Mit *poll()*, *pollFirst()* bzw. *pollLast()* wird das erste bzw. letzte Element aus der Liste gelesen und dann gelöscht. Das dedizierte Löschen (ohne Lesen) des ersten bzw. letzten Elements erfolgt über *remove()*, *removeFirst()* bzw. *removeLast()*. In diesem Fall muss das Element selbst nicht bekannt sein, sondern nur seine Position innerhalb der Liste.

Bei den Methoden *removeFirstOccurence(Object o)* bzw. *removeLastOccurence(Object o)* hingegen muss das zu löschende Objekt angegeben werden und ob das erste bzw. letzte Vorkommen des Elements innerhalb der Liste gelöscht werden soll.

12.4.15   Beispiele für LinkedList

```
import java.util.LinkedList;

public class BeispielLinkedList {

    public static void main(String[] args) {
    LinkedList<String> liste = new LinkedList<String>();
    // Einfügen von Elementen
    liste.add("Komödie"); liste.add("Drama");
    liste.add("Thriller");
    System.out.println(liste);
    liste.offerFirst("Action");liste.offerLast("Abenteuer");
    // Ausgabe der vollständigen Liste
    System.out.println(liste);
    // Lesen der Elemente
    System.out.println(liste.peekLast());
    System.out.println(liste.peekFirst());
    // Löschen der Elemente
    System.out.println(liste.pollLast());
    System.out.println(liste.pollFirst());
    System.out.println(liste);
    }
}
```

Code 12-15 Klasse BeispielLinkedList

12.5   Iteratoren

Iteratoren erlauben das komfortable Durchlaufen der zugrunde liegenden Datenstruktur, ohne sich um die Details der Reihenfolge und Anordnung der konkret vorliegenden Datenstruktur genauer kümmern zu müssen.

Es gibt zwei relevante Implementierungen von Iteratoren, die hier vorgestellt werden:

- *Iterator*: bietet nur eine minimale Funktionalität für das Durchlaufen der Datenstruktur an, indem die Elemente nur in einer Richtung bearbeitet und gelesen werden können
- *ListIterator*: neben der obigen *Iterator* Funktionalität, erlaubt es darüber hinaus das Durchqueren der Struktur in die andere Richtung und die Modifikation der zugrundeliegenden Datenstruktur durch das Hinzufügen neuer Elemente

Diese beiden Iteratoren werden nun in den jeweiligen Abschnitten detailliert erläutert und anhand entsprechender Codebeispiele ausgeführt.

Klassendiagramm von Iterator

Iterator
+ boolean hasNext(E e) : boolean + Element next() : E + void remove()

Abbildung 12-11 Übersicht der Methoden des Iterator-Interfaces

Die Methode *hasNext()* liefert *true*, falls es noch weitere Elemente gibt. Sie ist notwendig, um zu überprüfen, ob es noch ein weiteres Element gibt, das durchlaufen bzw. bearbeitet werden kann: Mit der Methode *next()* wird dann auf dieses nächste Element zugegriffen und mit *remove()* könnte dann dieses Element gelöscht werden, denn es entfernt das Element, auf das zuletzt vom *Iterator* zugegriffen wurde.

Das klassische Beipiel für den Einsatz eines Iterators ist der folgende Code, der in Form einer *while*-Schleife zuerst testet, ob die Datenstruktur noch Elemente hat, dann auf dieses nächste Element zugreift und dessen Inhalt in der Regel weiterverarbeitet, z.B. auf dem Bildschirm ausgibt.

```java
import java.util.Iterator;
import java.util.LinkedList;
import java.util.ListIterator;

public class BeispielIteratoren {

        public static void main(String[] args) {
        LinkedList<String> liste = new LinkedList<String>();
        liste.add("Komödie"); liste.add("Drama");
        liste.add("Thriller");
        Iterator it = liste.iterator();
        while (it.hasNext())  { String s = (String) it.next();}

        // Erzeugung der Beispielsliste
        LinkedList<String> ll = new LinkedList<String>();
        ll.add("a"); ll.add("b"); ll.add("c");ll.add("d");
        ListIterator lit = ll.listIterator();

        while(lit.hasNext())
                { System.out.println(lit.next());}
        //Ausgabe: "a", "b", "c", "d"
        }
}
```

Code 12-16 Iterator durchläuft Datenstruktur

Im Unterschied zu dem sehr einfachen *Iterator* bietet *ListIterator* deutlich mehr Funktionalität an, z.B. die Möglichkeit, Elemente hinzu zu fügen oder zu ersetzen, oder den Index des vorherigen oder nächsten Elements zu bestimmen. Bitte beachten Sie, dass die folgende Übersicht der Methoden von *ListIterator* nur die zusätzlichen Methoden in Bezug auf *Iterator* aufführt. Dies bedeutet insbesondere, dass *ListIterator* auch über die Methoden *hasNext(), next()* und *remove()* verfügt.

Übersicht der Methoden von ListIterator

```
┌─────────────────────────────────────────┐
│              ListIterator                │
├─────────────────────────────────────────┤
│ + hasNext() : boolean                    │
│ + next() : E                             │
│ + remove()                               │
│ + previous(): E                          │
│ + set(Element e)                         │
│ + add(Element)                           │
│ + hasPrevious() : boolean                │
│ + nextIndex() : int                      │
│ + previousIndex() : int                  │
└─────────────────────────────────────────┘
```

Abbildung 12-12 Übersicht der Methoden des ListIterator-Interfaces

Analog zu den Methoden *hasNext()* und *next()*, liefern die Methoden *hasPrevious()* und *previous()* die Information, ob es (noch) ein vorhergehendes Element gibt und welches das vorhergehende Element ist. Mit *nextIndex()* und *previousIndex()* wird der jeweilige Index des nächsten bzw. vorherigen Elements geliefert. Bei den Methoden *add()* bzw. *set()* handelt es sich um Methoden, die die zugrunde liegende Datenstruktur verändern, dies bedeutet, dass Elemente neu hinzugefügt oder bestehende Elemente ersetzt werden.

```java
public class BeispielIteratoren2 {

    public static void main(String[] args) {
        // Deklaration der Listen
        ArrayList<Integer> liste = new ArrayList<Integer>();

        // einzelnes Hinzufügen der Elemente am Ende der Liste
        liste.add(1); liste.add(2); liste.add(3);
        liste.add(4); liste.add(5);
        // Zugriff auf den Iterator
        Iterator it = liste.iterator();
        while(it.hasNext())
        {
            System.out.print(it.next() + " ");
        }
```

```
            System.out.println("");
            // Lesender Zugriff auf alle Elemente über Iterator
            ListIterator lit1 = liste.listIterator();
            // Durchlaufen der Elemente in Vorwärtsrichtung
            while(lit1.hasNext())
            {
                System.out.println("Aktuelles Element:"
                                              + lit1.next());
            }
            // Durchlaufen der Elemente in Rückwärtsrichtung
            while(lit1.hasPrevious())
            {
                System.out.println(
                "Aktuelles Element:" + lit1.previous());
            }
        }
    }
}
```

Code 12-17 Klasse BeispielIteratoren2, Aufbau und Durchlauf einer Liste

Zuerst wird eine Instanz der Klasse *ArrayList* vom Typ *Integer* generiert. Von der Liste wird ein *Iterator* geliefert und dieser wird dann vorwärts durchlaufen. Anschließend wird die Liste in der Rückwärtsrichtung durchschritten.

12.6   Schlange

Die Datenstruktur Schlange (engl. Queue) basiert auf dem FIFO Prinzip. FIFO ist die Abkürzung für „First In, First Out", dies bedeutet, dass das Element, das als erstes eingefügt wird, dann auch als erstes wieder ausgelesen wird. Dies hat zur Konsequenz, dass die Reihenfolge der Elemente bewahrt wird.

Es gibt normalerweise zwei Arten von Schlangen:

* *Einfache* Schlangen: Elemente werden am Ende hinzugefügt und am Anfang gelesen
* *Doppelte* Schlangen: Elemente können sowohl am Ende als auch am Anfang eingefügt bzw. gelöscht werden (die Schlange kann also in beide Richtungen bearbeitet werden)

Beide Ausprägungen der Schlange sind in Form eines Interfaces verfügbar, das jeweils von der Klasse *LinkedList* implementiert wird. Darüber hinaus bietet diese Klasse natürlich insgesamt noch deutlich mehr Funktionalität an. Es liegt dabei in der Verantwortung des Entwicklers zum einen nur über die spezifischen Zugriffsmethoden einer Schlange auf die Datenstruktur zu gehen (und nicht etwa die der Liste zu verwenden) und zum anderen über die inhaltliche Konsistenz der doppelten Schlange zu wachen.

Schlangen werden vielfältig in der Informatik verwendet, z.B. bei

- Warteschlangen bei Betriebssystemen
- Nachrichtenschlangen für die Pufferung von Nachrichten
- Tastaturpuffern, die als Warteschlangen implementiert werden
- Gepufferter Ein- und Ausgabe der Dateien
- Druckerwarteschlangen, die die Druckaufträge aufnehmen und dann sequentiell abarbeiten

Bei der Vorstellung der allgemeinen Funktionalität von *LinkedList* sei auf den entsprechenden Abschnitt über *LinkedList* verwiesen. Im folgenden Bereich geht es nur um die für eine Schlange spezifischen Methoden!

12.6.1   Einfache Schlange (Interface Queue)

Wie schon eingangs erwähnt wurde, erlaubt die einfache Schlange nur das Einfügen von Element am Ende und das Auslesen am Kopf der Schlange. Basierend auf der Implementierung des Datentyps *einfache Schlange* als *LinkedList* werden nur diese Funktionalitäten behandelt. Es sei daran erinnert, dass es für diese Datenstruktur das Interface *Queue* gibt, das von *LinkedList* implementiert wird.

Weiterhin sei in diesem Kontext darauf hinzuweisen, dass *LinkedList* ebenfalls das Interface *Deque*, das der doppelten Schlange entspricht, implementiert.

Übersicht der Methoden einer einfachen Schlange

Einfache Schlange
+ add(E e) : boolean
+ remove() : E
+ element() : E

Abbildung 12-13 Übersicht der Methoden einer einfachen Schlange

Das Einfügen eines Elements am Ende erfolgt über *add (Object o)*, das Auslesen am Kopf der Schlange mittels *element*() und das Löschen des aktuellen Kopfelements per *remove()* erfolgt.

```
import java.util.LinkedList;

public class BeispielEinfacheSchlange {
    public static void main(String[] args) {
        LinkedList<String> schlange = new LinkedList<String>();
        schlange.add("druck1"); schlange.add("druck2");
        schlange.add("druck3");
        System.out.println(schlange);
```

```
        System.out.println(schlange.element());
        schlange.remove();
        System.out.println(schlange.element());
        schlange.remove();
        System.out.println(schlange);
    }
}
```

Code 12-18 Klasse BeispielEinfacheSchlange, Benutzung einer Schlange

Zu Beginn wird eine Instanz von *LinkedList* mit dem Typ *String* erzeugt. Die Werte „druck1", „druck2" und „druck3" werden mittels *add()*, analog zu einer Druckerwarteschlange, hintereinander eingereiht. Mit *element()* wird der erste Wert der Schlange ausgelesen, aber nicht gelöscht, denn dies geschieht mit *remove()*.

12.6.2   Doppelte Schlange (Interface Deque)

Als Erweiterung der einfachen Schlange erlaubt es, die doppelte Schlange an beiden Enden Elemente einzufügen, zu löschen und zu lesen.

Übersicht der Methoden einer doppelten Schlange

Doppelte Schlange
+ addFirst(Object o)
+ addLast(Object o)
+ removeFirst() : E
+ removeLast() : E
+ getFirst() : E
+ getLast() : E

Abbildung 12-14 Übersicht der Methoden einer doppelten Schlange

In Analogie zu den Zugriffsmethoden der einfachen Schlange werden nun die Einfügemethoden *addFirst(Object o)* und *addLast(Object o)* eingeführt, die das Element am Kopf bzw. Ende einführen, die Lesemethoden *getFirst()* und *getLast()* , die das erste bzw. letzte Element lesen und die Löschmethoden *removFirst()* und *removeLast()*, die ebenfalls das erste bzw. letzte Element eliminieren.

```
import java.util.LinkedList;

public class BeispielDoppelteSchlange {

    public static void main(String[] args) {
      LinkedList<String> schlange = new LinkedList<String>();
```

```
    schlange.add("druck1"); schlange.add("druck2");
    schlange.addFirst("druck3"); schlange.addLast("druck4");
    System.out.println(schlange);
    System.out.println(schlange.getFirst());
    System.out.println(schlange.getLast());
    System.out.println(schlange.removeFirst());
    System.out.println(schlange.removeLast());
    System.out.println(schlange);
  }
}
```

Code 12-19 Klasse BeispielDoppelteSchlange, Benutzung einer doppelten Schlange

Analog zu dem Beispiel einer einfachen Schlange wird wiederum eine Instanz von *Linked-List* vom Typ *String* erzeugt und die Werte „druck1", druck2", „druck3" und „druck4" werden von beiden Enden der Schlange angefügt.

Der lesende Zugriff sowie das Löschen der Elemente kann dabei an der letzten (*getLast()*, *removelast()*) bzw. ersten Position (*getFirst()*, *removeFirst()*) erfolgen.

12.7   HashMap und TreeMap

Eine wichtige Datenstruktur ist die des assoziativen Speichers bzw. der Assoziationsliste, die in Java in Form der Klassen *HashMap* und *TreeMap* implementiert ist. Die Assoziationsliste besteht jeweils aus einer endlichen Liste von Assoziationen. Jede Assoziation setzt sich wiederum aus einem Schlüssel und dem zugehörigen Wert zusammen.

Ein Beispiel für eine Assoziationsliste wäre ein deutsch-englisches Wörterbuch, in dem zu jedem deutschen Begriff (hier der Schlüssel) das entsprechende englische Wort (hier der Wert) aufgeführt wird. Zum Beispiel seien die folgenden Assoziationen der Liste hinzugefügt: („Wörterbuch", „dictionary"), („Abbildung", „map"), („Schnittstelle", „interface")

In Java definiert das Interface *Map* die zu implementierenden Methoden, die dann in der abstrakten Basisklasse *AbstractMap* umgesetzt wurden und von der die konkreten Implementierungsklassen *HashMap* und *TreeMap* abgeleitet werden.

In den folgenden Abschnitten werden die Klassen *HashMap* und *TreeMap* detailliert vorgestellt, denn diese bieten dem Entwickler die Möglichkeit Assoziationslisten konkret nutzen zu können, indem man auf die vordefinierten Java Datenstrukturen in Form von *HashMap* und *TreeMap* und deren Funktionalitäten aufbaut.

Der Unterschied zwischen *HashMap* und *TreeMap* ist dabei, dass *HashMap* auf einer zugrundeliegenden *HashTabelle* basiert und *TreeMap* jeden Eintrag in einer Baumstruktur automatisch einsortiert. Dies hat zur Konsequenz, dass alle *TreeMap* Einträge sortiert sind und die verwendete Ordnung sogar spezifisch neu definiert werden kann.

> Die Datenstruktur *Map* ist vergleichbar einer Assoziationsliste, die Tupel enthält. Ein Tupel besteht aus einem Schlüssel und einem Wert. Bei einer *HashMap* sind die Tupel ungeordnet, bei einer *TreeMap* sind die Tupel hingegen sortiert. Es sind die üblichen Methoden zum Einfügen, Lesen und Löschen von Tupeln vorhanden, wobei die der *TreeMap* zusätzlich auf der Sortierung der Tupel aufsetzen.

12.7.1 Übersicht der Methoden von HashMap

Die Klasse *HashMap* bietet ein breites Spektrum an Funktionalitäten an das denen der anderen Datenstrukturen ähnelt. Es existieren also wiederum Methoden zum Einfügen (put()), Löschen (*removeKey()*) und Lesen (*get()*) von Elementen. Mehrere Tupel, die in einer Map vorliegen, können über die Methode *putAll(Map m)* zu einer anderen Map hinzugefügt werden.

Der wesentliche Unterschied von HashMap zu den vorherigen Listen ist jedoch, dass es sich bei den Elementen um ein Tupel bestehend aus *Schlüssel* und *Wert* handelt. Aus diesem Grund kann dann später angefragt werden, ob der Schlüssel oder der Wert in der HashMap vorhanden sind (*containsKey()*, *containsValue()*). Bei der Ausgabe können entweder alle Schlüssel (*values()*), alle Werte (*keySet()*) oder alle Tupel (*entrySet()*) angezeigt werden.

Übersicht der Methoden von HashMap

HashMap
+ HashMap()
+ HashMap (int minKapazität)
+ HashMap (int minKapazität, float ladefaktor)
+ HashMap(Map m)
+ put(S schlüssel, W wert) : W
+ putAll (Map m)
+ clear()
+ remove(S schlüssel) : W
+ get(S schlüssel) : W
+ containsKey(S schlüssel) : boolean
+ containsValue(W wert) : boolean
+ isEmpty() : boolean
+ values() : Collection<W>
+ keySet() : Set<S>
+ entrySet() : Set<Map.Entry<S,W>>
+ size() : int

Abbildung 12-15 Übersicht der Methoden von HashMap

Die Methoden der Klasse *HashMap* werden nun in den folgenden Kapiteln detailliert vorgestellt und anhand von Beispielen erläutert.

12.7.2   Konstruktoren von HashMap

Die Klasse *HashMap* stellt verschiedene Konstruktoren bereit, die bestimmte Aspekte bei der Erzeugung der Instanzen von *HashMap* erleichtern. Im Folgenden werden diese Konstruktoren vorgestellt und erläutert.

Übersicht der Konstruktoren von HashMap

HashMap
+ HashMap()   + HashMap (int minKapazität)   + HashMap (int minKapazität, float lfaktor)   + HashMap(Map m)

Abbildung 12-16 Übersicht der Konstruktoren von HashMap

Analog zu den bisherigen Datenstrukturen Liste und Schlange, kann man natürlich auch bei einer *HashMap* den Typ festlegen. Allerdings ist dabei zu beachten, dass hier zwei Typen erforderlich sind, der erste für den Schlüssel und der zweite für den Wert. Der Ausdruck *HashMap<String, Integer>* definiert also, dass der Schlüssel von der Klasse *String* ist und der Wert vom Typ *Integer* ist. Fehlt eine solche Typenfestlegung, dann sind sowohl der Schlüssel als auch der Wert eines Tupels vom Typ *Object*.

Der einfachste Konstruktor ist der parameterlose Konstruktor, der ein *HashMap* Objekt erzeugt, das mit einer minimalen Kapazität von 16 Elementen und einem Ladefaktor von 0.75 ausgestattet ist. Dies bedeutet, dass das Objekt im voraus mit 16 Einträgen ausgelegt ist und der Ladefaktor beschreibt, bis zu welchem Grad die Einträge belegt werden können, bevor während der Laufzeit dynamisch neue Einträge erzeugt werden. Ein Ladefaktor von 0.75 bedeutet, dass zuerst 75% der Einträge belegt werden müssen, bevor es zur Erzeugung von weiteren Einträgen kommt. Im oben genannten Fall der minimalen 16 Einträge, müssten also zuerst 12 Einträge (= 75%) belegt werden, bevor es zu der Bereitstellung von weiteren Einträgen kommt.

Eine *HashMap* Instanz kann auch explizit mit einer minimalen Kapazität durch den Konstruktor *HashMap(int minKapazität)* ausgestattet werden. Der Parameter *minKapazität* legt hierbei die Anzahl der vorhandenen minimalen Einträge fest.

Die größte Flexibilität erhält man durch *HashMap(int minKapazität, float ladefaktor)*, bei dem sowohl die minimalen Kapazität als auch der Ladefaktor frei wählbar sind. Bitte beachten Sie dabei, dass der Ladefaktor als *float*-Wert definiert ist und somit bei der entsprechen-

den Definition durch ein explizites f gekennzeichnet werden muss. So muss z.B. für den
Ladefaktor 0.50 an den Konstruktor der Wert 0.50f übergeben werden.

Interessant ist auch die Möglichkeit, ein neues *HashMap* Objekt basierend auf einem bereits
existierenden aufzubauen, was durch den letzten Konstruktor ermöglicht wird. Hier wird im
Konstruktor als Parameter das existierende *HashMap* Objekt einfach übergeben.

```java
import java.util.HashMap;

public class ErzeugungVonHashMaps {

    public static void main(String[] args) {
        // HashMap ohne Typenfestlegung
        HashMap hm = new HashMap();
        // HashMap für String/String-Elemente
        HashMap<String, String> hm0 =
            new HashMap<String, String>();
        // HashMap für String/Integer-Elemente
        HashMap<String, Integer> hm1 =
            new HashMap<String, Integer>();
        // HashMap für String/Object-Elemente
        HashMap<String, Object> hm2 =
            new HashMap<String, Object>();
        // HashMap für Integer/Object-Elemente
        HashMap<Integer, Object> hm3 =
            new HashMap<Integer, Object>();

        // HashMap mit initialer Kapazität für String
        HashMap<String, String> hmInit0 =
        new HashMap<String, String>(20);
        HashMap<String, Integer> hmInit1 =
        new HashMap<String, Integer>(20);

        // Festlegung initialer Kapazität u. Ladefaktor
        HashMap<String, String> hmIL0 =
        new HashMap<String, String>(20,0.5f);
        HashMap<String, Integer> hmIL1 =
        new HashMap<String, Integer>(20,0.5f);

        // HashMap mit bereits existierender HashMap
        HashMap<String, String> hm4 =
        new HashMap<String, String>(hm0);
    }
}
```

Code 12-20 Erzeugung einer HashMap

12.7.3   Einfügen und Löschen von Elementen

Eine der wichtigsten Funktionalitäten einer *HashMap* ist das Hinzufügen von neuen Elementen bzw. das Löschen von bereits vorhandenen Elementen.

HashMap
+ put(S schlüssel, W wert) : W
+ putAllMap (Map m)
+ clear()
+ remove(S schlüssel) : W

Abbildung 12-17 Einfügen und Löschen von Elementen in einer HashMap

Die Methode *put(S schlüssel, W wert)* fügt das neue Element *(schlüssel, wert)* des Typs *S* bzw. *W* in das *HashMap*-Objekt ein. Die Typen S und W sind durch die Angabe der Typen bei der Instanziierung der *HashMap* festgelegt. Fehlt eine solche Typenfestlegung, dann sind S und W beide gleich der Klasse *Object*. Analog zu den Listen, gibt es auch die Möglichkeit ein ganzes Map-Objekt einzufügen, indem das entsprechende Objekt an die Methode *putAll(Map m)* als Parameter übergeben wird.

Verständlicherweise ist das Löschen aller Einträge am einfachsten, es geschieht durch den Aufruf von *clear()*, wobei hier kein Wert zurückgegeben wird. Interessanterweise wird das gezielte Löschen einzelner Einträge mittels *remove(S schlüssel)* nur durch Angabe des entsprechenden Schlüssels vorgenommen.

```
import java.util.HashMap;

public class BeispielEinfügenUndLöschenHashMap {

    public static void main(String[] args) {
        // Einfügen und Löschen von Elementen
        HashMap<String,String> hm0 = new
        HashMap<String,String>();
        HashMap<String,String> hm1 = new
        HashMap<String,String>();
        hm0.put("Liste", "list");
        hm0.put("Schlange", "queue");
        System.out.println(hm0);
        //{Schlange=queue, Liste=list}
        hm1.put("Keller", "stack");
        hm1.put("Menge", "set");
        System.out.println(hm1);
        //{Keller=stack, Menge=set}
        hm0.putAll(hm1);
```

```
        hm0.remove("Keller");
        // Löschen des Eintrags "Keller"
        hm1.clear();// Löschen aller Einträge von hm1
        System.out.println(hm0);
        // {Schlange=queue, Menge=set, Liste=list}
        System.out.println(hm1); // {} , d.h. leere Liste
    }
}
```

Code 12-21 Einfügen und Löschen von Elementen in einer HashMap

12.7.4   Zugriffsmethoden

Neben dem Zugriff auf die einzelnen Assoziationen der *HashMap* ist es ebenso wichtig zu testen, ob der Schüssel oder der Wert einer Assoziation bereits eingetragen wurden. Weiterhin sollte alle eingetragenen Schlüssel oder Werte abgefragt werden können, ebenso wie die Anzahl der vorhandenen Assoziationen.

Übersicht der Zugriffsmethoden

HashMap
+ get(S schlüssel) : W
+ containsKey(S schlüssel) : boolean
+ containsValue(W wert)) : boolean
+ isEmpty() : boolean
+ values(): Collection<W>
+ keySet() : Set<S>
+ entrySet() : Set<Map.Entry<S,W>>
+ size() : int

Abbildung 12-18 Übersicht der Zugriffsmethoden einer HashMap

Der Zugriff auf eine ausgewählte Assoziation erfolgt durch *get(S schlüssel)* welche den zugehörigen *wert* vom Typ W zum Parameter *schlüssel* liefert. Es ist hierbei zu beachten, dass nur ein (!) Wert und nicht etwa eine Liste von Werten zurück geliefert wird. In dieselbe Richtung gehen die Methoden *containsKey*(S schlüssel) bzw. *containsValue*(W wert), die testen, ob schon eine Assoziation zu einem gegebenen Schlüssel bzw. Wert eingetragen wurde und die im positiven Fall dann den Wert *true* (oder ansonsten *false*) zurückliefert.

Die Sammlung aller eingetragenen Werte bzw. die Menge aller Schlüssel wird durch die Methoden *values*() bzw. *keySet*() berechnet, wobei beide keine Parameter erfordern. Der

Rückgabetyp von *values* ist dabei eine Collection des Typs W, während *keySet* ein Set vom Typ S ist[63]. Die Rückgabewerte sind dabei vom Typ W bzw. S.

Einen Schritt weiter geht *entrySet*(), das alle eingetragenen Assoziationen in Form einer Menge, also ungeordnet und vom Typ *Set*, aufführt.

Abschließend ist zu sagen, dass *size*() die Anzahl der vorliegenden Assoziationen liefert und *isEmpty*() *true* ergibt, wenn keine Einträge vorliegen, ansonsten *false*.

```java
import java.util.HashMap;

public class ZugriffeHashMap {

    public static void main(String[] args) {
        HashMap<String,String> hm0 = new
        HashMap<String,String>();
        System.out.println(hm0.get("Liste"));
        System.out.println(hm0.containsKey(
        "Menge"));//true
        System.out.println(hm0.containsValue(
        "queue"));//true
        System.out.println(hm0.values());
        //[queue, set, list]
        System.out.println(hm0.keySet());
        //[Schlange, Menge, Liste]
        System.out.println(hm0.entrySet());
        //[Schlange=queue, Menge=set, Liste=list]
        System.out.println(hm0.size()); //3
        System.out.println(hm0.isEmpty());//false
    }
}
```

Code 12-22 Zugriff auf Werte oder Schlüssel in HashMap

12.7.5   Beispielprogramm HashMap

In dem vorliegenden Programm wird ein leeres *HashMap* Objekt erzeugt, in das anschließend verschiedene Assoziationen angelegt werden. Die *HashMap* sieht danach wie folgt aus: [Keller=stack, Schlange=queue, Menge=set, Liste=list]

Aufbauend auf dem aktuellen *HashMap*-Objekt werden Anfragen nach den Werten (*values*()), den Schlüsseln (*keySet*()) und der gesamten HashMap gestellt (*entrySet*()).

---

[63]   Die Klasse Set stellt eine ungeordnete Auflistung von Elementen dar.

Es ist darauf hinzuweisen, dass die Elemente einer *HashMap* immer ungeordnet sind und somit die Darstellung der Tupel in der Form <Schlüssel>=<Wert> ebenfalls ungeordnet erfolgt.

```java
import java.util.HashMap;

public class BeispielHashMap {

    public static void main(String[] args) {

        // HashMap, mit Schlüssel und Wert als String
        HashMap<String, String> hm = new
        HashMap<String, String>();
        // Aufbau der HashMap
        hm.put("Liste", "list");
        hm.put("Schlange", "queue");
        hm.put("Keller", "stack");
        hm.put("Menge", "set");

        // Anzahl der Einträge
        System.out.println(hm.size()); // 4

        // Anfragen an die aktuelle HashMap
        // [stack, queue, set, list]
        System.out.println(hm.values());
        // [Keller, Schlange, Menge, Liste]
        System.out.println(hm.keySet());
        // [Keller=stack, Schlange=queue, Menge=set,
        // Liste=list]
        System.out.println(hm.entrySet());

        // Anfragen
        System.out.println(hm.isEmpty()); //false
        System.out.println(hm.containsKey("Menge"));//true
        System.out.println(hm.containsValue("set"));//true
        System.out.println(hm.get("Schlange")); // queue
        hm.remove("Liste"); //Löschen eines Elements
        // Keller=stack, Schlange=queue, Menge=set]
        System.out.println(hm.entrySet());
    }
}
```

Code 12-23 Beispiel für Erzeugung und Benutzung einer HashMap

12.7.6   Übersicht der Methoden von TreeMap

Eine *TreeMap* enthält alle Methoden der *HashMap*, jedoch fügt sie noch weitere hinzu, was vor allem die Anfragen betrifft. Der wesentliche Unterschied zwischen einer *TreeMap* im Vergleich zur *HashMap* ist dabei, dass alle Einträge einer *TreeMap* sortiert sind.

Diese Sortierung setzt natürlich voraus, dass es entweder einen natürlichen Vergleichsoperator für alle Schlüssel des Typs S gibt, also z.B. < für Zahlen oder *compareTo()* für *String* oder dass ein solcher Comparator[64] erst explizit für den Datentyp S definiert wird.

Übersicht der Methoden von TreeMap

```
                        TreeMap

  + TreeMap()
  + TreeMap (Map m)
  + TreeMap (SortedMap m)

  + firstKey() : S
  + lastKey () : S
  + firstEntry() : Map.Entry<S,W>
  + lastEntry () : Map.Entry<S,W>

  + floorKey (S schlüssel) : S
  + ceilingKey (S schlüssel) : S
  + floorEntryy (S schlüssel) : Map.Entry<S,W>
  + ceilingEntry (S schlüssel) : Map.Entry<S,W>
```

Abbildung 12-19 Übersicht der Methoden einer TreeMap

Die hier vorgestellten Methoden unterteilen sich in die Konstruktoren und die Anfragen, die an eine *TreeMap* Instanz gestellt werden können.

Bei den Konstruktoren kann man eine leere Treemap erzeugen oder oder eine, die bereits auf einer existierenden *HashMap* oder *TreeMap* aufbaut und die vorhandenen Einträge dann übernimmt.

Bei den Anfragen gibt es die Möglichkeit, nach dem ersten bzw. letzten Schlüssel bzw. Eintrag zu suchen. Weiterhin kann bei einem gegebenen Schlüssel nach dem nächst niedrigeren bzw. höheren Schlüssel bzw. Eintrag gesucht werden.

---

[64] Ein Comparator erlaubt es eine beliebige Vergleichsfunktion zu implenentieren, die dann von der Klasse *Tree-Map* zur Sortierung der Einträge verwendet werden kann.

12.7.7   Konstruktoren von TreeMap

Im Gegensatz zu *HashMap* handelt es sich bei *TreeMap* um eine (An-)Ordnung von Assoziationen, dies bedeutet, dass die eingetragenen Assoziationen sortiert sind. Aus diesem Grund kann beim Konstruktor der *TreeMap* ein Vergleichsoperator angeben werden, der für die Ordnung aller Assoziationen verantwortlich ist und auf dem die Sortierung aller Assoziationen basiert.

Übersicht der Konstruktoren

TreeMap
+ TreeMap()   + TreeMap (Map m)   + TreeMap (SortedMap m)

Abbildung 12-20 Übersicht der Konstruktoren einer TreeMap

Der einfachste Konstruktor ist *TreeMap()*, der nur eine leere *TreeMap* erzeugt.

Der nächste Konstruktor übernimmt als Parameter eine existierende *Map*, z.B. eine Instanz der Klasse *HashMap*, die als Basis für das neu zu erzeugende *TreeMap* Objekt dient. Es ist hierbei wichtig, dass die Schlüssel der eingetragenen Assoziationen durch einen „natürlichen Vergleichsoperator" angeordnet werden können.

Konsequenterweise kann man als Parameter für den Konstruktor auch eine sortierte *Map* verwenden, z.B. eine Instanz der Klasse *TreeMap*, wie dies der dritte Konstruktor erlaubt.

```
import java.util.HashMap;
import java.util.TreeMap;

public class ErzeugungTreeMap {

    public static void main(String[] args) {

        // TreeMap, mit Schlüssel und Wert als String
        TreeMap<String, String> tm0 = new
        TreeMap<String, String>();
        // TreeMap, mit Schlüssel und Wert als Integer
        TreeMap<Integer,Integer>tm1=new
        TreeMap<Integer,Integer>();
        // HashMap, mit Schlüssel und Wert als Integer
        HashMap<Integer,Integer>hm=new
        HashMap<Integer,Integer>();
```

```
        TreeMap<Integer,Integer>tm2=new
        TreeMap<Integer,Integer>(hm);
        TreeMap<Integer,Integer>tm3=new
        TreeMap<Integer,Integer>(tm2);
    }
}
```

Code 12-24 Erzeugung einer TreeMap

12.7.8   Zugriffsmethoden für die Schlüssel und Einträge

Aufgrund der Sortierung der eingetragenen Assoziationen gibt es einen ersten und letzten Schlüssel.Weiterhin kann zu einem gegebenen Schlüssel der nächst höhere bzw. niedrigere Schlüssel bestimmt werden. Weiterhin kann man dann, basierend auf dem Schlüssel, auch den zugehörigen Eintrag bestimmen.

Übersicht der Zugriffsmethoden für die Schlüssel und Einträge:

TreeMap
+ firstKey() : S
+ lastKey () : S
+ firstEntry(): Map.Entry<S,W>
+ lastEntry (): Map.Entry<S,W>
+ floorKey (S schlüssel) : S
+ ceilingKey (S schlüssel) : S
+ floorEntryy (S schlüssel) : Map.Entry<S,W>
+ ceilingEntry (S schlüssel) : Map.Entry<S,W>

Abbildung 12-21 Übersicht der zusätzlichen Zugriffsmethoden einer TreeMap

Der erste bzw. der letzte Schlüssel können durch *firstKey*() bzw. *lastKey*() berechnet werden, die jeweils den Schlüssel im Datentyp S liefern. Analog zum ersten bzw. letzten Schlüssel kann man ebenfalls den ersten bzw. letzten Eintrag über die Methoden *firstEntry* bzw. *lastEntry* berechnen, wobei die Rückgabewerte den Datentypen <S,W> entsprechen, wie sie bei der Deklaration der *TreeMap* spezifiziert wurden. Fehlt eine solche Typenfestlegung, dann sind S und W – wie üblich – von der Klasse *Object*.

Weiterhin kann zu einem gegebenen Schlüssel der entsprechend nächst niedrigere bzw. höhere *Schlüssel* über *floorKey(S schlüssel)* bzw. *ceilingKey(S schlüssel)* bestimmt werden. Weiterhin gilt dies analog auch für den nächst niedrigeren bzw. höheren *Eintrag* mittels *floorEntry(S schlüssel)* bzw. *ceilingEntry(S schlüssel)*

Wenn der Schlüssel exakt einem vorhandenen Schlüssel der *TreeMap* entspricht, dann wird dieser Schlüssel bzw. Eintrag ausgegeben.

```java
import java.util.TreeMap;

public class ZugriffeTreeMap {

    public static void main(String[] args) {
        // TreeMap, mit Schlüssel und Wert als Integer
        TreeMap<Integer,Integer>tm1=new
        TreeMap<Integer,Integer>();

        tm1.put(1,1001); tm1.put(5,5005); tm1.put(2,2002);
        tm1.put(7,7007); tm1.put(9,9009); tm1.put(3,3003);
        // Ausgabe der gesamten TreeMap
        System.out.println(tm1);
        //{1=1001, 2=2002, 3=3003, 5=5005, 7=7007, 9=9009}
        // Zugriff auf den ersten und letzten Schlüssel
        System.out.println(tm1.firstKey()); // 1
        System.out.println(tm1.lastKey()); // 9
        // Zugriff auf den ersten und letzten Eintrag
        System.out.println(tm1.firstEntry()); // 1=1001
        System.out.println(tm1.lastEntry()); // 9=9009
        // Lesen des nächst niedrigeren/höheren Schlüssels
        System.out.println(tm1.floorKey(8)); // 7
        System.out.println(tm1.ceilingKey(8)); // 9
        // Lesen des nächst niedrigeren/höheren Eintrags
        System.out.println(tm1.floorEntry(5)); // 5=5005
        System.out.println(tm1.ceilingEntry(5)); // 5=5005
    }
}
```

Code 12-25 Zugriffe auf Schlüssel und Einträge einer TreeMap

Im vorliegenden Beispiel wird zuerst mittels *put()*-Anweisungen die *TreeMap tm1* mit den folgenden Einträgen erstellt: {1=1001, 2=2002, 3=3003, 5=5005, 7=7007, 9=9009}

An dieses *TreeMap*-Objekt können dann Anfragen gestellt werden wie z.B. nach dem ersten oder letzten Schlüssel bzw. Eintrag (*firstKey()*, *lastKey()* bzw. *firstEntry()*, *lastEntry()*).

Weiterhin kann man dann zu einem bestimmten Schlüssel, z.B. 8, den Schlüssel erfahren, der unmittelbar darunter bzw. darüber kommt, dank der *floorKey()* bzw *ceilingKey()*-Methoden. Analog kann man auch mit den Einträgen verfahren(*floorEntry()* bzw *ceilingEntry()*).

Wenn der verwendete Schlüssel, z.B. 5, schon genau in der *TreeMap* als Schlüssel vorkommt, dann wird der entsprechende Schlüssel bzw. Eintrag angezeigt.

12.7.9 Beispielprogramm TreeMap

```java
public class BeispielTreeMap {

    public static void main(String[] args) {

        // TreeMap, Schlüssel und Wert sind String
        TreeMap<String, String> tm = new
        TreeMap<String, String>();
        // Aufbau der TreeMap
        tm.put("Liste", "list");
        tm.put("Schlange", "queue");
        tm.put("Keller", "stack");
        tm.put("Menge", "set");
        //{ Keller=stack, Liste=list,
        // Menge=set, Schlange=queue}
        System.out.println(tm);
        // Anfragen
        // Zugriff auf den ersten und letzten Schlüssel
        System.out.println(tm.firstKey());// Keller
        System.out.println(tm.lastKey());// Schlange
        // Zugriff auf den ersten und letzten Eintrag
        // Keller=stack
        System.out.println(tm.firstEntry());
        // Schlange=queue
        System.out.println(tm.lastEntry());

        // Lesen des nächst niedrigeren/höheren Schlüssels
        System.out.println(tm.floorKey("L")); // Keller
        System.out.println(tm.ceilingKey("L")); // Liste
        // Lesen des nächst niedrigeren/höheren Eintrags
        // Liste=list
        System.out.println(tm.floorEntry("M"));
        // Menge=set
        System.out.println(tm.ceilingEntry("M"));
    }
}
```

Code 12-26 Beispiel für Erzeugung und Benutzung einer TreeMap

12.8   Fazit

- Die Nachteile eines Arrays sind, dass
  - es nicht dynamisch zur Laufzeit erweitert werden kann und
  - die Operationen Einfügen und Löschen von Elementen innerhalb des Arrays aufwändig sind, da die bereits bestehenden Elemente verschoben werden müssen
- Das Interface *Collection* hat Methoden
  - zum Einfügen bzw. Löschen von Elementen bzw. *Collections* (von Elementen)
  - zum Test, ob ein Element bereits in einer *Collection* enthalten ist
  - zum Durchlaufen der *Collection* mittels eines *Iterators*
- Das Interface *List* besitzt Methoden
  - zum Lesen, Einfügen bzw. Löschen von Elementen an einer Position in der *List*
  - zum Ersetzen von Teillisten
  - für einen *ListIterator* zum Durchlaufen der List in beide Richtungen (vor- und rückwärts)
- Die Interfaces *Collection* und *List* werden von den Klassen *ArrayList* und *LinkedList* implementiert, dies bedeutet dass diese beiden Klassen alle Methoden der jeweiligen Interfaces anbieten.
- Das Interface *Queue* verfügt über Methoden
  - zum Lesen und Löschen des ersten Elements
  - zum Einfügen des letzten Elements
- Das Interface *Deque* verfügt über Methoden
  - zum Lesen und Löschen des ersten bzw. letzten Elements
  - zum Einfügen des letzten bzw. ersten Elements
- Die Interfaces *Queue* und *Deque* werden von der Klasse *LinkedList* implementiert.
- Die Datenstruktur *Map* ist vergleichbar einer Assoziationsliste, die Tupel enthält. Ein Tupel besteht aus einem Schlüssel und einem Wert.
  - Bei einer *HashMap* sind die Tupel ungeordnet, bei einer *TreeMap* sind die Tupel hingegen sortiert.
  - Es sind die üblichen Methoden zum Einfügen, Lesen und Löschen von Tupeln vorhanden, wobei die der *TreeMap* zusätzlich auf der Sortierung der Tupel aufsetzen.
  - Die Sortierung der Einträge einer *TreeMap* setzt voraus, dass die Schlüssel einer Ordnung unterliegen. Eine solche Ordnung kann entweder „natürlich" sein, also z.B. durch Zahlen oder durch einen spezifischen *Comparator* vorgegeben sein.

12.9   Übungen

Grundlagen
1. Was ist eine Datenstruktur?
2. Warum sind effiziente Datenstrukturen so wichtig für Java Programme?
3. Warum ist es sinnvoll Java-Klassen als vordefinierte Datenstrukturen zu haben?
4. Was sind typische Methoden einer Datenstruktur?
5. Warum ist ein *Array* nur eine unzureichende Datenstruktur?

6. Was sind die grundlegenden Schnittstellen (Interfaces) der wichtigsten Datenstrukturen?
7. Welche wichtigen Java-Klassen implementieren diese Schnittstellen?
8. Was ist der Unterschied zwischen einer *Collection* und einer *List*?
9. Was ist die Besonderheit einer *Map*? Welche Ausprägungen kennen Sie und wie unterscheiden sich diese?
10. In welchem Paket der Java-Klassenbibliothek findet man die Datenstrukturen?
11. Welche Eigenschaften sind in der Praxis für eine Datenstruktur wichtig?
12. Worin unterscheidet sich eine *ArrayList* von einer *LinkedList*?
13. Was versteht man unter einer einfachen bzw. doppelten Schlange?
14. Wie typisiert man eine Liste? Warum ist dies sinnvoll?
15. Angenommen es gibt eine Instanz von *ArrayList* mit mehreren Tausenden Elementen des Datentyps *String*. Nach einer Weile stellen Sie aber fest, dass nur wenige gebraucht werden.
    - Wie können Sie die interne Kapazität der Liste an die tatsächlich benötigte anpassen?
    - Was wäre zu tun, falls die Anzahl der Elemente wieder ansteigt?
    - Wie sieht die Situation aus, falls die Liste eine Instanz von *LinkedList* wäre?
16. Es existiert eine Instanz der *ArrayList* vom Datentyp *Integer*.
    - Was ändert sich für die Anwendung, falls es in eine Instanz von *LinkedList* geändert würde?
    - Was würde für den umgekehrten Fall gelten?
    - Wie kann die Liste in ein *Array* überführt werden?

Listen
17. Implementieren Sie jeweils eine Liste vom Typ *ArrayList* bzw. *LinkedList* mit je 100, 1.0000 und 10.000 Elementen der Klasse *String*. Messen Sie die jeweils benötigte Laufzeiten für das Erstellen der Listen. Was stellen Sie fest?
    - Ergänzen Sie den bisherigen Code, indem Sie die einzelnen Elemente auslesen bzw. löschen. Messen Sie die jeweils benötigten Laufzeiten für beide Klassen.
    - Variieren Sie nun die beiden vorhergehende Aufgaben, indem die Elemente nicht am Anfang bzw. am Ende der Liste, sondern an beliebigen Positionen eingefügt, gelesen oder gelöscht werden. Messen Sie die jeweils auftretenden Laufzeiten.
18. Versuchen Sie eine Liste mit möglichst vielen Elementen des Datentyps *String* zu füllen. Wenn das Programm abbricht, dann sollte ersichtlich sein, wieviele Elemente bislang zur Liste hinzugefügt wurden.
19. Erstellen Sie eine Klasse *ZugriffMitIteratoren* mit einem Attribut, das eine Liste vom Typ *LinkedList* ist. Anschließend soll eine beliebige Anzahl von Listenelementen erzeugt werden.
    - Schreiben Sie eine Methode *vorwärts*(), die die Liste in eine Richtung durchläuft.
    - Implementieren Sie nun die Methode *vorundrückwärts*(), die die Liste zuerst in die eine Richtung und dann wieder zurück durchläuft.
    - Weisen Sie nun einer Variablen vom Typ *Collection* die Liste zu. Was sind die Konsequenzen bezüglich des Zugriffs? Wie lässt sich dies lösen?

Queues (Schlangen)
20. Erstellen Sie die Simulation einer einfachen Druckerwarteschlange.

- Erstellen Sie zuerst die Klasse *Dokument*, die anschließend in der Druckerwarteschlange abgespeichert wird. Ein Dokument sollte dabei die Eigenschaften *autor*, *titel* und *seiten* haben.
- Implementieren Sie die Methoden (1) *erzeugen()*, die eine bestimmte Anzahl von *Dokumenten* in die Warteschlange einfügt, (2) *bearbeite()*, die das jeweils erste Dokument aus der Druckerwarteschlange ausliest und druckt, und (3) *drucke()*, die im vorliegenden Fall nur die Meldung auf dem Bildschirm ausgibt, dass das aktuelle Dokument an den Drucker weitergeleitet bzw. gedruckt wird.

Maps (Assoziationslisten)
21. Schreiben Sie die Klasse *Vokabeln*, die eine Datenstruktur beinhaltet, die aus mehreren Wortpaaren besteht. Jedes Wortpaar enthält ein deutsches und ein englisches Wort, wobei die deutschen Wörter die Schlüssel und die englischen Wörter die Werte darstellen. Die folgenden Funktionalitäten sollten verfügbar sein:
    - Alle Wortpaare sollten ausgegeben werden, wenn die Instanz an die Methode *System.out.println()* als Argument übergeben wird. Hinweis: die Methode *toString()* muss in einem solchen Fall angepasst werden.
    - Die Methode *vorhanden()* liefert true zurück, wenn das Wortpaar schon vorhanden ist, ansonsten *false*.
    - Alle deutschen bzw. englischen Wörter werden durch die Methoden *gebeDeutscheWorteAus()* bzw. *gebeEnglischeWorteAus()*, auf dem Bildschirm angezeigt.
    - Mit Hilfe der Methode *einfügen()* wird ein neues deutsch-englisches Wortpaar in die Datenstruktur eingesetzt werden.
    - Die englischen Wörter werden durch *sortiereEnglischeWörter()* in einer sortierten, aufsteigenden Reihenfolge ausgegeben. Hinweis: die Methode *sort()* der Klasse *Collections* erlaubt die Sortierung bestimmter Datenstrukturen.
    - Die deutschen Wörter, die als Schlüssel dienen, sind sortiert. Diese Ordnung erlaubt es, für ein beliebiges deutsches Wort, nach einem ähnlichen Wort zu suchen, indem das vorhergehende und das nachfolgende Wort (in der alphabetischen Ordnung) zurückgegeben werden. Falls das Wort schon als Schlüssel vorhanden ist, soll nur ein Element in der Ergebnisliste sein.

Die Klasse *VokabelTest* erzeugt eine Instanz der Klasse *Vokabel*, fügt einige deutsch-englische Wortpaare zur Datenstruktur hinzu, wobei sie die oben erwähnten Methoden danach einmal aufruft.

12.10   Lösungen

Grundlagen
1. Eine Datenstruktur ist eine Klasse, die die Speicherung und Verwaltung von Daten erlaubt. Typische Operationen sind hierbei das Lesen, Einfügen und Löschen von Daten.
2. Effiziente Datenstrukturen sind deshalb so wichtig, weil sie zum einen große Datenmengen speichern bzw. verwalten können müssen und zum anderen die typischen Manage-

mentoperationen (d h. das Lesen, Einfügen und Löschen von Daten) sehr schnell ausführen sollten.

3. Der Java Entwickler kann so auf eine große Anzahl von Datenstrukturen in Form von Java-Klassen zugreifen, anstatt seine eigenen aufwändig selbst entwerfen, implementieren und testen zu müssen. Aus diesem Grund sollten die vorhandenen Java-Klassen zum einen die meisten Anwendungsfälle abdecken und zum anderen eine Anpassung an die spezifischen Anforderungen des Einzelfalls erlauben.

4. Typische Methoden einer Datenstruktur erlauben die Erstellung der Datenstruktur selbst, das Lesen, Einfügen und Löschen von Daten, den Test, ob ein Element bereits vorhanden ist bzw. ob die Datenstruktur leer ist, sowie das Durchlaufen aller Elemente.

5. Ein *Array* lässt sich zur Laufzeit nicht erweitern, das Einfügen und Löschen von Elementen innerhalb des Arrays beinhaltet das Verschieben bereits vorhandener Elemente und ist damit relativ aufwändig.

6. Die grundlegenden Schnittstellen (Interfaces) sind *Collection*, *List*, *Queue* und *Deque*.

7. Die Schnittstellen *Collection* und *List* werden von den Klassen *ArrayList* und *LinkedList* implementiert, die Interfaces *Queue* und *Deque* von der Klasse *LinkedList*.

8. Eine *List* ermöglicht, im Gegensatz zur *Collection*, das Einfügen, Löschen und Lesen eines Elements an einer bestimmten Position.

9. Eine *Map* ist vergleichbar einer Assoziationsliste, diese besteht aus Paaren von einem Schlüssel und dem zugehörigen Wert. Es gibt die beiden Ausprägungen *HashMap* und *TreeMap*, wobei die letzte sortiert ist (und die erste ungeordnet ist).

10. Die Datenstrukturen findet man in dem Java-Paket java.util.

11. In der Praxis ist es wichtig, dass die Zugriffsmethoden, z.B. für das Lesen, Einfügen und Löschen von Elementen,
    *   sehr schnell ausgeführt werden, also eine geringe Laufzeit haben,
    *   einfach, verständlich und in sich kohärent sind
    *   auch große Datenmengen bewältigen können

12. Die Unterschiede zwischen *ArrayList* und *LinkedList* sind:
    *   die zugrunde liegende Datenstruktur der jeweiligen Klasse (Array bei der *ArrayList*, verzeigerte Liste bei der *LinkedList*)
    *   *LinkedList* implementiert zusätzlich noch die Interfaces *Queue* und *Deque*

13. Bei einer einfachen Schlange werden am Ende (der Schlange) die Elemente hinzugefügt und am Anfang (Kopf) ausgelesen bzw. gelöscht. Bei einer doppelten Schlange hingegen können die Elemente sowohl am Ende als auch am Anfang hinzugefügt, gelöscht bzw. ausgelesen werden.

14. Eine Liste wird typisiert, indem bei elementaren Datentypen die entsprechende Wrapper-Klasse, bzw. bei Java-Klassen diese innerhalb der Klammern „<" und „>" eingetragen wird. Der Vorteil einer Typisierung besteht darin, dass zur Laufzeit bereits die Typkorrektheit der Elemente geprüft werden kann und die entsprechenden Zugriffsmethoden automatisch typisiert werden. Insbesondere bei der Lesemethode eines Elements entfällt so der sogenannte type cast.

15. Durch die Methode *trimToSize()* wird die interne Kapazität der Liste auf die wirklich benötigten Elemente reduziert. Mittels *ensureCapacity()* kann sie wieder erhöht werden. Für den Fall, dass die Liste eine Instanz von *LinkedList* wäre, dann würden die beiden obigen Methoden, d h. *trimToSize()*, *ensureCapacity()*, nicht verfügbar sein.

16. Bei der Umwandlung einer Liste von *LinkedList* nach *ArrayList* gibt es normalerweise keine Auswirkungen auf den Anwendungscode, sofern nur (!) die gemeinsamen Methoden von *ArrayList* und *LinkedList* verwendet werden, also z.B. die Schnittstellen von *Collection* und *List*. Umgekehrt gilt natürlich das Gleiche, aber der Funktionalitätsumfang von *LinkedList* ist größer als der von *ArrayList*, so dass es deutlich wahrscheinlicher ist, daß eine eventuell benutzte Methode von *LinkedList* nicht zum gemeinsamen Funktionsumfang gehört und somit kein entsprechendes Pendant bei *ArrayList* existiert. Die Umwandlung in ein Array erfolgt durch *toArray()*.

Listen
17.

```java
import java.util.ArrayList;
import java.util.LinkedList;
import java.util.List;

public class Benchmark1 {

        // Anzahl der zu erzeugenden Zahlen
        final int anzahl = 1000;
        final String basisString = "element";

        long erzeugeListe(List l, int max) {
                String s = null;
                long start = System.nanoTime();
                for (int i = 0; i < max; i++) {
                        s = basisString + String.valueOf(i);
                        l.add(s);
                }
                long ende = System.nanoTime();
                return (ende - start);
        }

        long leseListe(List l, int max) {
                long start = System.nanoTime();
                for (int i = --max; i > 0; i--) {
                        // liest Element an der i-ten Position
                        l.get(i);
                }
                long ende = System.nanoTime();
                return (ende - start);
        }

        long löscheListe(List l, int max) {
                long start = System.nanoTime();
                for (int i = --max; i > 0; i--) {
```

```
            // löscht Element an der i-ten Position
            l.remove(i);
        }
        long ende = System.nanoTime();
        return (ende - start);
    }

public static void main(String[] args) {
        Benchmark1 bench = new Benchmark1();
        // Erzeugung der Listen: ArrayList
        ArrayList<String> aliste = new
        ArrayList<String>();
        long dauer = bench.erzeugeListe(aliste,
        bench.anzahl);
        System.out.println("Listenerzeugung(ArrayListe):"
                    + dauer);

        // Erzeugung der Listen: LinkedList
        LinkedList<String> lliste = new
        LinkedList<String>();
        dauer = bench.erzeugeListe(lliste, bench.anzahl);
        System.out.println("Listenerzeugung(LinkedListe):"
                    + dauer);

        // Lesen der Listenelemente (ArrayList)
        dauer = bench.leseListe(aliste, bench.anzahl);
        System.out.println("Lesen der Liste(ArrayListe):"
                    + dauer);

        // Lesen der Listenelemente (LinkedList)
        dauer = bench.leseListe(lliste, bench.anzahl);
        System.out.println("Lesen der Liste(LinkedListe):"
                    + dauer);

        // Löschen der Listenelemente (ArrayList)
        bench.erzeugeListe(aliste, bench.anzahl);
        dauer = bench.löscheListe(aliste, bench.anzahl);
        System.out.println("Löschen der Listen
        (ArrayListe):" + dauer);

        // Löschen der Listenelemente (LinkedList)
        bench.erzeugeListe(lliste, bench.anzahl);
        dauer = bench.löscheListe(lliste, bench.anzahl);
        System.out.println("Löschen der Listen
        (LinkedListe):" + dauer);
```

```
        }
}
import java.util.ArrayList;
import java.util.LinkedList;
import java.util.List;
import java.util.Random;

public class Benchmark2 {

        final int anzahl = 1000;
        final String basisString = "element";

        long erzeugeListe(List l, int max) {
                String s = null;
                Random r = new Random();
                int pos = 0;
                long start = System.nanoTime();
                for (int i = 0; i < max; i++) {
                        s = basisString + String.valueOf(i);
                        pos = r.nextInt(i + 1);
                        l.add(pos, s);
                }
                long ende = System.nanoTime();
                return (ende - start);
        }

        long leseListe(List l, int max) {
                Random r = new Random();
                int pos = 0;
                long start = System.nanoTime();
                for (int i = max; i > 0; i--) {
                        pos = r.nextInt(max - i + 1);
                        l.get(pos);
                }
                long ende = System.nanoTime();
                return (ende - start);
        }

        long löscheListe(List l, int max) {
                Random r = new Random();
                int pos = 0;
                long start = System.nanoTime();
                for (int i = max; i > 0; i--) {
                        pos = r.nextInt(max - i + 1);
                        l.remove(i);
```

```
        }
        long ende = System.nanoTime();
        return (ende - start);
    }

    public static void main(String[] args) {
        Benchmark2 bench = new Benchmark2();
        // Erzeugung der Listen: ArrayList
        ArrayList<String> aliste = new
        ArrayList<String>();
        long dauer = bench.erzeugeListe(aliste,
        bench.anzahl);
        System.out.println("Listenerzeugung (ArrayListe):"
                    + dauer);

        // Erzeugung der Listen: LinkedList
        LinkedList<String> lliste = new
        LinkedList<String>();
        dauer = bench.erzeugeListe(lliste, bench.anzahl);
        System.out.println("Listenerzeugung
        (LinkedListe):" + dauer);

        // Lesen der Listenelemente (ArrayList)
        dauer = bench.leseListe(aliste, bench.anzahl);
        System.out.println("Lesen der Liste(ArrayListe):"
                    + dauer);

        // Lesen der Listenelemente (LinkedList)
        dauer = bench.leseListe(lliste, bench.anzahl);
        System.out.println("Lesen der Liste(LinkedListe):"
                    + dauer);

        // Löschen der Listenelemente (ArrayList)
        bench.erzeugeListe(aliste, bench.anzahl);
        dauer = bench.löscheListe(aliste, bench.anzahl);
        System.out.println("Löschen der Listen
        (ArrayListe):" + dauer);

        // Löschen der Listenelemente (LinkedList)
        bench.erzeugeListe(lliste, bench.anzahl);
        dauer = bench.löscheListe(lliste, bench.anzahl);
        System.out.println("Löschen der Listen
        (LinkedListe):" + dauer);
    }
}
```

18.

Das vorliegende Programm läuft als Endlosschleife ab und fügt einer Liste solange Elemente
hinzu, bis kein Speicher mehr vorhanden ist. Die Ausgabe informiert darüber, wie viele Elemente bereits in der Liste vorhanden sind. Der Abbruch der Endlosschleife kann je nach
Betriebssystem über Control-C (Linux) bzw. den Taskmanager (Windows) oder direkt in der
IDE erfolgen.

```java
import java.util.ArrayList;

public class UnendlicheListe {

    public static void main(String[] args) {
        final String basisString = "element";
        ArrayList<String> liste = new ArrayList<String>();
        int i = 0;
        while (true) {
            String s = basisString + String.valueOf(i);
            liste.add(s);
            i++;
            System.out.println(i);
        }
    }
}
```

19.

Bei der Zuweisung der Liste an eine Variable vom Typ *Collection* entfällt die Möglichkeit
des direkten Zugriffs über den Index auf die einzelnen Listenelemente per *get()*, da dies nicht
von der *Collection* Schnittstelle unterstützt wird.

```java
import java.util.Iterator;
import java.util.LinkedList;
import java.util.Collection;
import java.util.ListIterator;

public class ZugriffMitIteratoren {

    LinkedList<String> liste;
    final int anzahl = 10;
    final String s = "basis";

    ZugriffMitIteratoren() {
        liste = new LinkedList<String>();
    }

    void erzeugen() {
        String t;
```

```
                for (int i = 0; i < anzahl; i++) {
                    t = s + i;
                    liste.add(t);
                }
        }

        void vorwärts() {
                Iterator iter = liste.iterator();
                while (iter.hasNext()) {
                    System.out.print(iter.next());
                }
                System.out.println();
        }

        void vorundrückwärts() {
                ListIterator liter = liste.listIterator();
                while (liter.hasNext()) {
                    System.out.print(liter.next());
                }
                while (liter.hasPrevious()) {
                    System.out.println(liter.previous());
                }
                System.out.println();
        }

        public static void main(String[] args) {

                ZugriffMitIteratoren z = new
                ZugriffMitIteratoren();
                z.erzeugen();
                z.vorwärts();
                z.vorundrückwärts();
                Collection c = z.liste;
                Iterator iter = c.iterator();
                while (iter.hasNext()) {
                    System.out.print(iter.next() + ", ");
                }
        }
}
```

Queues (Schlangen)
20.
```
public class Dokument {
        String autor;
        String titel;
```

```
        int seiten;

        Dokument() {
                autor = "unbekannt";
                titel = "";
                seiten = 0;
        }

        Dokument(String autor, String titel, int seiten) {
                this.autor = autor;
                this.titel = titel;
                this.seiten = seiten;
        }
}

import java.util.LinkedList;
import java.util.Random;

public class Druckerschlange {

        final static String drucker = "Zentraldrucker";

        LinkedList<Dokument> liste = new LinkedList<Dokument>();
        final int anzahl = 100;
        final String titel = "Titelnr. ";
        final String name = "Person ";
        final int max_seitenzahl = 1000;

        void erzeugen() {
                String a, t; // Variablen für Autor und Titel
                Random w = new Random();
                int seitenzahl;
                for (int i = 0; i < anzahl; i++) {
                        a = name + i;
                        t = titel + i;
                        seitenzahl = w.nextInt(max_seitenzahl);
                        Dokument d = new Dokument(a, t, seitenzahl);
                        liste.addLast(d);
                }
        }

        void drucke(Dokument d) {
                // Übergabe des >Dokuments an den Drucker
                System.out.println("Ausgabe von Titel:" + d.titel
                + "auf Drucker:" + drucker);
```

```
        }

        void bearbeite() {
                Dokument d = liste.getFirst();
                drucke(d);
                liste.removeFirst();
        }

        boolean istLeer() {
                return (liste.size() == 0);
        }
}

public class AusführungDruckerwarteschlange {

        public static void main(String[] args) {
                Druckerschlange ds = new Druckerschlange();
                ds.erzeugen();
                while(!ds.istLeer()) {
                        ds.bearbeite();
                }
        }
}
```

Maps (Assoziationslisten)
21.
```
import java.util.Collection;
import java.util.Collections;
import java.util.Iterator;
import java.util.LinkedList;
import java.util.List;
import java.util.TreeMap;

public class Vokabeln {

        TreeMap<String, String> wortpaare;

        Vokabeln() {
                wortpaare = new TreeMap<String, String>();
        }

        void einfügen(String deutsch, String englisch) {
                wortpaare.put(deutsch, englisch);
        }
```

```
List<String> sucheAehnlichesDeutschesWort
      (String deutsch) {
      LinkedList<String> liste = new
      LinkedList<String>();
      String s = wortpaare.floorKey(deutsch);
      String t = wortpaare.ceilingKey(deutsch);
      liste.add(s);
      if (!s.equals(t)) {
      liste.add(t);
      }
      return liste;
}

LinkedList<String> sortiereEnglischeWörter() {
      Collection<String> c = wortpaare.values();
      LinkedList<String> liste = new
      LinkedList<String>();
      Iterator<String> iter = c.iterator();
      while (iter.hasNext()) {
            liste.add(iter.next());
      }
      Collections.sort(liste);
      return liste;

}

boolean vorhanden(String deutsch, String englisch) {
      return (wortpaare.containsKey(deutsch) &&
      wortpaare.containsValue(englisch));
}

void gebeDeutscheWorteAus() {
      System.out.println(wortpaare.keySet());
}

void gebeEnglischeWorteAus() {
      System.out.println(wortpaare.values());
}

public String toString() {
      return wortpaare.toString();
}
}
public class VokabelTest {
```

```
public static void main(String[] args) {
    Vokabeln v = new Vokabeln();
    v.einfügen("hallo", "hello");
    v.einfügen("Katze", "cat");
    v.einfügen("Haus", "house");
    v.einfügen("gehen", "go");
    v.einfügen("Herz", "heart");

    /*
     * Ausgabe aller Vokabelpaare
     * {Haus=house, Herz=heart, Katze=cat,
     * gehen=go, hallo=hello}
     */
    System.out.println(v);
    /*
     * Ausgabe aller deutschen Wörter
     * [Haus, Herz, Katze, gehen, hallo]
     */
    v.gebeDeutscheWorteAus();
    /*
     * Ausgabe aller englischen Wörter
     * [house, heart, cat, go, hello]
     */
    v.gebeEnglischeWorteAus();
    /*
     * sortierte Ausgabe der englischen Wörter
     * [cat, go, heart, hello,
     * house]
     */
    System.out.println(v.sortiereEnglischeWörter());
    // ist dieses Wortpaar richtig? -> true
    System.out.println(v.vorhanden("Katze", "cat"));
    /*
     * Suche nach vergleichbaren deutschen Wörtern
     * [hallo, hallo]
     */
    System.out.println(v.sucheAehnlichesDeutschesWort(
    "hallo"));
    /*
     * ebenso, aber das Wort ist nicht vorhanden
     * [gehen, hallo]
     */
System.out.println(v.sucheAehnlichesDeutschesWort("h"));
    }
}
```

13 Exceptions

Für die professionelle Softwareentwicklung ist die Behandlung unterschiedlicher Fehler unverzichtbar, um eine Anwendung stabil, zuverlässig und sicher auszuführen. Laufzeitfehler können durch eine Vielzahl von möglichen Ursachen entstehen, u. a. durch falsche Benutzereingaben (z. B. Buchstaben werden anstelle von Ziffern eingegeben), Systemfehlern bei Hardwarezugriffen (z.B. Dateien existieren nicht, sie können nicht gelesen bzw. geschrieben werden), falsche Zugriffe auf Datenobjekte (z.B. indem ein zu großer Index eines Arrays benutzt wird) oder durch Systembeschränkungen (z.B. ein neues Objekt kann nicht erzeugt werden, da kein freier Hauptspeicher mehr verfügbar ist). Diese Fehler treten erst während der Laufzeit der Anwendung auf und werden deshalb nicht bei der Übersetzung des Java Quelltextes entdeckt.

Java bietet die Möglichkeit einer integrierten Fehlerbehandlung unter dem Stichwort der *Exceptions*[65] an. Die *Exception* erlaubt einerseits vordefinierte Fehlerkategorien abzufangen und entsprechend darauf zu reagieren, ohne die Anwendung zu stoppen oder zu verlassen und andererseits neue, eigene Fehlerarten zu definieren, die für die eigene Anwendung spezifisch sind. Der Gebrauch von *Exceptions* ist für die Entwicklung größerer Java Programme absolut notwendig, um eine Anwendung trotz auftauchender Laufzeitfehler stabil und zuverlässig zu machen.

Weiterhin ist für die Benutzung einer Reihe wichtiger Java Klassen, z.B. bei der Dateiein- oder -ausgabe, die Kenntnis der *Exceptions* erforderlich, denn diese Klassen erzeugen bei auftretenden Problemen *Exceptions*, die entweder explizit zu deklarieren oder abzufangen sind.

> Die Kenntnis und die Beherrschung der *Exceptions* sind für den Umgang mit Java zwingend erforderlich, da die Anwendung so zuverlässig auf Ausnahmesituationen im Programmablauf reagieren kann.

Lernziele
Nach der Bearbeitung dieses Kapitels kann man ...

- die Notwendigkeit einer integrierten Fehlerbehandlung verstehen.
- die verschiedenen definierten Fehlerkategorien erkennen.

---

[65] Obwohl sich der deutsche Begriff *Ausnahme* ebenso gut angeboten hätte, wird in diesem Text der englische Originalbegriff Exception verwendet, da er sich in der deutschen Literatur über Java durchgesetzt hat.

- für einen beliebigen Codebereich *Exceptions* abfangen und behandeln.
- eigene spezifische Fehlerklassen definieren.

13.1   Grundlagen

In diesem Abschnitt geht es zum einen um die verschiedenen Fehlerklassen *Throwable*, *Error* und *Exception* und zum anderen um die Unterscheidung zwischen vermeidbaren und unvermeidbaren Fehlersituationen. Bei dem ersten Punkt liegt der Fokus auf der *Exception* und den davon abgeleiteten weiteren Fehlerklassen. Beim zweiten Punkt stehen vor allem die unvermeidlichen Fehlersituationen im Vordergrund, da diese nur dank der integrierten Fehlerbehandlung aufgefangen werden können.

Fehlerklassen: Throwable, Error und Exception
Von der Klasse *Throwable* werden die beiden wichtigen Fehlerklassen *Error* und *Exception* abgeleitet. Die Klasse *Throwable* definiert die Konstruktoren und die Methoden zur Fehlerverarbeitung, die sich auch entsprechend in den abgeleiteten Klassen *Error* und *Exception* wieder finden.

Der wesentliche Unterschied zwischen den beiden Klassen *Error* und *Exception* ist hierbei, dass *Error* schwerwiegende Fehler darstellt, die normalerweise *nicht* aufgefangen werden sollten. Schwerwiegende Fehler, die von der JVM verursacht werden, sind z.B. *OutOfMemoryError* (der Hauptpspeicher verfügt nicht mehr über ausreichend Platz) oder *StackOverflowError* (die interne Speicherverwaltung läuft über). *Exceptions* hingegen können aufgefangen und behandelt werden. Aufgrund dieser Tatsache konzentrieren sich die folgenden Abschnitte auf die Klasse *Exception* und die davon abgeleiteten Klassen.

Die Klasse *RunTimeException* wird von der allgemeinen Klasse *Exception* abgeleitet und betrifft die meisten *Exceptions*, die zur Laufzeit auftreten. Eine Besonderheit dieser Klasse ist, dass die dazugehörigen *Exceptions* nicht zwingend (!) behandelt, d.h. deklariert oder aufgefangen, werden müssen, im Gegensatz zu den anderen Exceptionklassen.

> Der Fokus bei der Fehlerbehandlung liegt auf den Exceptions, da diese aufgefangen, weitergeleitet oder geworfen werden. Eine RunTimeException muss nicht zwingend behandelt werden.

Fehlersituationen
Wenn man sich typische Fehlersituationen anschaut, dann stellt man bei der Analyse relativ schnell fest, dass ein Großteil davon durch eine umsichtigere Implementierung durchaus hätte vermieden werden können. Es handelt sich hierbei z.B. um den Zugriff

- auf Referenzen, die den Wert *null* haben,
- auf ein Array, mittels negativem oder zu hohem Index

Im ersten Fall wird eine *NullPointerException* ausgelöst, die aufgefangen werden muss. Diese Problematik kann vermieden werden, indem vor jedem Zugriff geprüft (bzw. gewährleistet) wird, ob die Referenz ungleich *null* ist, also ob die betreffende Variable ein echtes Objekt enthält. Im zweiten Fall wird eine *ArrayIndexOutOfBoundsException* geworfen. Diese Fehlersituation kann ebenfalls vermieden werden, indem vorher getestet werden, ob der Index sich zwischen 0 und der definierten Arraylänge-1 befindet, denn nur in diesem Fall darf ein Zugriff erfolgen. Diese Fehlerfälle, die häufig Anfängern passieren, könnte man als vermeidbare Fehlersituationen qualifizieren. Der oben erwähnte erste Fehlerfall wird anhand des folgenden Beispiels illustriert.

```
public class EinfacherFehler {

    public static void main(String[] args) {
        String s = null;
        //weiterer Code ...
        s.equals("Hallo");
    }
}
```

Code 13-1 ein fehl geschlagener Objektzugriff

Programmausgabe
```
Exception in thread "main" java.lang.NullPointerException
   at exception00.EinfacherFehler.main(EinfacherFehler.java:20)
Java Result: 1
```

In der Klasse *EinfacherFehler* wird in der *main* Methode eine Variable s der Klasse *String* deklariert und mit dem Wert *null* initialisiert. Wenn der Variablen s im weiteren Verlauf (angedeutet durch „weiterer Code…") kein Objekt der Klasse *String* zugewiesen wird, dann schlägt *jeder* Aufruf einer Methode von *s* fehl, wie z.B. *s.equals*("Hallo"), da s kein instanziiertes Objekt zugewiesen wurde. Die schon erwähnte verbesserte Version ist in dem folgenden Code aufgeführt.

```
public class EinfacherFehlerVerbessert {

    public static void main(String[] args) {
        String s = null;
        //weiterer Code ...
        if(s != null) {s.equals("Hallo");}
    }
}
```

Code 13-2 die verbesserte Version des Methodenaufrufs

Alternativ könnte eine Behandlung über *Exceptions* erfolgen, diese wäre zwar sinnvoll, aber nicht zwingend erforderlich, da die JVM den Code auch ohne Fehlerbehandlung ausführt.

Neben den erwähnten, vermeidbaren Fehlersituationen, gibt es auch Fälle in denen *Exceptions* nicht von vornherein vermieden werden können, z.B. bei einer falschen Benutzereingabe, wo die Behandlung der *Exceptions* sinnvoll ist, um den geordneten Ablauf der Anwendung zu gewährleisten.

Ein entsprechendes Beispiel, das diesen Sachverhalt illustriert ist der folgende Code. Er fordert eine Benutzereingabe an, ermittelt den Wert der eingegebenen Zahl, verdoppelt diesen und gibt ihn dann wieder aus. Der Punkt ist, dass eine falsche Eingabe nicht grundsätzlich ausgeschlossen werden kann. Die falsche Eingabe löst automatisch eine *Exception* aus, die abgefangen werden muss, da ansonsten die Anwendung abbrechen würde.

```
public class EinFehlerBeiBenutzereingabe {

    public static void main(String[] args) {
        // Einlesen der Benutzereingabe
        String s =
        javax.swing.JOptionPane.showInputDialog(
        "Zahl eingeben");
        int i = Integer.parseInt(s);
        System.out.println(2 * i);
    }
}
```

Code 13-3 eine Benutzereingabe, bei der der doppelte Wert berechnet wird

Programmausgabe
```
Exception in thread "main" java.lang.NumberFormatException:
For input string: "Hallo"
        at java.lang.NumberFormatException.forInputString(
            NumberFormatException.java:48)
        at java.lang.Integer.parseInt(Integer.java:447)
        at java.lang.Integer.parseInt(Integer.java:497)
        at exceptionausgaben.EinFehlerBeiBenutzereingabe.main(
            EinFehlerBeiBenutzereingabe.java:18)
Java Result: 1
```
Hier tritt der obige Fehler nur in Abhängigkeit von einer *falschen* Benutzereingabe auf. Nur wenn *keine* Ziffer eingegeben wird, tritt ein Fehler auf und es wird eine *Exception* der Klasse *FormatNumberException* geworfen. Im Fall einer korrekten Eingabe wird die Zeichenkette in eine ganze Zahl umgewandelt und es tritt keine *Exception* auf.

Weitere Beispiele für Exceptions

Insbesondere beim Zugriff auf Dateien, auf das Netzwerk oder anderen Systemressourcen kann es zu *Exceptions* kommen. Diese *Exceptions* können nicht während der Compilierung entdeckt werden, da zu diesem Zeitpunkt unbekannt ist, ob die angesprochenen Systemressourcen (z.B. Dateien, Netzwerkverbindungen, Speicherplatz) verfügbar sind, und sie müssen in der Regel zwingend behandelt werden.

> Exceptions können im beliebigen Code auftauchen. Java Entwickler werden durch den Compiler darauf hingewiesen, falls bei der Benutzung einer Klasse Exceptions entstehen könnten.

13.2 Fehlerbehandlung (try and catch, throws)

Wenn man bestimmte Fehlerkategorien prinzipiell *nicht verhindern* kann, dann stellt sich sofort die Frage, wie man mit solchen *Exceptions* umgehen kann. Die Antwort ist die integrierte Fehlerbehandlung, in der auftretende Fehler entweder abgefangen (*catch*) oder deklariert bzw. geworfen (*throws*) werden. Die erste Vorgehensweise erlaubt eine sofortige Reaktion auf den Fehler, während der zweite Ansatz die Fehlerbehandlung an eine übergeordnete Methode delegiert.

Neben der Fehlerbehandlung kann Java Anwendungscode auch selbst bewusst Fehlermeldungen auslösen, also explizit *Exceptions* über das Schlüsselwort *throws* werfen. Dies setzt die Benutzung von bereits definierten *Exceptions* für Anwendungszwecke voraus. Alternativ kann man sich bei den schon vorhandenen Java Exceptionklassen, z.B. *RuntimeException*, bedienen.

Der nächste weitergehende logische Schritt ist natürlich die Definition einer eigenen Fehlerklasse, die in der Regel von der Klasse *Exception* oder eine seiner Subklassen abgeleitet wird und die über ihre spezifischen Methoden verfügt. Beide Punkte werden in den folgenden Abschnitten jeweils aufgegriffen und genauer erläutert.

> Exceptions müssen entweder abgefangen (catch) oder weitergeleitet (throws) werden.

Es gibt prinzipiell zwei Alternativen, um mit *Exceptions* umzugehen:

- der aktiven Fehlerverarbeitung mittels *try* und *catch*-Klauseln
- der passiven Weitergabe von Fehlern durch die Deklaration von *throws*

Wichtig ist hierbei, dass die beiden Optionen sich gegenseitig ausschließen, man kann also nur eine der beiden wählen. Diese Auswahl wird als sogenannte „*catch or throws*"-Regel beschrieben, denn man muss sich entweder zwischen einer aktiven Fehlerbehandlung im lokalen Code (*catch*) oder einer passiven Delegation der *Exception* an die nächste, höhere

Ebene (*throws*) entscheiden. In den beiden folgenden Abschnitten werden die Strategien der Fehlerbehandlung und der Fehlerweitergabe vorgestellt.

13.2.1   Der „try and catch"-Block

Die Schlüsselwörter zur Behandlung von Fehlern sind *try* und *catch*. Der Anweisungsblock nach *try* umschließt den Teil des Java Codes, in dem die *Exception* entstehen könnten und in den *catch* Anweisungen werden alle möglichen Fehlerkategorien aufgelistet, die behandelt werden können. Wichtig ist hierbei, dass es mehrere *catch*-Klauseln geben kann, in denen jeweils eine *Exception* behandelt wird. Weiterhin kann optional das *finally*-Konstrukt hinzugefügt werden, der in jedem Fall als letztes ausgefügt wird, unabhängig davon, ob die *Exception* geworfen oder behandelt wird.

Die entsprechende Befehlssyntax sieht wie folgt aus:

```
try
{
        <Java Code>
}
catch (<Fehlerkategorie 1> e1) { <Fehlerbehandlung1> }
catch (<Fehlerkategorie 2> e2) { <Fehlerbehandlung2> }
...
catch (<Fehlerkategorie n> en) { <Fehlerbehandlungn> }
finally { <letzte Fehlerbehandlung> }
```

Das Verfahren zur Abarbeitung eines solchen „*try and catch*"-Blocks geht dabei wie folgt vor. Im *<Java Code >*, der durch die geschweiften Klammern begrenzt wird und der nach *try* kommt, tritt eine *Exception* auf. Nun wird für jede *catch*-Anweisung geprüft, ob die dortige Fehlerkategorie mit dem aufgetretenen Fehler übereinstimmt. Falls dies der Fall ist, dann wird die zugehörige Fehlerbehandlung ausgeführt und alle weiteren *catch*-Anweisungen werden ignoriert. Es ist hierbei einleuchtend, dass die Überprüfung zuerst mit der ersten *catch*-Anweisung beginnt und nur dann die nachfolgenden Anweisungen, in der Reihenfolge ihrer Auflistung verglichen werden, wenn die erste Überprüfung negativ war.

Der besondere Punkt ist hierbei, dass die *finally*-Anweisung in jedem Fall ausgeführt wird, also insbesondere auch wenn keine *Exception* ausgelöst wurde. Es ist sinnvoll, um Aufräumarbeiten vorzunehmen, die immer durchgeführt werden müssen, z.B. das Schließen einer Datei oder einer Netzwerkverbindung.

In dem vorliegenden Beispiel wird jede Art von *Exception* abgefangen und der Benutzer wird darüber informiert, dass ein Fehler aufgetreten ist. Diese noch sehr einfache Form der Fehlerbehandlung wird in den folgenden Abschnitten weiter entwickelt.

```
import javax.swing.JOptionPane;

public class EinFehlerMitBehandlung {
    public static void main(String[] args) {
        try {
            // Einlesen der Benutzereingabe
            String s =
                JOptionPane.showInputDialog(
                "Zahl eingeben");
            int i = Integer.parseInt(s);
            System.out.println(2 * i);
        } catch (Exception e) {
            System.out.println("Fehlerbehandlung");
            System.out.println(e.toString());
            //System.out.println(e.getMessage());
            e.printStackTrace();
        }
    }
}
```

Code 13-4 Fehlerbehandlung durch Auffangen (catch)

Programmausgabe
```
Fehlerbehandlung
java.lang.NumberFormatException: For input string: "Hallo"
java.lang.NumberFormatException: For input string: "Hallo"
        at java.lang.NumberFormatException.forInputString(
NumberFormatException.java:48)
        at java.lang.Integer.parseInt(Integer.java:447)
        at java.lang.Integer.parseInt(Integer.java:497)
        at exceptionausgaben.EinFehlerMitBehandlung.main(
EinFehlerMitBehandlung.java:20)
```

Im folgenden Beispiel wird das obige Programm um eine spezielle Fehlermeldung und die *finally*-Klausel erweitert.

```
import javax.swing.JOptionPane;

public class FehlerbehandlungMitZweiCatchKlauseln {

    public static void main(String[] args) {
        try {
            // Einlesen der Benutzereingabe
            String s = JOptionPane.showInputDialog(
```

```
                       "Zahl eingeben");
                     int i = Integer.parseInt(s);
                     System.out.println(2 * i);
            } catch (NumberFormatException e) {
                     System.out.println(
                       "Es wurde keine Zahl eingegeben ");
            } catch (Exception e) {
                     System.out.println(e.getMessage());
            } finally {
                     System.out.println(
                       "Finally-Klausel durchlaufen");
            }
        }
    }
}
```

Code 13-5 Fehlerbehandlung mit zwei Catch-Klauseln und finally

Programmausgabe

```
Es wurde keine Zahl eingegeben
Finally-Klausel durchlaufen
```

Das Programm liest über die grafische Benutzereingabe eine Zahl in Form einer Zeichenkette ein und konvertiert diese dann in den entsprechenden elementaren Datentyp.

Hinweise
- Es ist sinnvoll, in die letzte *catch*-Klausel immer die Klasse *Exception* einzutragen, da somit gewährleistet wird, dass alle Arten von *Exceptions* aufgefangen werden, sofern diese noch nicht vorher abgefangen wurden.
- Die verfügbaren Eigenschaften und Methoden der allgemeinen Klasse *Exception* werden in einem der folgenden Abschnitte vorgestellt.

Die Fehlerkategorien sollten vom Speziellen zum Allgemeinen angeordnet werden, da die Abarbeitung von oben nach unten erfolgt. Die *finally*-Klausel ist optional und wird in jedem Fall ausgeführt, insbesondere auch dann, wenn keine Exception entsteht.

13.2.2   Das „throws"-Konstrukt

Im vorhergehenden Abschnitt wurde die aktive Fehlerbehandlung angesprochen, in diesem Abschnitt geht es nun um die Deklaration und Weitergabe der *Exception* an die nächste Ebene. Zu diesem Zweck ist die Methode, in der die *Exception* möglicherweise auftreten könnte besonders zu kennzeichnen.

Das Schlüsselwort für die Deklaration ist dabei *throws* und danach muss die *Exception*[66] aufgelistet werden. Das *throws*-Konstrukt muss dabei zwischen den Parameterangaben und der öffnenden geschweiften Klammer des Methodenrumpfs positioniert werden. Es ist darauf hinzuweisen, dass auch mehrere *Exceptions* durch Kommata getrennt nach dem *throws*-Konstrukt aufgelistet werden können.

```java
import javax.swing.JOptionPane;

public class EinFehlerDerGeworfenWird {
    public static void main(String[] args) throws Exception {
        // Einlesen der Benutzereingabe
        String s = javax.swing.JOptionPane.showInputDialog(
            "Zahl eingeben");
        int i = Integer.parseInt(s);
        System.out.println(2*i);
    }
}
```

Code 13-6 Fehlerbehandlung durch Weiterleitung (throws)

Programmausgabe
```
Exception in thread "main" java.lang.NumberFormatException:
For input string: "Hallo"
        at java.lang.NumberFormatException.forInputString(
            NumberFormatException.java:48)
        at java.lang.Integer.parseInt(Integer.java:447)
        at java.lang.Integer.parseInt(Integer.java:497)
        at exceptionausgaben.EinFehlerDerGeworfenWird.main(
            EinFehlerDerGeworfenWird.java:16)
Java Result: 1
```

Im Beispiel fehlt nun die *try-catch*-Klausel, aber dafür taucht nach der Parameterdefinition das *throws*-Konstrukt auf, indem die *Exception* deklariert und weitergeleitet wird.

Die *Exception* wird immer weitergereicht, d.h. sie steigt immer weiter auf, vorausgesetzt sie wird nicht vorher abgefangen und die JVM bricht dann letztlich die Anwendung, auf der obersten Ebene, ab.

---

[66] Bitte beachten Sie, dass durchaus auch mehrere verschiedene *Exceptions* auftreten können. In einem solchen Fall müssen dann natürlich auch alle betreffenden *Exceptions* gelistet werden.

Hinweise:

- Die Weiterleitung der Exception an eine übergeordnete Methode ist natürlich bequem, aber letztlich sollte die Exception auch abgefangen und behandelt werden, da sie ansonsten zum Abbruch der Anwendung führt.
- Die ständige Weiterleitung von Exceptions kann zu einer Kette führen, in der man sich immer weiter von der ursprünglichen Fehlerquelle entfernt. Das Problem ist, dass es umso schwieriger wird sinnvoll auf den Fehler zu reagieren bzw. ihn zu behandeln, je weiter man von der ursprünglichen Fehlerquelle und den Fehlerursachen entfernt ist.

> Die Weiterleitung der *Exception* an die aufrufende Methode durch das *throws*-Konstrukt ist komfortabel, aber die *Exception* sollte möglichst lokal, d.h. in der Methode abgefangen bzw. behandelt werden, wo sie entstanden ist, da dort meist auch das Wissen über die Fehlerursachen vorhanden ist.

13.2.3   Zugriffsmethoden basierend auf Exception

Bei Benutzung der *try-catch*-Klauseln ist es möglich auf das Exceptionobjekt[67] selbst zu zugreifen. Die wichtigsten Methoden sind die Anzeige von Fehlermeldungen, der Fehlerursache und des Fehlerverlaufs.

toString()	gibt eine Beschreibung des Fehlers aus
getMessage()	zeigt die Fehlermeldung an
getCause()	liefert die Ursache des Fehlers
printStackTrace()	druckt den aktuellen Fehlerverlauf aus

Die Methode *toString()* liefert eine Beschreibung des Fehlers, die durchaus unterschiedlich sein kann von der Fehlermeldung, die von *getMessage()* angezeigt wird und sich direkt an den Benutzer wendet. Der Fehlerverlauf listet alle Methoden auf, die bislang aufgerufen wurden.

```
public class EinFehlerMitAufrufDerZugriffsMethoden {

    public static void main(String[] args)
    {
        String s = null;
        // weiterer Code ...
        try
```

---

[67] Der Parameter für das Exceptionobjekt wird normalerweise mit dem Buchstaben e (für *Exception*) bezeichnet.

```
            {
            s.equals("Hallo");
            }
        catch(Exception e)
        {
        // Ausgabe der Exception
        System.out.println("1: "+ e.toString());
        //Ausgabe der Fehlermeldung
        System.out.println ("2: " + e.getMessage());
        // Ausdruck des Fehlerverlaufs
        e.printStackTrace();
        }
    }
}
```

Code 13-7 mittels Methoden auf die Exception zugreifen

Programmausgabe
```
1: java.lang.NullPointerException
2: null
java.lang.NullPointerException at
exceptionausgaben.EinFehlerMitAufrufDerZugriffsMethoden.main(
EinFehlerMitAufrufDerZugriffsMethoden.java:18)
```

Es ist möglich direkt auf die Exception zu zugreifen, um sich Fehlermeldung, -ursache und -verlauf anzeigen zu lassen. Die zugehörigen Methoden lauten: *getMessage(), getCause()* und *printStackTrace()*.

13.2.4   Exceptions werfen

```
public class EinFehlerWirdGeworfen {

    public static void main(String[] args) {
        try {
            boolean fehler = true;
            if (fehler) {
                throw new Exception(
                "Ein neuer Fehler");
            }
        } catch (Exception e) {
            System.out.println(e.getMessage());
        }
```

```
        }
}
```

Code 13-8 das Werfen einer Exception

Programmausgabe
```
Ein neuer Fehler
```

13.3   Eigene Fehlerklasse definieren

In den vorherigen Abschnitten wurden nur bereits definierte Klassen von *Exceptions* abgefangen, geworfen oder weitergeleitet. Wie sieht es aber mit *Exceptions* aus, denen man eine eigene Fehlermeldung oder eine besondere Zugriffsmethode zuweisen möchte? In einem solchen Fall spricht man von anwendungsspezifischen *Exceptions* und genau darum geht es in diesem Abschnitt. Die beiden wichtigsten Aspekte bei der Definition einer neuen Exceptionklasse werden in den folgenden Abschnitten diskutiert:

- die Konstruktoren
- die Zugriffsmethoden

13.3.1   Konstruktoren von Exception

Die Definition der Konstruktoren bei den Klassen *Throwable*, *Exception* und *Error* ist durchgängig ähnlich aufgebaut. Es sind normalerweise mindestens zwei typische Konstruktoren verfügbar, wobei der erste Konstuktor keine und der zweite Konstruktor eine Fehlermeldung als Parameter erwartet.

Typische Konstruktoren der neuen Exceptionklasse *NeueException*, die von der Klasse *Exception* abgeleitet, sind:

- *NeueException ()*
- *NeueException (String message)*

Der erste Konstruktor definiert nur eine *Exception* ohne eine konkrete Fehlermeldung.

Der zweite Konstruktor erzeugt eine *Exception* mit einer Fehlermeldung, die durch den Parameter *message* definiert ist und die dann auch ausgegeben werden kann.

Hinweise:

- Bei der Definition einer neuen Klasse ist zu beachten, dass diese auch von *Exception* abgeleitet wird, da ansonsten die entsprechenden Zugriffsmethoden nicht geerbt werden.

- Bitte beachten Sie, dass falls keine Fehlermeldung spezifiziert wurde, die Zugriffsmethoden *getMessage()* und *toString()* dann auch keine entsprechenden Fehlermeldungen liefern können.

```java
class NeueException extends Exception {
    NeueException() {
        super();
    }

    NeueException(String fehler) {
        super(fehler);
    }

    public static void main(String[] args) {
        try {
            throw new NeueException(
            "Neue Exception: MeineException");
        } catch (NeueException e) {
            System.out.println(e.getMessage());
        } catch (Exception e) {
            System.out.println(e.getMessage());
        }

    }
}
```

Code 13-9 Definition einer neuen Klasse mit zwei typischen Konstruktoren

Programmausgabe:
```
Neue Exception: MeineException
```

Im obigen Beispiel wird die neue Exceptionklasse *NeueException* von der Klasse *Exception* abgeleitet und die beiden typischen Konstruktoren *NeueException()* bzw. *NeueException(String fehler)* werden definiert, die normalerweise in jeder Exceptionklasse anzutreffen sind. In dieser aktuellen Klasse greifen die Konstruktoren einfach auf die Konstruktoren der darüber liegenden Klasse *Exception* zu, was funktioniert, da auch *Exception* diese beiden typischen Konstruktoren definiert.

> Für die Definition einer Exceptionklasse werden zwei typische Konstruktoren erwartet:
> (1) ohne Fehlermeldung und (2) mit einer Fehlermeldung.

13.3.2   Zugriffsmethoden für neue Exceptionklasse

Analog zu den bisherigen Zugriffsmethoden der Klasse *Exception*, die natürlich auch in den abgeleiteten Klassen verfügbar sind, ist es natürlich möglich, auch zusätzliche Fehlerinformation abzuspeichern, z.B. in Form einer Fehlerkennung, und diese mittels spezifischer Zugriffsmethoden zu lesen, z.B. *getFehlerID()*. Eine mögliche Implementierung, die sich auf die obige Definition der Fehlerklasse *MeineException* stützt, könnte dabei wie folgt aussehen:

```
public class NeueException extends Exception {

     int fehlerID;

     NeueException() {
          super();
     }

     NeueException(String fehler) {
          super(fehler);
     }

     void setFehlerID(int fehlerID) {
          this.fehlerID = fehlerID;
     }

     int getFehlerID() {
          return fehlerID;
     }

     String getFehlerMeldung() {
          return getFehlerID() + " " + getMessage();
     }
}

public class AufrufException {

     public static void main(String[] args) {
          try {
               NeueException me = new NeueException(
               "Neue Exception: MeineException");
               me.setFehlerID(2);
```

```
                        throw me;
              } catch (NeueException e) {
                      System.out.println(e.getFehlerMeldung());
              }
        }
}
```

Code 13-10 Definition einer neuen Exceptionklasse mit Zugriffsmethoden

Programmausgabe:
2 Neue Exception: MeineException

> Für die Definition einer Exceptionklasse können auch neue Zugriffsmethoden entwickelt.
> Es ist hierbei wichtig, dass die üblichen Zugriffsmethoden von Exception geerbt werden
> und so als Basis für die Weiterentwicklung dienen können.

13.4   Fazit

- Der Fokus bei der Fehlerbehandlung liegt auf den *Exceptions*, da diese aufgefangen, weitergeleitet oder geworfen werden können.
- Die Kenntnis und die Beherrschung der *Exceptions* sind für den Umgang mit Java zwingend erforderlich, um auf Ausnahmesituationen bzw. Fehler im Programm reagieren zu können.
- *Exceptions* können im beliebigen Code auftauchen. Java Entwickler werden durch die JVM darauf hingewiesen, falls bei der Benutzung einer Klasse *Exceptions* entstehen könnten.
- Eine *RunTimeException* muss nicht zwingend behandelt werden. Das Auftauchen einer RunTimeException weist auf eine Nachlässigkeit in der Implementierung hin.
- *Exceptions* müssen entweder abgefangen (*catch*) oder weitergeleitet (*throws*) werden.
- Die Fehlerkategorien sollten vom Speziellen zum Allgemeinen angeordnet werden, da die Abarbeitung von oben nach unten erfolgt. Die *finally*-Klausel ist optional und wird in jedem Fall ausgeführt, insbesondere wenn keine *Exception* entsteht.
- Die Weiterleitung der *Exception* an die aufrufende Methode durch das *throws*-Konstrukt ist komfortabel, aber die *Exception* sollte möglichst lokal, d.h. in der Methode abgefangen bzw. behandelt werden, wo sie entstanden ist, da dort meist auch das Wissen über die Fehlerursachen vorhanden ist.
- Es ist möglich, direkt auf die *Exception* zu zugreifen, um sich Fehlermeldung, -ursache und -verlauf anzeigen zu lassen. Die zugehörigen Methoden lauten: *getMessage()*, *getCause()* und *printStackTrace()*.
- Für die Definition einer Exceptionklasse werden zwei typische Konstruktoren erwartet: (1) ohne Fehlermeldung und (2) mit einer Fehlermeldung.

- Für die Definition einer Exceptionklasse können auch neue Zugriffsmethoden entwickelt. Es ist hierbei wichtig, dass die üblichen Zugriffsmethoden von *Exception* geerbt werden und so als Basis für die Weiterentwicklung dienen können.

13.5   Übungen

Definitionen und Begriffe
1. Wie definieren Sie einen Fehler?
2. Was unterscheidet eine *Exception* von einem *Error*?
3. Warum ist eine Fehlerbehandlung sinnvoll?
4. Was wäre eine Alternative zur Fehlerbehandlung durch *Exceptions*?
5. Wie hoch ist der Aufwand für die Fehlerbehandlung?
6. Welche Kategorien von Fehlern kennen Sie?
7. Was sind häufig vorkommende *Exceptions*?

Fehlerbehandlung
8. Was ist die fundamentale Regel bei der Behandlung von *Exceptions*?
9. Wie sieht das prinzipielle Vorgehen beim Abfangen von *Exceptions* im Code aus?
10. Wie hängen die *catch-* und *finally-*Klausel zusammen?
11. Wie beurteilen Sie die Weiterleitung einer Exception mittels *throws*?
12. Was passiert mit *Exceptions*, die nirgendwo abgefangen werden?
13. Was ist bei der Anordnung der *Exceptions* in den *catch-*Anweisungen zu beachten?
14. Welche Daten können typischerweise von einem Fehlerobjekt abgerufen werden?

Fehlerklassen
15. Was ist die typische Basisklasse für eine eigene Fehlerklassen?
16. Von welchen weiteren Fehlerklassen könnte man die eigene Klasse ableiten?
17. Was sind die Vorteile einer eigenen Fehlerklasse?
18. Was sind die typischen Eigenschaften und Funktionalitäten einer Fehlerklasse?

Fehlersituation: NullPointerException
19. *NullPointerException*: Schreiben Sie Java Code, bei dem eine *NullpointerException* auftritt.
    - Ist eine Fehlerbehandlung erforderlich? Falls ja, warum?
    - Welche Fehlerbehandlung schlagen Sie vor? Warum?
    - Ist diese Fehlersituation vermeidbar?

Fehlersituation: IndexOufOfBoundsException
20. *IndexOufOfBoundsException*: Implementieren Sie ein Programm, dass beim Zugriff auf ein Feld eine *IndexOufOfBoundsException* auslöst.

Fehlersituation: NumberFormatException
21. Unter welchen Umständen kann eine *NumberFormatException* auftreten?

Explizites Werfen und Fangen einer Exception mit dem finally-Konstrukt

22. Schreiben Sie Java Code, der ...
    - explizit eine *Exception* wirft und auffängt,
    - das *finally*-Konstrukt verwendet.

Führen Sie das Programm aus und kommentieren Sie nun den Bereich aus, der die *Exception* explizit wirft. Was beobachten Sie?

Ineinander geschachtelte try-Klauseln

23. Erstellen Sie ein Programm, in dem
    - explizit eine (beliebige) *Exception* geworfen wird,
    - eine *try-catch*-Klausel die *Exception* abfängt,
    - im *catch*-Zweig wiederum explizit eine *Exception* geworfen wird.

Schleife, die alle auftretenden Exceptions abfängt

24. Konzipieren Sie ein Java Programm, dass ...
    - eine bestimmte Zahl von Exceptions explizit wirft,
    - jede Exception auffängt und dazu eine Mitteilung ausgibt

Einlesen einer korrekten Benutzereingabe, bis keine Exception mehr auftritt

25. Entwerfen Sie eine Anwendung, die ...
    - solange Benutzereingaben einliest, bis eine ganze Zahl eingegeben wird,
    - im Fehlerfall eine Exception wirft.

Können Sie noch die Benutzereingabe abbrechen? Warum?

Anpassung des vorherigen Programms

26. Verändern Sie das vorherige Programm, indem ...
    - bei einem Abbruch in der Benutzereingabe die Anwendung beendet wird.

27. Entwerfen und implementieren Sie eine eigene Exceptionklasse mit den folgenden Eigenschaften:
    - die neue Klasse wird abgeleitet von *Exception*,
    - ein parameterloser Konstruktor,
    - ein Konstruktor, der u.a. die Fehlermeldung als Parameter übernimmt,
    - Abspeicherung einer deutschsprachigen Fehlermeldung,
    - Ausgabe der deutschsprachigen Fehlermeldung,
    - neues Attribut für die Fehlerursache als String.

13.6   Lösungen

Definitionen und Begriffe

1. Ein Fehler ist eine Abweichung von der (funktionalen) Spezifikation des Programms, so dass es sich anders verhält als im Pflichtenheft, der technischen Dokumentation oder in sonstigen Beschreibungen angegeben. Typische Fehler sind z.B. der Abbruch des Pro-

gramms, die Ausgabe eines falschen Ergebnisses oder die vollständige Blockade der Anwendung.

2. Ein *Error* wird als schwerwiegender Fehler angesehen, der von der JVM selbst erzeugt wird und nicht aufgefangen werden sollte, da er nicht adäquat behandelt werden kann. Ein Beispiel ist der *OutOfMemoryError*, der bedeutet, dass kein weiterer Hauptspeicher mehr verfügbar ist und deshalb die Anwendung beendet werden muss. In einem solchen Fall kann auch der Softwareentwickler nichts an der Situation ändern, da er die Ursache, den zu geringen Hauptspeicher, nicht beheben kann.

3. Eine Fehlerbehandlung ist sinnvoll, da man auf bestimmte Fehler reagieren kann, z.B. indem man bei falschen Eingaben der Benutzer nochmals aufgefordert kann, die Daten einzugeben, oder bei offensichtlich falschen Daten die Berechnung beendet, eine Fehlermeldung ausgibt und sich dann in einen definierten Ausgangszustand (z.B. das Hauptmenü des Programms) begibt. Das Ziel der Fehlerbehandlung ist zum einen den Benutzer über die internen Abläufe und ggf. auftretenden Probleme zu informieren und zum anderen die Anwendung wieder in einen korrekten, definierten Zustand zu überführen, so dass weitere Anfragen entgegen genommen werden können.

4. Eine mögliche „Alternative" wäre die Nutzung der Rückgabewerte von Methoden. Dies hätte aber zur Folge, dass jeglicher Code als entsprechende Methode mit Rückgabewert implementiert werden müsste und für die Fehlerbedingungen und -meldungen eigene spezifische Fehlerobjekte zurück gegeben werden müssten. Die Konsequenz wären eine mangelnde Standardisierung und ein hoher Implementierungsaufwand. Aus diesen Gründen ist die Lösung der integrierten Fehlerbehandlung in Form von *Exceptions* besser.

5. Der Aufwand für die Fehlerbehandlung hängt ganz stark von der Komplexität des zugrunde liegenden Javacodes ab. Die „einfachste" Lösung ist natürlich die Weiterleitung aller *Exceptions* mittels *throws*, z.B. *throws Exception*. Falls jedoch für jede spezifische *Exception* eine eigene *catch*-Klausel angelegt werden soll, dann ist der Implementierungsaufwand entsprechend hoch. Die wesentlichen Faktoren sind also die Anzahl der möglichen Exceptions und die Art der Fehlerbehandlung.

6. Die wichtigsten Kategorien sind *Throwable*, *Exception* und *Error*, wobei sich die beiden letzteren noch in viele weitere Klassen ableiten lassen.

7. Oft auftretende Exceptions sind z.B. *NullPointerException*, *IOException*, *NumberFormatException* und *IndexOutOfBoundsException*.

Fehlerbehandlung

8. Die fundamentale Regel für die Behandlung von *Exceptions* heißt „*catch* or *throw*", dies bedeutet, dass eine *Exception* entweder aufgefangen oder geworfen werden muss. Dies bedeutet, dass die auftretende *Exception* entweder behandelt oder weitergeleitet werden muss, d h. man muss sich für eine der beiden Alternativen entscheiden. Ansonsten könnte der Javacode nicht compiliert werden.

9. Eine *Exception* sollte dabei möglichst immer im lokalen Kontext des Anwendungscodes abgefangen werden, da dort das meiste Wissen über den Fehler und seine Behandlung verfügbar ist. Deshalb ist es wenig sinnvoll die *Exception* weiterzuleiten auch wenn dies den geringsten Aufwand bedeuten sollte.

10. Prinzipiell kann es mehrere *catch*- Klauseln geben, wobei die *finally*-Klausel optional ist. Die Anweisungen im *finally*-Konstrukt werden immer ausgeführt, also unabhängig davon, ob die *Exception* geworfen wird oder nicht. Tendenziell wird Code, der allen *catch*-Klauseln gemeinsam ist im *finally*-Konstrukt abgelegt.

11. Die Weiterleitung von *Exceptions* sollte nur dann erfolgen, wenn keine andere Option existiert und die Fehlerbehandlung sinnvoll auf der nächsthöheren Ebene stattfinden kann.
12. Eine *Exception*, die nirgendwo abgefangen wird steigt zur obersten Aufrufebene, in der Regel der *main()-Methode* auf, beendet dort die Anwendung und die JVM gibt dann den entsprechenden Fehler aus.
13. Die allgemeine Vorgehensregel beim Abfangen der Fehler lautet: vom Speziellen zum Allgemeinen, dies bedeutet, dass zuerst die spezifischen und erst später die allgemeinen Exceptions abgefangen werden sollten.
14. Von einem Fehlerobjekt können die Fehlermeldung, die Fehlerursache und der Fehlerverlauf abgefragt werden.

Fehlerklassen

15. *Exception* wird normalerweise als typische Basisklasse für eigene Fehlerklassen gewählt.
16. Man könnte die eigene Fehlerklasse natürlich auch von einer bereits existierenden Fehlerklasse ableiten, die wiederum selbst von *Exception* abgeleitet wurde.
17. Die Motivation ist neue, anwendungsspezifische Fehlerklassen zu definieren, die bislang noch nicht verfügbar sind und somit die bereits vorhandenen Klassen mit ihren Fehlermeldungen und Fehlerbeschreibungen zu ergänzen. Dies ermöglicht zusätzliche Eigenschaften und Funktionalitäten, die für die Fehlerbehandlung benötigt werden selbst zu implementieren, z.B. eine ID für einen Fehlercode.
18. Typischen Eigenschaften einer Fehlerklasse sind die Speicherung der Fehlerursache, der Fehlermeldung und des Fehlerverlaufs. Die Funktionalitäten erlauben dann diese Eigenschaften auszulesen bzw. zu setzen.

Fehlersituation: NullPointerException
19.
- Eine Fehlerbehandlung ist sinnvoll, aber nicht notwendig, da es sich bei der *NullPointerexception* um eine *RunTimeException* handelt, die nicht deklariert oder behandelt werden muss.
- Eine sinnvolle Fehlerbehandlung erfolgt durch einen „*try and catch*"-Block. Alternativ könnte man auch die Fehlerbehandlung (an eine aufrufende Methode) delegieren.
- Die Fehlersituation ist vermeidbar, indem vor der Benutzung der Variablen getestet wird, ob sie ungleich *null* ist.

```
public class ErzeugungNullPointerException {

    public static void main(String[] args) {
        String s = null;
        // ...
        s.length();
    }
}
public class BehandlungNullPointer {

    public static void main(String[] args) {
```

```
        String s = null;
        // ...
        try{
                s.length();
        }
        catch(NullPointerException e) {
                System.out.println(
                        "Fehler: s nicht initialisiert");
        }
    }
}
public class VermeidungNullPointerException {

    public static void main(String[] args) {
        String s= null;
        // ....
        if (! (s == null))
        {
                System.out.println(s.length());
        }
    }
}
```

Fehlersituation: IndexOufOfBoundsException
20.
```
public class ErzeugungArrayIndexOutOfBounds {

    public static void main(String[] args) {
        int[] feld = {1,2,3,4,5};
        for (int i=0; i <= feld.length; i++){
                System.out.print(feld[i]+ ", ");
        }
    }
}
```

Fehlersituation: NumberFormatException
21.
Eine *NumberFormatException* tritt in der Regel dann auf, wenn Zahlen in einer Zeichenkette gelesen und erkannt, d.h. geparst, und dann in einen elementaren Datentyp überführt werden sollen.

Explizites Werfen und Fangen einer Exception mit dem finally-Konstrukt
22.
```
public class MeinFinallyKonstrukt {
```

```
    public static void main(String[] args) {
        try
        {
            throw new Exception("ein Versuch");
        }
        catch(Exception e)
        {
            System.out.println(e.getMessage());
        }
        finally
        {
            System.out.println("finally erreicht");
        }
    }
}
```

Hinweise:
- Die Meldung im *finally*-Konstrukt wird in jedem Fall ausgegeben, unabhängig davon, ob die Exception geworfen wird (oder nicht).
- Die einzige Möglichkeit die Ausführung der Anweisungen, die sich im *finally*-Zweig befinden, zu verhindern, wäre dort *System.exit(0)* einzufügen.

Ineinander geschachtelte try-Klauseln
23.
```java
public class MehrereExceptions  {

    public static void main(String[] args) throws Exception{
        try
        {
            throw new Exception("Eins");
        }
        catch(Exception e)
        {
            System.out.println(e.getMessage());
            try
            {
            throw new Exception("Zwei");
            }
            catch(Exception e1)
            {
                System.out.println(e1.getMessage());
            }
        }
    }
}
```

Schleife, die alle auftretenden Exceptions abfängt
24.

```java
public class MehrereExceptionsAbfangen {

    static int max_anzahl_exceptions = 5;

    public static void main(String[] args) {

        for (int i = 0; i < max_anzahl_exceptions; i++) {

            try {
                throw new Exception(i+". Exception");
            } catch (Exception e) {
                System.out.println(e.getMessage());
            }

        }
    }
}
```

Einlesen einer korrekten Benutzereingabe, bis keine Exception mehr auftritt
25.

```java
import javax.swing.JOptionPane;

public class BenutzereingabeMitExceptions {

    public static void main(String[] args) {
    while(true)
    {
        try
        {
            String s = JOptionPane.showInputDialog(
                        "Bitte geben Sie eine Zahl ein.");
            int zahl = Integer.parseInt(s);
        }
        catch(NumberFormatException e)
        {
                System.out.println(e.getMessage());
                continue;
        }
        break;
    }
    }
}
```

Anpassung des vorherigen Programms

26. Verändern Sie das vorherige Programm, indem …

   bei einem Abbruch in der Benutzereinabe die Anwendung beendet wird

```java
import javax.swing.JOptionPane;

public class BenutzereingabeMitAbbruch {

    public static void main(String[] args) {
    while(true)
    {
        try
        {
            String s = JOptionPane.showInputDialog(
            "Bitte geben Sie eine Zahl ein.");
            if(s == null)
            {
                break;
            }
            int zahl = Integer.parseInt(s);
        }
        catch(NumberFormatException e)
        {
                System.out.println(e.getMessage());
                continue;
        }
        break;
    }
  }
}
```

27.

```java
public class NeueExceptionKlasse extends Exception{

    int ID;
    String ursache;
    String deutsche_fehlermeldung;

    NeueExceptionKlasse()
    {
        ID = 0;
        ursache = "unbekannt";
        deutsche_fehlermeldung =
            "Die Ursache ist unbekannt";
    }
```

```
NeueExceptionKlasse(int ID, String ursache, String
        deutsche_fehlermeldung)
{
    this.ID = ID;
    this.ursache = ursache;
    this.deutsche_fehlermeldung =
      deutsche_fehlermeldung;
}

public static void main(String[] args) {
    try
    {
        NeueExceptionKlasse e1 =   new
        NeueExceptionKlasse(99, "falsche Zahl",
        "Es wurde eine falsche Zahl eingegeben.");
        throw e1;
    }
    catch(NeueExceptionKlasse e)
    {
        System.out.println("Fehlercode: " + e.ID + " " +
                    e.deutsche_fehlermeldung);
    }
}
}
```

14　Index